“十二五”国家重点图书出版规划项目

我国中部地区利用FDI承接国际产业转移研究

吴新辉 著

哈爾濱工業大學出版社

内容提要

我国中部地区抓住当前国际产业转移的良好机遇，积极参与国际分工，实现产业结构的优化和升级，走出一条独具特色的开放发展道路，是当前中部地区面临的现实和迫切问题。本书通过探索中部地区利用FDI承接国际产业转移，为地方政府提供理论参考和决策依据。全书共8章，主要包括FDI与国际产业转移相关理论、国际产业转移的趋势及其影响、国内外承接国际产业转移的经验借鉴、国际产业转移的经济分析、中部地区承接国际产业转移现状、国际产业转移对中部地区经济的影响和承接产业转移的政策选择。

本书适合于科研机构研究人员、各级政府部门决策人员、招商引资企业和大专院校金融、经管等专业师生阅读参考。

图书在版编目(CIP)数据

我国中部地区利用FDI承接国际产业转移研究/吴新辉著.
—哈尔滨:哈尔滨工业大学出版社,2014.7
ISBN 978-7-5603-4653-3

Ⅰ.①我…　Ⅱ.①吴…　Ⅲ.①外商直接投资－外资利用－产业转移－研究－中国Ⅳ.①F127
中国版本图书馆CIP数据核字(2014)第051863号

责任编辑　田新华
封面设计　刘长友　思　华
出版发行　哈尔滨工业大学出版社
社　　址　哈尔滨市南岗区复华四道街10号　邮编150006
传　　真　0451－86414749
网　　址　http://hitpress.hit.edu.cn
印　　刷　哈尔滨市工大节能印刷厂
开　　本　880mm×1230mm　1/16　印张　7.125　字数210千字
版　　次　2014年7月第1版　2014年7月第1次印刷
书　　号　ISBN 978-7-5603-4653-3
定　　价　38.00元

前　言

国际产业转移是指产业由某些国家或地区转移到另一些国家或地区，是一种产业在空间上移动的现象。国际产业转移将发达国家与发展中国家之间的国际经济关系建立在一种新的国际分工基础之上，从而形成了一种新的贸易与投资的利益分配国际格局。

改革开放以来，我国东部地区凭借着区位和政策优势，通过承接劳动密集型产业和部分资本与技术密集型产业，积极发展外向型经济，实现了快速持续发展。无论从经济总量还是从经济贡献角度来看，东部地区都是中国经济增长的主导力量，是中国经济当之无愧的发动机。由于近年来能源、土地、劳动力、环境成本等快速上升，在此区域投资的企业经营成本不断上升，部分外资企业生存空间越来越小。出于提升竞争优势的需要，这些企业开始考虑向中部地区转移。东部地区产业结构优化升级压力增加，开始主动调整承接产业层次，而随着国家西部大开发和中部崛起战略等一系列鼓励政策的实施，中西部地区投资的软硬件环境不断优化，对国际产业转移的吸引力不断增强。目前，我国承接产业转移的重点区域正逐步由东部沿海地区向中西部拓展。

中部地区是中国重要的粮食生产基地、能源与原材料基地、装备制造业基地和综合交通运输枢纽，在经济社会发展格局中占有重要地位。随着国家“中部崛起”战略的提出和中部地区投资环境的改善，为中部地区融入全球经济提供了良好的条件。中部地区如何充分发挥后发优势，加大开放力度，抓住当前国际产业转移的良好机遇，积极参与国际分工，实现产业结构的优化和升级，走出一条具有自身特色的开放发展道路，是当前中部地区面临的现实和迫切问题。

本书共分为八章。

第一章导论。介绍了本书研究的背景及以意义、国内外学者的相关研究、研究的思路和方法。

第二章主要对国际产业转移理论来源进行了梳理。对 FDI 和国际产业转移的概念进行了界定。介绍了国际产业转移的三种方式，并指出 FDI 是本书研究的具体领域。国际分工理论是国际产业转移理论的基础，介绍了传统国际分工理论和新国际分工理论，并对它们做出评价。同时，介绍了六种有影响力的国际产业转移理论。

第三章是国际产业转移的趋势及影响。回顾了国际产业转移的四次浪潮，结合它的发展历程总结了产业转移的一般规律，并分析了国际产业转移对世界经济的各种影响。

第四章是国内外承接国际产业转移的经验借鉴。分别介绍了发达国家、新兴市场经济体和我国东部地区承接国际产业转移的经验，总结出国内外承接国际产业转移对中部地区的启示。

第五章是国际产业转移的经济分析。首先分析了国际产业转移的动因和影响因素，然后构建一个新古典模型，最后分析了国际产业转移的各种效应。

第六章是中部地区承接国际产业转移的现状。介绍了中部地区经济社会发展的现状，承接国际产业转移的历程及其特点，总结了承接产业转移的优势和劣势。

第七章是国际产业转移对中部地区经济的影响。从理论和实证两方面分析了国际产业转移对中部地区资本形成、技术溢出、产业结构、二元结构的影响。

第八章是中部地区加快承接国际产业转移的政策选择。针对中部地区在承接国际产业转移中出现的问题，提出相应的策略，以提升承接国际产业转移的能力。

作者深感知识水平有限，很难将中部地区利用 FDI 承接国际产业转移研究进行全面和准确的概括，书中的错误和遗漏在所难免，真诚希望读者提出批评和建议。

本书的出版受到山西财经大学青年科研基金项目的资助（项目编号为 QN－2014010），在此感谢学校对青年教师的关心和大力支持。

吴新辉

2014 年 2 月 23 日

目　录

第一章　导　论

第一节　研究背景及意义

随着世界经济的发展，国际产业转移日益成为全球普遍关注的问题。国际产业转移成为国际间相互联系、相互影响的主要纽带，改变了产业的国际空间分布，对产业移出地区和承接地区的产业结构和产业竞争力都产生了重大影响。对于产业移出地区，通过产业转移可以调整产业结构，实现全球战略目标；对于承接地区，通过积极承接产业转移可以提高国际分工的地位、加快产业结构的优化和升级，从而促进经济的增长。

自20世纪90年代以来，世界经济环境发生了巨大变化。信息技术的发展、各国对外开放的深化和新经济体的兴起，有力地推动了全球化的进程和世界市场的形成。发达国家和地区知识经济的蓬勃兴起逐步替代传统制造业，大批资金流向信息与通信、教育与培训、咨询、研发等高新技术产业和服务业领域，成为这些国家和地区的主导产业，推动了产业结构的升级。为了将更多的资源投入到新出现的知识性产业，就需要把一些层次比较低的资本和技术密集型产业转移出去，于是形成了新一轮的国际产业转移。新一轮国际产业转移与以往相比，呈现出产业转移方式多样化、服务业成为产业转移的新热点、产业转移区域集中化等明显特征。这些新的变化改变了国际产业转移的背景，将会极大地影响世界经济和国际产业转移的参与者。

从国内来看，改革开放以来30多年的大发展，我国经济发生了翻天覆地的变化，国内生产总值由1978年3 645.2亿元增长到2011年的472 882亿元，增长了130倍，占世界经济总量的比重由1978年的1.8%上升到2011年的10.5%，成为世界第二大经济体；外贸总额由1978年的206亿美元增长到2011年的36 419亿美元，增长了177倍，占世界贸易总额的比重由1978年的不到1%提高到2011年的9.9%，位居世界第二；我国外汇储备从1978年仅有的1.67亿美元迅速增加到2011年的3.18万亿美元，成为世界第一。国际货币基金组织(IMF)发布的《世界经济展望》报告认为，中国正成为世界经济发展的最大推动力。这些骄人成绩的取得与我国积极引进外资密不可分，外资已成为我国社会主义经济建设的一支重要力量。凭着巨大的国内市场容量、高速的经济增长，以及日益改善的投资环境等优势，我国已经连续19年成为吸收外资最多的发展中国家，来中国投资的国家和地区超过190个，几乎所有的欧盟国家都有投资。全球500强跨国企业已有480余家来中国投资或者开展经营活动，这些投资绝大多数集中在东部地区。我国东部地区之所以成为海外直接投资的主要聚集区，这主要是因为东部地区不仅具有区位、政策、人才、资金、技术优势，而且还存在一大批具有较强技术创新能力和市场开拓能力的企业所形成的产业承接基础。东部特别是沿海地区通过承接劳动密集型产业和部分资本与技术密集型产业，积极发展外向型经济，实现了快速持续发展。无论从经济总量还是从经济贡献角度来看，东部地区都是中国经济增长的主导力量，是中国经济当之无愧的发动机。2011年东部地区货物进出口总额达到31 386.7亿美元，占全国货物进出口总额比重的86.2%。近几年，虽然东部地区的经济总量占全国经济总量的比重有所下降，但仍在一半以上，2011年经济总量271 354.8亿元，占全国经济总量的52%。东部地区由于近年来能源、土地、劳动力、环境成本等快速上升，在此区域投资的企业经营成本不断上升，部分外资企业生存空间越来越小，出于提升竞争优势的需要，这些企业开始向广大内陆地区转移。东部地区产业结构优化升级压力增加，开始主动调整承接产业层次，而随着国家西部大开发和中部崛起战略等一系列鼓励政策的实施，中西部地区投资的软硬件环境不断优化，对国际产业转移的吸引力不断增强。目前，我国承接产业转移的重点区域正逐步由东部沿海地区向中西部拓展。

经过30多年的发展，我国中部地区①的经济建设取得了显著的成就，并由此奠定了该地区工业化、城市化道路的初步基础，但与发达的东部地区相比，仍存在较大的经济差距，许多领域呈现出日趋扩大的趋势。特别是在国家提出西部大开发和振兴东北老工业基地战略后，西部地区经济出现加快发展的良好势头，主要经济指标平均增速高于全国，东北老工业基地正重振雄风。以西部地区为例，"十一五"期间，西部地区经济一直呈现快速增长，持续高于全国平均水平，经济实力日益增强，人民生活水平逐步提高。2006～2010年西部地区地方生产总值平均增速为13.9%，比全国平均增速高0.9个百分点，比东部和中部地区高1.3和0.7个百分点。除2006年增速略低于全国平均增速外，其他年份均高于全国，是各大区中增长率最高的。与此同时，西部地区的地方生产总值占全国的比重逐年提高，5年间其所占的比重分别为17.11%、17.33%、17.58%、18.14%、18.33%、18.68%[1]。2003年国家开始实施振兴东北战略，使东北老工业基地获得发展机遇，在区域经济发展中将取得突破性进展。在东部沿海开放、西部大开发和东北老工业基地振兴的夹击态势中，中部地区面临着严峻的挑战和压力。从人均国内生产总值来看，1980年中部地区人均国内生产总值相当于全国平均水平的88%，1990年下降到83%，到了2008年只相当于全国平均水平的78.7%，仅为东部地区的48%，近年来指标才有所提高，2011年相当于全国平均水平的83.1%，为东部地区的54.8%；从人均财政收入来看，2011年人均财政收入仅占全国平均水平的60%，仅为东部地区的42%；从货

① 本书中的我国四大区域如下：东部地区（包括京、津、冀、鲁、沪、苏、浙、闽、粤、琼10省市）；中部地区（包括豫、晋、湘、鄂、皖、赣6省）；西部地区（包括陕、甘、宁、青、新、川、渝、云、贵、藏、桂、蒙12省市区）；东北地区（包括黑、吉、辽3省）

物进出口总额来看,2011 年货物进出口总额仅占全国的 4.5%。此外,在人均卫生预算支出、人均财政性教育经费支出等社会事业方面,中部地区在四大区域中也处于落后的位置。

与此同时,中部地区又存在重大的发展机遇。在"东中西互动、优势互补、相互促进、共同发展"的战略格局中,中部地区可以充分利用其地理优势,向西积极呼应西部大开发,充分利用西部的能源,向东主动对接东部大发展,尽快适应经济全球化的发展趋势,充分利用东部的人才、资金、技术和先进经验。在区域不断发展过程中,我国区域经济发展不平衡的问题,特别是中部地区发展落后的问题引起了中央政府的高度重视。2004 年 3 月的政府工作报告中指出,促进区域协调发展,是我国现代化建设中的一个重大战略问题。要坚持推进西部大开发,振兴东北地区等老工业基地,促进中部地区崛起,鼓励东部地区加快发展,形成东中西互动、优势互补、相互促进、共同发展的新格局,首次明确提出了促进中部地区崛起的战略。2005 年 3 月的政府工作报告中提出抓紧研究制定促进中部地区崛起的规划和措施:充分发挥中部地区的区位优势和综合经济优势,加强现代农业特别是粮食主产区建设;加强综合交通运输体系和能源、重要原材料基地建设;加快发展有竞争力的制造业和高新技术产业;开拓中部地区大市场,发展大流通。国家要从政策、资金、重大建设布局等方面给予支持。2006 年 4 月出台的《中共中央国务院关于促进中部地区崛起的若干意见》,明确提出了促进中部地区崛起的总体要求、基本原则、工作重点和政策措施,标志着我国以四大区域为主要内容的区域经济协调发展战略格局初步形成,国家正式启动中部地区崛起战略,要把中部地区建设成为全国重要粮食生产基地、能源原材料基地、现代装备制造及高技术产业基地和综合交通运输枢纽。此后,国务院先后印发了《关于落实中共中央国务院关于促进中部地区崛起若干意见有关政策措施的通知》《关于中部六省比照实施振兴东北地区等老工业基地和西部大开发有关政策范围的通知》《关于中部地区比照实施振兴东北地区等老工业基地和西部大开发有关政策的实施意见》等一系列政策文件,提出了促进中部地区崛起的有关政策措施。为了落实国家推动区域协调发展方针和中部地区崛起战略，推动东部、中部、西部协调发展，2007 年 12 月，经国务院批准，武汉城市群和长株潭城市群正式成为“全国资源节约型和环境友好型社会建设综合配套改革实验区”。商务部出台了《关于支持中西部地区承接加工贸易梯度转移工作的意见》，认定武汉、南昌、赣州、郴州、新乡、焦作、合肥、芜湖、太原 9 个城市为重点承接地，而这几个城市全部属于中部地区。2008 年 1 月，国务院批准建立促进中部地区崛起部际联席会议制度，目的是为了贯彻落实党中央、国务院关于促进中部地区崛起的重大部署；研究促进中部地区崛起的有关重大问题，向国务院提出建议；协调促进中部地区崛起的重大政策，推动部门间沟通与交流。2009 年 9 月，国务院原则通过《促进中部地区崛起规划》，这标志着促进中部地区崛起进入了新阶段。该规划考虑到受国际金融危机的影响，国内外环境发生了重大变化，中部地区发展面临着新的形势和任务，从全面实现小康社会宏伟目标出发，明确了促进中部崛起的总体要求和主要任务，并提出了相应的政策措施，这对于进一步统一思想、凝聚人心、坚定信心、鼓舞斗志，促进中部地区又好又快发展具有十分重要的意义[2]。2010 年 9 月，《国务院关于中西部地区承接产业转移的指导意见》正式出台。这是加快经济结构调整和发展方式转变的重要途径，是大力促进中部地区崛起战略的重大任务，对于在全国范围内推动形成更加合理有效的区域产业分工格局，促进区域协调发展具有十分重大的意义。为了促进中部地区的崛起，在已经批准的 10 个国家级综合配套改革试验区①中，中部地

① 10 个综合配套改革试验区包括：上海浦东新区综合配套改革试点、天津滨海新区综合配套改革试验区、重庆市全国统筹城乡综合配套改革试验区、成都市全国统筹城乡综合配套改革试验区、武汉城市圈全国资源节约型和环境友好型社会建设综合配套改革试验区、长株潭城市群全国资源节约型和环境友好型社会建设综合配套改革试验区、深圳市综合配套改革试点、沈阳经济区国家新型工业化综合配套改革试验区、山西省国家资源型经济转型综合配套改革试验区和厦门市深化两岸交流合作综合配套改革试验区.

区就占了三席，并且山西是全国一家在全省域、全方位、系统性的进行资源型经济转型综合配套改革试验的区域。

中部地区在我国经济发展全局中占有重要地位，长期以来为全国社会经济发展作出了重大贡献。实施促进中部地区崛起战略，是统筹我国区域发展，促进东中西互动，实现优势互补、共同发展的必然选择；是充分发挥中部发展潜力、推进我国经济发展和扩大对外开放的迫切需要；是解决我国三农问题、推进工业化和城镇化、全面建设小康社会的重大举措①。中部地区经济的发展，一方面要依靠中央的大力支持和地方政府扶持自身的产业发展；另一方面是中部地区经过长期的发展具备了承接国际产业转移的一定条件，可借助外力来壮大本地经济。东部地区外商到中部地区再投资，已成为中部地区承接国际产业转移的主要方式，它主要有如下四种具体形式：一是东部地区已设立的外商投资企业到中部投资；二是设在东部地区的跨国公司中国总部到中部投资；三是进入东部地区的跨国公司到中部投资；四是进入东部地区的跨国公司影响、带动其他跨国公司到中部投资。中部地区积极承接国际产业转移是深入贯彻落实科学发展观的内在要求，是实现中部崛起的战略选择，是后发地区实现经济跨越发展的重要思路。加强中部地区承接国际产业转移，有利于推进中部地区产业结构优化升级，提高经济发展的质量和水平，有利于提高中部地区开放型经济水平，增强经济发展的动力与活力；有利于推进自主创新，培养新兴产业和新的经济增长点，转变经济发展方式；有利于提高应对国际金融危机冲击的能力，扩大国内需求，保持国民经济平稳较快发展。国家“中部崛起”战略的提出和中部地区投资环境的改善，为中部地区融入全球经济提供了良好的条件，中部地区如何充分发挥后发优势，加大开放力度，抓住当前国际产业转移的良好

---

① 温家宝于 2005 年 8 月 14 日在长沙主持召开促进中部地区崛起座谈会，研究促进中部崛起的基本思路和政策措施，强调要充分认识促进中部地区崛起的战略意义，正确认识和把握中部地区的发展定位和特点，以新的思路促进中部崛起.

机遇，积极参与国际分工，实现产业结构的优化和升级，走出一条具有自身特色的开放发展道路，是当前中部地区面临的现实和迫切问题。

第二节　国内外学者的相关研究

第二次世界大战（以下简称二战）以后特别是20世纪70年代以来，随着国际产业转移的规模不断扩大，国内外经济学者的相关研究成果也越来越多，越来越深入。

一、国外学者的相关研究

最早对产业转移模式的研究是赫克歇尔和俄林，他们认为不同国家之间由于要素禀赋存在差异，同种产品在不同国家生产成本不同，各国应生产本国具有充裕要素生产的产品来交换别国充裕要素生产的产品。这可以看做是两类国家间产业转移、重新布局的过程，两国从独立生产所有产品到分别集中生产自己充裕要素的产品，通过进口替代完成了产业跨国转移。美国经济学家维农以各国存在要素禀赋差异为前提，以产品生命周期的变化来解释产业的国际转移现象[3]。邓宁提出产业组织决定的所有权优势、要素禀赋结构决定的区域特定优势和交易成本决定的内部化优势，是解释企业对外直接投资和跨国经营的主要原因，特别是区位优势对产业转移的影响更密切[4]。

日本经济学家小岛清认为产业先是从相对发达的国家转移到次发达国家，然后再由次发达国家转移到发展中国家和地区，发展中国家和地区通过对产业的承接，不断调整自己的产业结构，从而实现产业结构的升级[5]。日本著名学者关满博从产业分工的角度分析了产业转移，他认为技术的差异导致了产业分工，产业分工又导致了产业转移[6]。日本学者大西胜明强调产业转移是产业结构调整国际化的载体，这主要是由于产业结构的调整总是伴随着企业跨国经营和产业跨国转移[7]。牛丸元使用H－O－S模型来解释雁行模式和产品生命周期理论，认为产业发展的雁行状态和产业的生命周期描述了一国或地区的产业进化过程，但其实质是反映了比较优势的转移以及与此相关的产业转移[8]。

克鲁格曼以产品生命周期理论为出发点,对发达国家总是从事技术创新和新产品的制造,而发展中国家和地区总是通过技术转移生产旧产品的现象进行了解释[9]。随后克鲁格曼又将地理区位引入区域产业布局研究,提出了“新经济地理学”理论。该理论认为劳动力的可移动性和运输成本是影响产业空间集聚和转移的关键因素,劳动力的可移动性越差,产业转移的力量就越大,运输成本越低,产业空间集聚的力量就越大[10]。

瓦尔兹认为区域经济一体化会导致递增的生产与创新的区域集中,从而推动国际产业转移[11]。波特用竞争优势来解释国际分工和产业转移,他认为传统比较优势理论所强调的物质性要素禀赋的重要性下降,而以良好经营环境和支持性制度为核心的竞争优势起到越来越重要,仅仅有要素优势并不表示有竞争优势,而对优势要素有效率地调动的能力才是竞争优势的关键[12]。

Pennings 和 Sleuwaegen 认为在开放的经济体系中,工业化程度较高,劳动密集型产业比资本密集型产业更容易发生转移。企业规模和企业的创新速度会对产业转移产生积极影响,而将来存在的不确定性则会对产业转移产生阻碍作用。跨国企业比中小企业更容易通过对外投资进行产业转移,尤其是盈利性跨国企业更容易作出产业转移行为[13]。

关于产业转移效应的研究。Blomstrom 研究了国际产业转移对产业结构的影响,用实证分析验证了日本对外直接投资有利于日本企业维持其在海外市场份额和有利于国内产业结构升级[14]。从技术溢出角度来分析产业转移效应的研究有 Markusen, Markusen and Maskus 和 Bemard[15],研究表明跨国公司由 FDI 引致的产业跨国转移,不仅会提高东道国的生产效率,而且也会促进投资国的技术开发和在东道国的技术溢出,有利于产品的升级换代和产业结构优化。

针对国际产业转移出现的产业集聚、外包以及产业链转移等新问题,国外学者也做了较为深入研究。Head 和 Swenson[16],Smith 和 Florida[17] 等人采用实证分析方法,对外国直接投资的产业集聚进行考察，认为具有前向联系和后向联系的制造业公司具有明显的集聚趋势，集聚经济是影响外国直接投资的重要选择因素。Feenstra 和 Hanson[18]、Grossman 和 Helpman[19]，Gilley 和 Rasheed[20]等学者分别从要素禀赋差异、比较优势、企业战略等角度，分析了跨国企业对业务进行外包而不直接生产的原因以及外包与直接投资之间的选择。Gereffi[21]，Arndt 和 Kierzkowski[22]通过分析跨国企业全球生产链，认为跨国企业在全球不同的区域安排一个产品价值链的不同环节进行生产，从而形成产业转移。

同时，一些学者从发展中国家的角度对国际产业转移进行了解释。刘易斯认为，引起 20 世纪 60 年代发达国家非熟练劳动密集型产业转移到发展中国家和地区的主要原因是二战后发达国家人口的增长率几乎为零，而工业的增长速度过快造成非熟练劳动力数量的不足[23]。普雷维什认为，发展中国家出于经济发展的压力而被迫实施的用国内工业化替代大量进口工业品的进口替代战略，是国际产业转移发生的根源[24]。威尔斯认为发展中国家的跨国企业可以进行对外投资，比较优势来源于小规模生产技术，这种小规模生产技术带来的低制造成本可使企业获得比较利益[25]。劳尔在对印度跨国企业的竞争优势和投资动机进行了深入研究之后提出了技术本地化优势，他认为对成熟技术或生产工艺的应用和改进，可以使发展中国家的企业具备自己的特有优势，进而实施直接投资[26]。与威尔斯相比，劳尔更加强调发展中国家跨国企业对引进技术的再创新过程在竞争优势形成中的作用，这对于发展中国家的跨国企业尤为重要。坎特威尔和托兰惕诺以技术进步和技术积累为出发点，分析了发展中国家对外投资的阶段性动态演进过程，发展中国家的技术能力的提高是与它们对外投资的累积增长直接相关的，技术能力的积累是影响其国际生产活动的最重要因素，同时它也影响着其对外投资的形势和增长速度[27]。利柯鲁利用产品生命周期理论的变型分析了发展中国家对外投资的行为，发展中国家的对外直接投资通常是在产品周期的成熟期与学习曲线的上升期的交点，并且往往选择在经济发展水平相对较低的国家和地区进行生产[28]。

二、国内学者的相关研究

国内对于国际产业转移的研究还处在初始阶段。卢根鑫博士是我国较早研究国际产业转移问题的学者,他深入分析了经济发展阶段对国际产业转移的影响。他认为产业贸易与产业投资促进了技术构成相似性与价值构成相异性的重合产业成长,而重合产业成为国际产业转移的物质条件。由于发展中国家和地区生产要素的价值低于发达国家生产要素价值,前者重合产业产品比后者的重合产业产品在国际市场上更具有竞争力。因此,发达国家进行产业结构的调整,一方面将重合产业转移到发展中国家和地区,另一方面创造新的具有竞争优势产业[29]。

桁林认为,我国劳动密集型产品出口的快速增长是由于中国港澳台地区劳动密集型产业大规模转移的结果。这是国际性产业分工和国际产业转移的基本特征,海外直接投资企业就是实现这种产业转移的主要方式,海外直接投资企业的产业分布反过来又影响国内诸多方面如产业结构、技术水平、产业布局和产业组织等,从而不可避免地强化这种产业转移的特征[30]。

王先庆认为,产业转移的梯度推进是发达国家在产业转移过程中,在地区层面上先以具备一定工业发展基础的国家和地区为重点,然后逐步扩大到其他国家或地区;在产业层次上先转移出纺织、服装等劳动密集型产业,然后逐渐转移出钢铁、石化、冶金、汽车等资本密集型产业[31]。

刘辉煌等人分析了国际产业转移出现的新特征:国际产业转移规模扩大化、结构高度化、区域内部化、方式多样化以及跨国企业已成为国际产业转移的主体。在上述分析的基础上提出利用此契机加速我国产业结构调整的对策[32]。魏后凯分析了在科技高速发展条件下产业转移的新特点和新趋势,指出制造业转移已由单纯的产业转移扩展到整个产业链的转移[33]。余慧倩利用史密斯的盈利空间界线理论对产业转移的动因进行分析,并采用赫希哲的贸易动态模型对产业转移过程进行描述,最后分别对产业转移双方的转移效应进行分析[34]。

石奇用集成经济原理来解释国际产业转移总是从劳动密集型产业开始，并且总是从发达国家向新兴工业化国家和发展中国家依次推进的现象。他认为产业转移是企业实现市场集成的手段，在发展中国家和地区由于人力资本要素往往积累不足，同时又受制于资产专用性的种种限制，国际产业转移必然是从劳动密集型产业开始，从发达国家向新兴工业化国家和发展中国家转移[35]。刘怀德认为企业迁移方式主要有政策追逐型迁移、市场追逐型迁移和成本降低型迁移三种形式，并归纳了企业迁移存在企业内部效应、地区政策效应、地区发展效应和市场结构效应四种效应。产业转移可以是企业的全部转移，也可以是企业的一个分支的转移。在产业部分转移中，转出的部分通常与原先的产业保持着紧密的联系。

商务部和中国社科院联合课题组以外资梯度转移为出发点，研究了区域产业转移，认为外资在华投资区域分布变化非常明显。在充分调研的基础上，认为“北上”是外资区域间转移的主要特征，而“西进”不是目前外资进行区域间转移的主要方向，但我国中部地区吸引外资条件相对较好，并进一步提出促进外商投资梯度转移的政策建议[36]。

全春认为，国内外产业转移加速了中部地区产业的资本创造、产业的技术升级，提升中部地区产业的整体竞争力。中部地区必须通过转变政府职能，推动管理创新、政策完善、机制创新和服务水平的提升，以及区域间密切协作来积极吸纳主导产业的转移[37]。胡俊文用边际产业转移理论、产品生命周期理论和比较优势理论分析了当今国际产业转移中出现的价值链拆分和产业空间分割这两种现象，尤其是发展中国家和地区在承接的过程中如何实现从比较优势向竞争优势的转变[38]。邓亦林等对东亚模式、珠三角模式、苏州模式几种较为典型的产业承接模式进行分析和比较，对欠发达地区承接产业转移的模式进行一定的探讨[39]。

（1）对产业转移动因的研究。臧旭恒从要素空间集聚所产生的效应出发，认为国际产业转移的动因是跨国公司产业租金和地理租金的耗散，具体来说劳动力或资本等在某一地区集聚并超过一定程度，拥挤成本上升，要素价格提高，生产成本上升，产业租金和地理租金逐渐被高昂的生产成本抵消，当租金下降时，企业出于逐利性的考虑，开始将一些要素向其他产业转移，或者迁移到其他地区，寻找新的租金源。陆善勇[40]和颜颖[41]用综合优势原则来解释国际产业转移的动因。该理论认为比较优势原则与竞争优势原则在实践上均存在较大的缺陷，跨国公司遵循比较优势原则可能落入比较优势陷阱，遵循竞争优势易于陷入赶超困境，只有外生比较优势、内生比较优势和交易效率比较优势共同组成的综合比较优势，才是衡量跨国公司实施国际产业转移的准绳，追求综合比较优势也就成为国际产业转移的动因。

(2)对产业转移承接条件的研究。祖强通过分析发展中国家在承接发达国家资本和技术密集型产业转移时面临的机遇与挑战，得出发展中国家应培养企业家素质、创新精神、劳动者技能与素质、管理水平等优势，从而制定出符合本国国情和现阶段工业化发展需要的主导产业转移基准[42]。潘悦在分析了国际产业转移的新趋势的基础上，探讨了东亚在新一轮产业转移浪潮中，由资源、能源、环境、人才和制度引发的瓶颈和矛盾，并提出相应对策[43]。戴宏伟指出，目前我国制造业在参与国际产业转移时，面临着诸多新问题如消费市场变化、资源与要素约束、环境约束、企业约束等，必须采取相应措施，促进我国制造业在更高层次上参与国际产业转移[44]。

(3)对产业转移模式的研究。贝毅和曲连刚认为大多数跨国公司把核心技术看做是公司重要的资本，在进行直接投资和技术转让时，总把与知识相关的核心留在本国，而把硬件和非核心技术转移到世界其他地方进行生产，形成“大脑—手脚”的梯度转移模式。郎咸平把低水平产业结构解释为以“6 +1”为特征的产业链阴谋，即把整个产业链分为产品设计、原料采购、产品制造和终端零售等七个环节，发达国家掌握着高附加值的六个非制造环节，而把低附加值的制造环节转移到发展中国家。刘志彪认为长三角外向型产业在全球价值链中变成了发包与承包、创造与制造、高端与低端、控制与被控制、老板与打工者的关系，从另一侧面思考了国际产业转移模式。郭元晞、常晓鸣依据产业转移动态演进的特征不同，把产业转移分为淘汰型转移、扩张型转移、产能型转移、配套型转移和延伸型转移五种模式[45]。陶良虎分析了中部地区产业转移的现状，指出中部地区承接产业转移过程中有四种模式：产业链集群型产业转移模式、资源型产业转移模式、低成本型产业转移模式、市场开拓型产业转移模式[46]。

近几年，国内的学者也开始关注国际产业转移中的外包问题。江霈、王述英从外包生产模式存在的基本条件出发，从成本节约的角度分析了外包模式对上下游企业的激励因素，认为外包模式分离了生产、销售环节所面临的市场风险，减少了不确定性，由此节约了成本，这是促使企业选择外包生产模式的关键因素[47]。张明志等分析了国际产业转移模式逐渐从垂直 FDI 为主导向国际外包演变，得出产业转移承接地应营造出有竞争力的承接环境，通过积极承接跨国公司的生产外包和服务外包，从而提高产业技术水平和产业集聚能力[48]。刘亮亮、王正斌以外包中的代工企业为研究对象，根据代工企业生产产品的完整性，将代工企业分为整件代工企业和部件代工企业两种类型，通过对跨国生产外包理论分析，构建了这两者的决策模型，并分析了代工企业在跨国生产外包合作中的一般风险因素及发展中国家代工企业特有的潜在风险[49]。

第三节 研究思路和方法

一、研究思路

本书首先对国际产业转移的理论进行梳理，并对新一轮国际产业转移中出现的新特点和新现象的理论解释做了系统阐述，介绍了国内外承接国际产业转移的经验，深入分析国际产业转移动力机制，以便于为后面将要展开的主体分析提供必要的理论基础。然后，对中部地区承接国际产业转移的现状做了客观描述，为后面的实证分析提供了现实背景。在理论和现状分析之后，就国际产业转移对中部地区的经济影响进行了全面的分析，从资本形成、技术溢出、产业结构、二元经济四个方面入手，主要采用实证方法进行了考察。最后，针对中部地区在产业承接中的问题，提出加快中部地区承接国际产业转移的政策选择。

二、研究方法

本书主要采用以下方法：

(1)规范研究与实证分析相结合的方法。规范分析与实证分析都是经济学研究中广泛采用的方法。一般来说，前者侧重于对研究对象的理性判断与普遍规律的探讨，后者侧重于对研究对象的客观描述与个性特征的分析。本书从产业转移角度探讨中部地区发展问题，既通过规范研究对国际产业转移与中部地区发展作出理性判断，探寻中部地区通过承接国际产业转移实现经济发展的一般规律，又以实证分析对理论研究结果给予检验。

(2)动态分析与静态分析相结合的方法。国际产业转移本身就是一种动态的经济过程和经济互动现象，无论是规范分析，还是实证分析，都必须将其置于整个经济发展的大背景中，只有通过动态分析才能更好地揭示问题的实质。国际产业转移又是在特定的历史和经济条件下进行的，只有把两者结合起来才能更好地理解中部地区经济发展过程中如何承接国际产业转移。

(3)一般分析与个别分析相结合的方法。国际产业转移对中部地区经济的影响是多方位的，通过一般分析的办法，能够客观地把握国际产业转移的一般规律以及对中部地区的总体影响。同时，选取具有代表性和较强说服力的个别问题进行分析，深入探讨深层次的规律，既可以得到更为具体的结论，又可以通过局部反映一般，从而佐证总体的一般结论。

(4)多视角相结合的方法。从经济问题的研究尺度来考虑，政府、产业、企业分别属于宏观、中观、微观的研究范畴。本书在分析中部地区承接国际产业转移时，不仅从政府的角度，而且从产业和跨国企业的角度入手，研究国际产业转移对政府、产业、企业的不同影响。

宏观和微观分析有机结合是本文理论分析的基本特征之一。

三、本书的创新点

（1）产业转移理论的研究是一个相对比较成熟的领域，国内外学者进行了较为深入的研究。但从承接这个角度切入研究产业转移的文献较少，本书在前人研究的基础上对国际产业转移的动力机制进行了总结，建立一个新古典模型分析影响产业承接的因素。

（2）充分利用中部地区的样本数据展开实证研究，把相关的定性分析进一步数量化，从资本形成、技术溢出、产业结构、二元经济四个方面实证分析国际产业转移对中部地区的经济影响。

（3）本书主要根据我国中部地区经济发展的实际需要作为研究的出发点，提出与中部地区经济发展阶段相一致的、有应用价值的承接国际产业转移战略。

第二章　FDI与国际产业转移相关理论

国际产业转移作为一种普遍而且日益重要的经济现象，受到了广泛的关注。围绕着有关产业转移的问题，经济学家们进行了深入而卓有成效的研究和探讨，并提出了很多具有代表性的理论。

第一节　基本概念的界定

一、外商直接投资

外商直接投资（Foreign Direct Investment，简称FDI），一般来说是一国（或地区）的对外直接投资者通过垄断优势（主要表现为无形资产）的跨国转移，获得部分和全部国外企业的经营控制权，以实现其最终目标与直接目标高度统一的长期投资行为[50]。有的学者强调经营资源，尤其是企业的无形资产。例如，日本学者小岛清认为，从经济学的角度分析，直接投资是向接受投资的国家或地区转移资本、经营能力、技术知识的经营资源综合体[51]。另一位日本学者原正行同样认为国际直接投资是企业特殊经营资源在企业内部的国际转移[52]。

国际资本流动主要有三种形式，分别为FDI、证券投资和其他投资。就我国目前的状况来说，FDI是国际资本进入我国的主要形式。FDI既可以采用到国外直接建立企业或分支机构的方式，也可以采用购买国外企业一定比例以上的股票或通过利润再投资的方式。在后一种方式中,各国对拥有股票比例的规定并不一致,但是其最低限度多在10% ~25%范围内。目前统计FDI时,比较常用的是IMF和OECD的定义。

按照IMF① 的定义,FDI是一国居民为了获得持久利益而在另一国开设企业进行的投资,投资者是为了在国外企业的经营管理中拥有重大影响力和有效的发言权[53]。按照OECD② 的定义,FDI是一国居民(直接投资者)对本国之外的另一个国家的居民(直接投资企业)进行的以获得持久利益为目的的活动。这里所说的持久利益就是指投资者与投资企业之间的一种长期关系,投资者对企业的管理拥有重大的影响力③。由以上分析可以看出,上述两定义强调直接投资者获取持久利益。而美国商务部主要是根据"控制权"来确定一个企业是否属于外资企业,只有当外资企业对美国的企业拥有控制权时才可以算作FDI。因此,用持久利益比用"控制权"来定义更具有广泛性,在实际的统计中,它主要有投资者及其附属公司进行的投资、投资收益的再投资等这几部分构成。

我国统计局对FDI的规定如下:FDI是指外国企业和经济组织或个人(包括华侨、港澳台胞以及我国在境外注册的企业)按照我国有关政策、法规,用现汇、实物、技术等在我国境内开办外商独资企业,与我国境内的企业或经济组织共同举办中外合资经营企业、合作经营企业或合作开发资源的投资(包括外商投资收益的再投资),以

---

① IMF即国际货币基金组织(英语:International Monetary Fund,简称IMF),是根据1944年7月在布雷顿森林会议签订的《国际货币基金协定》,于1945年12月27日在华盛顿成立的。

② OECD即经济合作与发展组织(英语:Organization for Economic Co - operation and Development 简称经合组织OECD),成立于1961年,是由30多个市场经济国家组成的政府间国际经济组织。

③ 参见经济合作组织OECD对外国直接投资的基准定义1996年第3版。

及经政府有关部门批准的项目投资总额内企业从境外借入的资金①。如果国内某企业的全部资本中有 25% 或以上的比例来自于境外(包括香港、澳门、台湾)投资者,那么该企业就属于外商投资企业。外商投资企业最初分为合资经营企业、合作经营企业、独资企业和合作开发四种类型,1995 年以后又增加了外商投资股份制企业。从近几年的情况来看,在外商投资的五种方式中,独资企业无论是从项目个数或金额来说都占绝对地位,合资经营企业、合作经营企业和外商投资股份制企业次之,合作开发最少,统计数据为零。

二、国际产业转移

对国际产业转移的研究首先得从产业的界定开始,它是当代经济分析中一个必不可少的基本范畴,介于宏观与微观之间。产业是具有相同特征的经济活动的集合。从广义角度来看,可以划分为三大产业:第一产业、第二产业、第三产业,通常我们所说的产业结构就是指这三大产业间关系的性质和量化比例。从狭义的角度来看,就是各大产业内部细分为不同的部门。例如,第一产业内部中的种植业、林业、牧业和渔业;第二产业内部中的采矿业、制造业、建筑业等;第三产业内部的交通运输业、餐饮业、金融业、保险业、房地产业等。

产业转移最初是一国内部经济发展过程中发生的一种经济现象,指一国内部某些产业从一个地区转移到另一个地区的过程。由于资源供给或产品需求以及技术进步和比较优势的动态变化,引起产业在地区之间的转移[54]。随着全球化进程的加快,产业转移不仅发生在国家内部,而且发生在国家之间,形成跨国产业转移。

关于国际产业转移,经济学界迄今尚无统一的定义。目前,比较认同国际产业转移是指产业由某些国家或地区转移到另一些国家或地区,是一种产业在空间上移动的现象。这个概念只是从空间的角

---

① 参见《中国统计年鉴 2008》第 17 章对外经济贸易的主要统计指标对 FDI 的解释。

度来表述，并没有从概念的本质上来加以阐述。不同于一国或区域内部的产业转移，产业的跨国转移必然会受到投资国与东道国政府的管理与监督。转移的核心问题就是短期与长期内的产业结构变化及其利益分配，它既代表着物质资本运动的经济变量活动，又代表着处在不同产业发展阶段的国家间不同产业的产品的生产与交换以及由此形成的利益分配关系。国际产业转移是国家或地区产业结构调整和升级的重要途径，构成要素包括投资国或地区、东道国或地区、转移产业、转移企业、转移资本、转移技术等。国际产业转移还应从广义角度来理解，包括产业的生产环节以及产业的研发设计、服务、销售等环节发生的转移。也就是说，同一产业内部的不同层次、不同方式，不同规模，不同阶段的生产、销售、服务、研发等发生的转移[55]。国际产业转移将发达国家与发展中国家之间的国际经济关系建立在一种新的国际分工基础之上，从而形成了一种新的贸易与投资的利益分配的国际格局[56]。

第二节　国际产业转移的方式

作为调整国际产业结构的重要实现途径，国际产业转移的基本方式主要有利用FDI、国际贸易、国际协作和外包等。

一、基于FDI的国际产业转移

基于FDI的国际产业转移的主体一般是跨国企业，其特点就是根据国家内部或外部需要，在较短的时间内向某国或某区域一次性或多次性地输入、移植产业要素或其组合。通过FDI，一国的产业可以向其他的国家或地区转移。比如，日本家电业巨头日立、松下、东芝、索尼等通过在我国以及东南亚等地建立生产基地，生产日本品牌的产品，然后销往世界各地市场，日本本土的家电产能逐渐萎缩，但在国内仍保留高端产品的研发和生产。在这个过程中，日本的家电巨头仍控制着整个产业链，只是生产线转移到了日本以外的国家。单独的FDI不等于产业的国际转移，只有形成一定规模的FDI才能推动国际产业转移。基于 FDI 的产业转移,发达国家掌握着转移产业的主导权。发达国家向发展中国家的直接投资,一般来说是伴随着较为先进的技术和管理经验,这种转移将对发展中国家的产业结构起到带动和升级作用。

绿地投资和跨国并购是直接投资进入的两大主要模式,也是产业承接的两种主要方式。根据联合国贸发会议统计,2010 年跨国并购较 2009 年增长 36%,达 3 390 亿美元;发展中国家和转型国家更倾向于利用绿地投资,全球有 2/3 的绿地投资流向了这些国家或地区,而跨国并购只有 1/4。通过 FDI 转移的产业往往是那些虽在投资国有技术优势但没有成本优势的产业。转移的产业有以下特征:一是该产品仍存在垄断利润;二是存在技术或营销网络垄断;三是丧失了成本优势。如果没有垄断利润和存在技术或营销网络垄断,该产品市场就属于完全竞争,没有成本优势的企业在完全竞争条件下就会退出这个市场,这时该产业就会转移到低成本国家或地区进行生产。国际产业转移的过程是渐进的,转移的产业通常是从劳动密集型产业开始,然后是资本密集型产业,最后才是技术密集型产业。发达国家在转移技术密集型产业时,为了掌握该产业的绝对控制权,不会整体转移,只会将产业内部一些非核心的劳动密集型环节进行转移。通过对外直接投资,发达国家可以将国内丧失比较优势和竞争力的劳动密集型以及部分资本密集型和技术密集型产业转移到发展中国家和地区,也可以通过跨国企业的全球生产布局,将产品价值链中附加值较低的非核心业务转移出去,以便保持自身的核心竞争能力。

二、基于贸易的国际产业转移

基于贸易的国际产业转移主要是指某个产业的产品在原产国的产能不断缩减甚至可能最终停产,而贸易国的非外资企业产能逐渐增加,最后成为国际市场的主要供给者,表现为该产业生产中的跨国转移[57]。这种产业的国际转移是基于比较优势的国际分工结果,比较优势发生改变时会导致国家间分工的调整和产业转移的发生,这种产业转移表现为某一产业在一国国内逐渐衰退或消失而在另一国家产生和兴盛,这种类型的产业转移可通过商品的流动实现。在产业转移的过程中,产业移出国内部虽对转移的产业有市场需求,但由于在国内生产效率低下,竞争力较弱,为了提高该产业的竞争力不得不转移到国外,移出国可以通过进口来满足国内需求;在移入国,通过购买具有较高技术的机器设备、中间产品,从而建立起新的产业部门,最终实现产品的出口。拥有该产业的控制权,是基于贸易的国际产业转移与基于FDI国际产业转移的主要区别,因为后者产业转移后的控制权仍然掌握在原产国手中。基于贸易发生的国际产业转移,一般来说是那些在原产国既缺乏成本优势,又无技术垄断优势的产业。由于缺乏成本优势,产品在市场上没有竞争力;没有技术性的垄断优势,自然不会以外国直接投资的方式进行生产。在原产国国内,企业开始研发新产品,不再生产这类产品,对这类产品的国内需求往往通过进口别国产品来满足。如发达国家往往通过进口来满足对纺织服装、五金等产品的国内需求。

三、基于合约的国际产业转移

基于合约方式的国际产业转移主要是指某个产业的主要产能在特许经营、技术协议、外包等合约方式下向接受合约企业的所在国的转移。合约方式下通常是发达国家的企业发出合约,规定条件,发展中国家的企业接受合约,在合约规定的条件下安排生产。发约方控制着技术、品牌、营销网络,以合约的方式下达生产订单,受约方作为生产单位,按照发约方的要求进行生产。

外包作为一种基于合约方式的国际产业转移,近年来成为国际产业转移的新兴主流方式。据国际数据公司(IDC)统计,美国IT产业转移到海外的职位比例从2003年的5%飙升至2007年的23%,到2010年,全球外包市场达到20万亿美元,为1993年的4倍。全球项目外包市场每年以20%的速度增长。其中,服务外包最多的是美国,约占全球外包的2/3,欧盟和日本约占1/3,亚洲是承接最多的区域,约占全球外包业务的45%,印度、墨西哥、东欧分别是亚洲、北美和欧洲的外包承接中心[58]。外包使发达国家及其跨国公司控制并专注于研发、营销和服务等具有高附加值的产业链高端环节,而将处于附加值较低的产业链低端的生产、加工、制造、装配等环节大部分分包给发展中国家的企业,甚至将产业链高端的非核心环节,如非主要框架的设计活动、营销、物流等以外包的形式转移到成本更低的发展中国家。据专业部门研究表明,实施外包战略可使产品开发成本节约9%,生产能力和质量平均提高15%左右。日本的一项研究结果表明,外包占据其制造业成本的1/3以上,并且使其成本降低了1/5[59]。生产外包既减少了跨国公司固定投入成本,又在全球范围内达到了利用最优资源的目的。

目前,国际生产体系中的外包现象越来越多,这种趋势反映了跨国公司努力集中资源培养核心能力,同时也反映了技术进步和竞争压力已经改变了跨国公司所寻求的内部化和专业化这两种对立的公司特定优势之间的平衡,促进跨国公司偏重于后者。从发展趋势来看,外包已经成为跨国公司进行国际生产专业的主要方式之一。

第三节 国际分工理论

国际产业转移是国际分工发展到一定阶段的产物。国际分工的发展决定了国际产业转移的广度和深度,而国际产业转移又促进国际分工的进一步发展。可以说,国际分工理论是国际产业转移理论的基础,研究国际产业转移必须从研究国际分工开始。

一、传统国际分工理论

国际分工是世界上各国之间的劳动分工,是生产活动在两个或两个以上国家之间进行的协作,它是社会生产力发展到一定阶段的产物,是社会分工超越国界的结果,是生产社会化向国际化发展的趋势。国际分工的产生和发展主要取决于自然条件和社会经济条件。自然条件包括资源、气候、土壤、国土面积的大小等等;社会经济条件包括各国的科技和生产力发展水平,国内市场的大小,人口的多寡和社会经济结构。其中,生产力的发展是国际分工产生和发展的决定性因素,科技的进步是国际分工得以产生和发展的直接原因。

斯密最早提出了国际分工理论。他认为,分工可以提高劳动生产率,降低生产成本,增加国家财富。斯密把对个人或家庭之间分工的原则推广到国家之间,认为各国劳动生产率的绝对差异是国家之间进行国际分工的原因。在两个国家、两种商品、一种生产要素的情况下,两国都有其适宜于生产的某些特定的产品的绝对有利的生产条件,去进行专业化生产,然后彼此进行交换,则对双方都有利。

李嘉图继承和发展了斯密的分工理论,提出了比较成本理论,该理论揭示了国际贸易领域客观存在的经济运行的一般原则和规律。如果说,绝对成本说在人类认识史上第一次论证了贸易互利性原理,那么,比较成本说就进一步将贸易分工互利性原理一般化、普遍化了。比较成本理论表明,不论这个国家处于何种发展阶段,经济力量是强是弱,都有可能确定自己的相对优势,即使处于劣势的也可能找到劣势中的相对优势,从而在国际分工体系中找到适合自己的位置,从国际贸易分工中获利。

马克思从生产方式入手研究了国际分工的产生。他认为,资本主义国际分工是资本主义社会分工发展的深化,由于机器的应用,分工的规模使大工业脱离了本国基地,完全依赖于世界市场、国际交换和国际分工。马克思还认为,大工业生产是导致国际分工的根本原因,以世界市场为纽带的世界性的物质生产和消费是国际分工的最根本的内容和基础。他还充分认识到国际分工和生产力的发展、资本运动以及世界市场的内在联系,从商品经济和资本运动的规律性揭示了国际分工的根源[60]。

赫克歇尔 - 俄林的要素禀赋理论被视为现代国际贸易分工理论的基石,它是以生产要素比例和生产要素密集度为研究出发点,认为要素禀赋差异是国际分工的依据。该理论假定各国的劳动生产率是一样的,在此情况下,产生比较成本差异的原因有两个。其一是各国生产要素禀赋比率不同,是产生比较成本差异的重要决定因素。各国都生产使用本国禀赋较多、价格相对便宜的生产要素的商品以供出口,双方都可获利。另一个是生产各种商品所使用的各种生产要素的组合不同,即商品生产的要素密集度不同。即使生产同一种商品,在不同国家生产要素的组合也不完全相同。无论是生产相同的或不同的商品,只要各国生产商品所投入的生产要素的组合或比例不同,就会产生比较成本差异。因此,对于各国来说,应当发展密集地使用本国相对丰裕的生产要素的产品,从而形成专业化的国际分工模式。

以上分析可以看出,从斯密的绝对成本理论到李嘉图的比较成本理论,再到赫克歇尔－俄林的要素禀赋理论,比较优势理论形成了一个完整的理论体系。按照比较优势理论,劳动力丰裕的国家或地区在国际分工中应该集中生产劳动密集型产品,资本和技术优势的国家应该生产资本密集型和技术密集型产品。随着国际贸易和国际分工的发展,各国所拥有的生产要素丰裕度会发生相应变化,从而引起国际分工的调整,这种分工的调整将会引起产业的国际转移[61]。

二、新国际分工理论

在传统国际分工理论基础之上,以保罗·克鲁格曼为代表的经济学家开始用市场结构理论和产业组织理论来解释国际贸易和国际分工的新现象,用不完全竞争、规模报酬递增、产品差异化等概念构造了新的国际贸易和分工理论,提出了新贸易理论。在引入规模经济和垄断之后,比较优势的产生已经不仅仅限于国家间相对要素禀赋的差异,更为重要的是来自于规模优势。从本质上讲,新贸易理论并没有否定传统比较优势理论,而是对它进行了拓展,新贸易理论的规模优势完全可以看做是比较优势的一部分,可以称为动态比较优势。

杨小凯等人用超边际分析法和其他非古典数学规划方法将分工和专业化等经济思想形式化,创立了以分工思想为基础的新兴古典经济学理论。这一理论从个人的专业化、生产的迂回程度出发研究了国际分工理论。该理论是通过引入交易费用和交易效率的概念来解释企业的产生和国际贸易的产生。组织劳动分工的形式主要有市场和企业这两种，企业的出现是企业的交易费用低于市场的交易费用的结果，因此交易费用的差别是企业出现的原因。同样，降低交易成本、改进交易效率也是国际贸易产生的原因。沿用他们的思路，可以得出这样的结论：当国际贸易的交易费用比国际直接投资的生产费用高时，将会选择直接投资，跨国公司会从国际分工中出现；当采用直接投资的形式来组织分工比向东道国市场直接输出产品进行贸易的形式来组织分工更有效率时，则选择直接投资[62]。

自20世纪70年代以来，许多学者们对国际分工的研究视角开始转向跨国公司。弗洛布尔将20世纪60年代以来的国际分工与此前旧的国际分工进行了比较分析，认为长期以来极少数工业化国家从事工业生产，大多数落后国家为发达国家提供原材料且主要从事农业生产的旧国际分工格局正被打破，跨国企业开始将劳动密集型的生产线从工业国家转移到欠发达国家或地区。这些欠发达国家或地区涌现出越来越多与世界经济体系相关联的生产部门，世界经济体系的联系发生重大变化，由“贸易”转向“生产”。持有相同的观点的还有赫里克，他认为1973~1974年的石油危机是国际分工的分水岭。此前，传统的国际分工仍占主导地位，其主要特征就是美、日、欧等发达国家用工业制成品交换发展中国家的原材料；此后，发展中国家逐渐用工业品交换西方发达国家生产的资本品。他们认为新国际分工发生主要在于发展中国家拥有大量廉价的劳动力；技术的进步可以将复杂的生产过程分解为基本的简单步骤，受教育程度较低的人也可以很快学会；技术的进步使距离和地理位置对于生产的重要性大大减小[63]。

20世纪90年代许多学者开始以全球商品链分析国际分工。格里芬认为，众多企业围绕着一种最终产品建立组织间网络，这一网络将居民、企业、国家连接到全球经济体系之中；新企业不断加入到该网络，全球商品链条也越来越大，它的作用开始超越政府间的经济交往[64]。阿尔恩特和凯尔科斯使用片断化来解释生产过程的空间分割现象，这种空间分割通过国际生产网络被组织起来，该网络可以在一个企业内部完成，也可以由许多企业分工合作完成。跨边界生产组织结构的一个重要决定因素是所有权的可分离性，倘若所有权分离是不可能的，那么跨国公司和对外直接投资可能会起到决定的作用；倘若所有权分离是可行的，那么就可以采取委托加工等方式，这样直接投资就不会起主导作用[65]。

国内学者也对国际分工做了较深入的研究。有学者认为主权国家未来保护本国工业和市场，往往会限制要素自由流动。同时，受地理距离的影响，价格机制对国际分工的调节受到一定程度的限制。跨国公司的迅猛发展改变了传统国际分工的性质，传统国际分工部分被新的国际分工所替代，世界市场机制就被层级管理制所替代，跨国公司在协调各国企业之间的分工与协作，调节资源在各国企业之间的优化配置发挥了不可替代的作用[66]。因此，跨国公司改变了传统国际分工的性质，使当代国际分工由市场机制协调的国际分工转向由跨国公司内部的国际分工。孟庆民、李国平、杨开忠认为，新的国际分工是一种关系网络体系的全球化发展，企业、部门、区域和国家之间以及内部相互之间形成的以生产为主导的社会、经济、科技制度等不同范畴内部及相互交叉的互动网络体系。跨国公司主导新国际分工，促进新国际分工格局形成的动力是市场需求，契约转让、生产一体化以及降低成本的要素构成和生产组织的变革[67]。张二震、安礼伟认为，随着经济全球化和知识经济的发展，国际分工越来越表现为相同产业不同产品之间或相同产品不同工序之间的多层次分工。这种分工的边界是生产要素，是价值链上具有劳动要素密集、资本要素密集、技术要素密集的各个环节之间的分工[68]。跨国公司在这一分工形式中起主导作用，通过专业化分工，其各国分支机构形成了世界生产体系的实体部分。

三、国际分工理论的评价

传统的国际分工理论分析的是不同国家产业之间的分工，按照比较优势理论，劳动力丰裕的国家在国际分工中应该集中生产劳动密集型产品，资本和技术优势的国家应该生产资本密集型和技术密集型产品。其主要特征是欠发达国家或地区生产资源类初级产品，发达国家生产工业制成品,或者是欠发达国家生产劳动密集型制成品,发达国家生产资本、技术密集型工业制成品。但是,随着全球化的发展和世界市场的形成,行业内分工得到了深化,延长了产品的价值链,国际分工已经超越出产品的生产阶段,传统的垂直型分工开始向混合型分工转变,呈现出产业间分工、产业内分工与产品内分工并存的多层次分工格局。在新国际分工格局下,传统的产业转移逐渐向产业链条、产品工序的分解与全球化配置。一国国际分工地位的提升主要表现在产业链条所处位置的提高及生产附加值能力的提升。

第四节 国际产业转移理论

经济学家对国际产业转移从不同角度进行了深入的研究,逐步完善了国际产业转移理论体系。

一、雁行模式理论

20世纪30年代赤松要对日本棉纺工业发展史研究时,发现明治维新以后由于日本经济的快速发展,国内对棉线、棉织品的需求增加,进口也随之扩大。不久,国内产量猛增,逐步取代了进口。随着国内产量的继续增加,产品也开始出口。日本的棉纺业经历的国外进口→当地生产→出口三个阶段,在曲线图上就像三只展翅翔的大雁,所以将其命名为“雁行模式”。除了以上的基本雁形形态外,赤松要还把发展中国家的产业发展由消费品向资本品、由粗加工向精加工的升级,以及由先进国家领头、不同发展阶段的国家追随其后的体系称为派生的雁行形态[69]。在一国范围内,“雁行模式”先是在低附加值的消费品产业中出现,然后在生产资料产业中出现,继而在整个制造业的结构调整中都会出现雁行变化格局[70]。见图2.1。

赤松要还揭示了生产多样性形成的生产分工。(1)产业内产品周期:即在每个产业部门内出现新的产品组,从未加工的、简单的产品到复杂的产品,如从棉制品到毛制品再到合成材料制品。(2)产业间产品周期:劳动、资本、技术,即任何一个国民经济的发展水平,这种发展的特征是生产从消费品到资本品转移,如从纺织到钢铁、造船、汽车和计算机[71]。赤松要还强调了贸易对后进国家的重要作用。通过贸易可以将产品和技术引入国内,而进口在某种程度上能够促进技术跨国转移,并能获取促进生产进口替代产品所需的资本品。

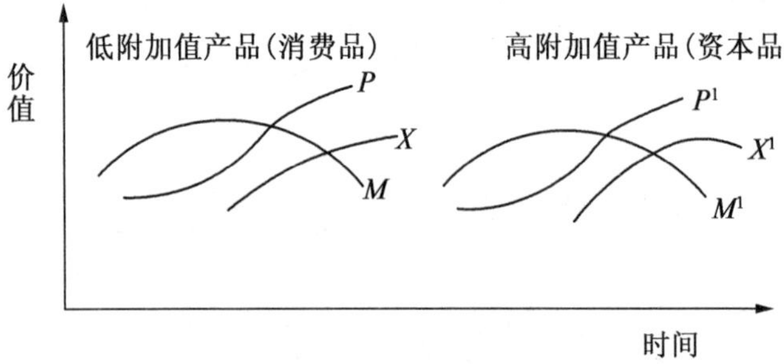

图 2.1　雁行模式

本图来源:胡俊文.雁行模式理论与日本产业结构优化升级[J].亚太经济,2003(4):24

注:M、M^2 表示国外进口,P、P'表示当地生产,X、X'表示出口

日本学者山泽逸平进行了扩展,提出了引进→进口替代→出口成长→成熟→逆进口五个阶段,更加详尽地展示了后进国家如何通过进口先进国家的产品和技术,建立自己的工厂进行生产以满足国内需求,不仅可供出口,而且后来居上取代"领头雁"地位并最终实现经济腾飞[72]。小泽辉智在雁行模式的理论基础上发展出增长阶段模型,通过引入了跨国公司和直接投资因素,从而使雁行模式发生了变化。该模式认为跨国公司可以在产品生命周期一开始就在国外投资生产,无需通过出口开发东道国市场,外商直接帮助东道国建立起有竞争力的消费品工业[73]。

雁行模式理论是建立在动态比较优势基础之上的,是投资国与产业承接国之间的动态产业转移理论。该理论强调比较优势基础的改善,一国可以根据产业发展的形态,特别是根据比较优势的变化进行国际分工与产业转移,通过产业之间的依次转移,调整和优化各国产业结构,最终形成更高层次的产业依次转移。

雁行模式理论解释了处在不同经济发展阶段的国家之间产业分工格局以及由此引起的产业传递格局。日本提倡的雁行模式,就是指在东亚地区的经济合作中或国际分工中,要按照各国经济、技术发展水平的差异进行的国家和地区分工,日本作为"雁头",亚洲NIES(韩国,中国台湾、香港,新加坡)为"雁身",ASEAN(东南亚国家联盟)及中国为"雁尾"。20世纪80年代,日本在东亚地区实施了雁行战略,率先将国内成熟了的产业转移到亚洲NIES,后者又将其成熟的产业依次转移到东盟四国(泰国、马来西亚、印度尼西亚、菲律宾)和中国,转移的产业依次是纺织、化工、机械、电子等产业。总之,日本学者提倡的这种雁行分工格局是为了维持日本在东亚地区经济中的主导地位。

需要关注的是,雁行模式理论揭示的发展轨迹是后进国家追赶先进国家,但并未揭示后进国家如何在产业发展上创新的轨迹。也就是说,雁行模式所描述的过程是建立在模仿和追赶的基础之上,这就决定了后进国家在新技术、新产品的引进过程中对先进国家有依赖性。处于雁行最低阶梯的国家或地区如果只是单纯依赖从先进国家的比较劣势产业转移中获利,而没有创新意识的话,将无法摆脱"引进—落后—再引进—再落后"的恶性循环[74]。

二、国际产品生命周期理论

20世纪60年代,美国经济学家维农在总结国际贸易对美国工业结构转换影响的基础上,通过分析产品在国际上的循环,提出了国际产品生命周期理论。维农认为,美国之所以向国外转移产业,主要是企业为了适应产品生命周期的变化,以规避某些产品在生产上的比较劣势[75]。

维农将一个产品的生命周期划分为三个不同阶段:新产品阶段、

产品成熟阶段、产品标准化阶段。在新产品阶段，由于产品尚未完全成型，创新企业垄断着技术，新产品没有竞争者，价格弹性较小，高成本并不构成市场扩展的主要障碍，新产品都在原产国国内生产和销售，极少出口到其他国家。而在产品成熟阶段，由于创新者对技术和市场的双重垄断地位被后来进入的竞争者打破，市场性加大，替代产品增多，原产国和一般发达国家市场开始出现饱和，价格竞争成为重要的竞争手段，企业越来越重视产品成本的下降。为了降低成本，企业纷纷到目标市场进行生产就成为一种理性的选择。进入到产品标准化阶段，产品和技术都已经实现标准化，创新企业的技术垄断优势已经消失，技术门槛下降到不再成为市场进入的障碍。市场趋向完全竞争，使产品的价格大幅下跌。发展中国家低廉的劳动力成本优势开始显现出来，企业从发达国家转移到发展中国家进行生产成为一种最优的选择，它们不再生产该类产品，对产品的需求主要通过进口来满足。

产业的跨国转移从产品和技术完全标准化、国内市场基本饱和的产品成熟期开始，而在产品标准化阶段，原产国生产和出口的优势受到技术模仿国的重大挑战，产品原产国将进行大规模产业转移。

Tan 在产品生命周期理论基础上，从产品类别的角度来解释产业转移现象。在图 2.2 产品生命周期理论拓展型中，他把产品分为高、中、低三个档次，并将上述三个档次对应的市场结构总结为直接出口 、中间产品出口和当地组装、当地生产。高档产品对应的市场结构主要是直接出口，中间产品出口和当地组装为辅；中档产品以中间产品出口和当地组装、当地生产为主，直接出口为辅；低档产品则以当地生产为主。随着产品生命周期的演变，高档、中档、低档三个层次所包含的产品内容也会出现新的变化，新的产品加入到高档产品中，而一部分高档、中档产品进入到中档、低档产品中。一般来说，投资者倾向于把高档产品的生产放在本国进行；中档产品在国外组装的同时，逐步向国外低成本转移；低档产品的生产则全部转移至国外[76]。

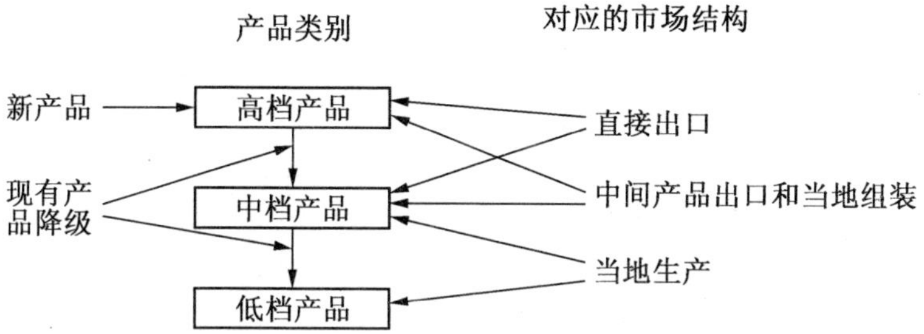

图2.2 产品生命周期理论的拓展型

本图来源：Tan. Product cycle theory and telecommunications industry – Foreign direct investment, government policy, and indigenous manufacturing in China, Tele – communications policy, 2002(26):17 – 30

产品生命周期理论在一定程度上解释了跨国公司对外投资的产业选择行为。李东阳认为，产品生命周期理论科学地解释了二战后美国企业在西欧大规模投资的动因，投资是对产品出口方式的替代，是企业技术垄断地位被削弱、国外竞争条件变化时采取的防御行为。但该理论不能很好地解释跨国公司的多种投资行为，特别是近年来，跨国公司可能一开始就针对不同的东道国设计多样化的产品，越过出口阶段，迅速投入到东道国市场，或者为了抢占市场，跨国公司的投资方式与产品生产转移方式同产品生命周期所假定的方式也不尽相同。同时，该理论也无法解释发展中国家的对外直接投资行为。不同产品类别有不同的产品生命周期，维农的理论只适合于制造业，并不适合其他产业[77]。

三、劳动密集型产业转移理论

刘易斯在其著作《国际经济秩序的演变》中，分析了劳动密集型产业的国际转移的问题。他认为，发达国家由于人口自然增长率的下降，人口增长缓慢，不能为工业的发展提供大量的非熟练劳动力，导致了非熟练劳动力供给不足，从而引起劳动力成本的上升，导致了劳动密集型产品在国际市场上竞争力的下降。因此，发达国家将劳动密集型产业转移到发展中国家进行生产。发达国家在转移这些产业的同时,不但加快了国内产业结构的优化和升级,而且还改变了国际经济秩序[78]。该理论解释了劳动密集型产业从发达国家向发展中国家转移的经济原因以及对国际经济秩序调整的影响。不足的是,刘易斯只对劳动密集型产业作出解释,而没有解释资本密集型产业和技术密集型产业的转移问题。

刘易斯的观点实际上是建立在赫克歇尔－俄林要素禀赋理论基础之上的。由于当时国际产业转移主要发生在劳动密集型产业方面,因而影响转移的因素主要是发达国家与发展中国家之间在非熟练劳动力丰裕程度方面的差别[79]。劳动密集型产业转移理论从要素构成的角度回答了发达国家什么产业首先应该转移的问题,那就是劳动密集型产业。一般来说,一个国家转移其劳动密集型产业还是从其他国家进行承接,在一定程度上取决于该国经济的整体发展水平。经济越发达,国内劳动密集型产业发展的空间就越小;反之,国内劳动密集型产业发展的空间就越大[80]。

四、中心－外围理论

"中心－外围"理论是普雷维什提出的一种理论分析模式,揭示了处在中心地位的发达资本主义国家和处在外围的发展中国家之间的经济关系。该理论模式将世界分为两大类别:一类是生产结构同质和多样性的"中心";另一类是生产结构异质性和专业化的"外围"。该理论主要有以下三部分内容构成[81]。

"中心－外围"是一个统一的和动态的体系,具有整体性。无论"中心"还是"外围",它们不是两个不同的经济体系,而是整个世界经济体系的一部分。当前的世界经济体系是伴随着资本主义生产关系和生产技术在全球传播而形成的,维持目前经济体系运转的是在第一次产业革命之后形成的国际分工。技术进步的国家在国际分工中成为世界经济体系的"中心",而技术落后的国家则沦落为世界经济体系的"外围"。

"中心－外围"之间在生产结构上存在很大的差异性。技术进步首先出现在世界经济体系的“中心”,然后迅速拓展到整个体系,因此“中心”的经济结构具有同质性和多样性。“外围”部分的经济结构则完全不同,属于专业化的经济结构,大多数经济资源集中用于扩大初级产品的生产,对国内工业制成品的需求通过大量进口来满足。此外,“外围”部分的经济结构还具有异质性的特征,即同时存在技术落后,生产率较低的传统部门与使用先进生产技术、生产率较高的现代化部门。

“中心－外围”两者之间的关系是不平等的。技术进步及其传播机制的不同造成了两者之间不平等的国际分工,处在“中心”地位的发达国家以生产和出口工业品为主,而处在“外围”地位的发展中国家以生产和出口初级产品为主。但初级产品的贸易条件与工业品相比存在长期恶化的趋势,这对大多数发展中国家十分不利,加深了“中心－外围”的不平等。

发展中国家为了快速实现工业化而实施进口替代战略,促使了国际产业转移产生。普雷维什的观点借鉴了汉密尔顿、李斯特等人的贸易保护主义学说,强调了国家行为对国际产业转移的影响,反映了发达的资本主义国家与欠发达的发展中国家之间国际产业转移的现实。同时,他也注意到国际产业转移的消极作用,但没有意识到国际产业转移是区域之间经济关系发展变化的结果,对发展中国家承接国际产业转移的积极作用认识不足[82]。

五、边际产业扩张理论

20世纪70年代末,日本学者小岛清根据日本对外直接投资的实际情况,提出了边际产业扩张理论。他首先解释了边际产业:与其他国家相比,在本国失去比较优势的产业就是边际性产业;与大企业相比,在本国处于比较劣势的中小企业就是边际性企业;在同一企业中,与比较优势部门相比,处于比较劣势的部门就是边际性部门。以上统称为边际产业。从以上的解释可以看出,边际产业的核心内涵就是产业劣势的相对性。产业劣势可以理解为某一产业、企业、部门相对于本国的其他产业、其他企业、本企业的其他部门具有比较劣势。但是,能够转移到其他国家或地区的产业、能够“走出去”的企业或部门,相对于其他国家的产业、企业、部门来说,还存在一定的比较优势。转移应从投资国国内已处于或即将处于比较劣势的产业依次进行,这些产业在东道国还具有比较优势。

产业转移从边际产业转移开始,首先是因为转移边际产业有助于本国贸易量的增加。假如把投资国国内还具有比较优势的产业转移到国外,就会替代出口贸易,缩小与双方的比较优势的差距,甚至替代未来的进口贸易。假如转移出去的是投资国国内的边际产业,那么对外直接投资对于本国出口贸易的替代作用较小,并且这种投资还会带动相关设备的出口,促进本国设备制造业的发展。其次是因为转移边际产业能够促进双方产业结构的调整与升级,能够实现投资国和东道国的双赢。对于投资国来说,转移出边际产业可以淘汰落后产业,把有限资源投入到新技术产业,将有助于产业结构的调整。对于产业承接国来说,所承接产业的技术水平虽然不一定是当时世界最高的,但应该是国内产业发展所需要的,因此,有助于东道国产业结构的升级。

小岛清还把边际产业转移的动机分为四种:自然资源导向动机、生产要素导向动机、市场导向动机以及生产与销售的国际化导向动机。这四种动机都是基于边际产业转移理论提出来的。基于自然资源导向动机而对外转移的产业,在国内一般是具有产业开发能力但缺少开发对象的产业,其直接目标是充分利用世界的自然资源。对于日本来说,它是一个自然资源严重缺乏的国家,自然资源密集型的产业就是典型的边际产业。基于生产要素导向动机而对外转移的产业,其直接目标是利用东道国的廉价生产要素,要素成本的高低是影响产业竞争力的重要因素,是决定一个国家边际产业的生命周期能否延续以及在何处延续的重要因素。基于市场导向动机而对外转移的产业,大多是国内市场空间有限,国际市场竞争激烈,同时东道国的市场又有较大潜力的产业。转移这类产业,用产品生命周期理论来说,就是产品生命周期处在产品成熟阶段和产品标准化阶段的产业。基于生产和销售国际化导向动机而对外转移的产业,其直接目标就是建立全球化的生产网络，通过跨国公司的水平一体化和垂直一体化分工的实施，获得全球化经营的好处[83]。

李东阳认为，边际产业转移是从国际分工出发来解释影响跨国公司对外直接投资因素的，这一理论将比较利益原则视为跨国公司对外直接投资的决定性因素。该理论认为，只有在国外利润高、生产要素价格低而东道国又不能充分利用这些优势的情况下，即对于日本公司来说具有比较优势的情况下，才能对外直接投资[84]。陈建军认为，该理论的现实意义如下：一是为日本向外进行的产业转移辩护，日本在 20 世纪 60～70 年代向外转移的产业主要是劳动密集型产业，向外转移的企业主要是国内中小企业；二是借此说明东亚的“雁行模式”的机理[85]。

边际产业扩张理论是以发达国家的视角来说明何种产业能够对外转移的。不过，该理论不能全面说明发展中国家的哪些产业能够对外转移。按照该理论，发展中国家转移出去的产业也应该是它们的边际产业，转移出去的承接地也应该是更为落后的国家或地区，而且发展中国家的产业不能转移到比其发展水平更高的国家或地区去。但现实情况是，发展中国家对外转移的产业往往是国内最优秀的产业，能够“走出去”的企业往往是国内最优秀的企业。

六、国际生产折中理论

英国著名经济学家邓宁从企业的微观层面对产业跨国转移进行了研究，提出了国际生产折中理论。此前，对外直接投资理论朝四个方向发展：一是海默为代表的垄断优势论；二是维农为代表的产品生命周期理论；三是以巴克莱、卡逊为代表的内部化理论；四是跨国公司生产的区位理论。邓宁是在借鉴上述理论的基础上提出该理论的，它主要由所有权特定优势、内部化优势 、区位特定优势三部分构成[86]。

所有权特定优势是指一个企业所拥有的其他企业不具备的资产的所有权。跨国公司拥有的所有权优势决定着其对外直接投资的能力。它主要有三种类型：首先是跨国公司在投资之前在国内经营阶段就具有的优势,如组织管理能力优势、金融融资方面的优势、企业规模优势、品牌优势、技术优势等;其次是跨国公司的分公司在东道国所拥有的优势,如分公司获取总部技术、中间产品等方面的价格优势;最后是跨国经营出现的优势,如可以更便捷地获取原材料、更容易分散风险等。从动态角度来看,所有权优势是 FDI 进行跨国活动之后通过有效地协调和使用国内外资源,以及跨国并购和联盟等合作而内生获得的优势。此时,FDI 更为重要的任务是在维持已有的所有权优势前提下,进一步创造新的所有权优势。从制度视角来看,企业的激励制度影响和决定了企业自身创造和获得综合资源的能力,同时东道国特有的制度安排也会对 FDI 产生较大的吸引力。

区位优势是指跨国公司在区位选择方面所拥有的优势。区位选择的首要因素是收益,区位优势之所以存在就是因为某些地区与其他地区相比具有更高的投资收益预期。区位优势是一个综合性概念,单项优势往往难以形成区位优势。区位优势既决定跨国公司内外的投资取舍,又决定着跨国公司对外投资的类型和结构。区位优势来源于 FDI 在东道国的地理集聚。地理集聚在造就规模经济的同时,为 FDI 提供了合作交流的平台,使之能够综合利用当地不可移动的资源优势,从而在特定区域建立完善的激励和反馈机制,形成后天区位优势。制度视角下,东道国有利于区位优势形成的制度安排越多,FDI 对该区域投资的动机和能力就越强,因为与制度有关的激励结构和自我实现机制能够促使企业在东道国获得内生所有权优势。东道国 ESP 对区位选择具有最基本的制约作用。在 ESP 中的 E 是指环境,泛指一国资源,包括人力资本丰裕度、技术水平、基础设施状况、市场潜力大小、经济发展水平等;S 是指体制,包括自由市场体制、计划经济体制、混合体制等,不同的体制决定了不同的资源分配特征;P 是指政策,包括政府的货币政策、贸易政策、外资政策等[87]。

内部化优势是指企业将所有权优势保留在企业内部而不出让给其他企业来获取收益的能力[88]。跨国公司的所有权优势存在两种利用方式,其一是将所有权优势外部化,出租或出售来获取租售收入;其二是将所有权优势内部化,自己使用。选择以上何种方式取决于成本收益比较。企业选择内部化主要是为了避免外部不完全市场因素(如信息不对称、政府干预、高额交易成本等)带来的不利影响。从静态角度来看,内部化优势是指FDI为了降低获取信息成本,克服买方不确定性等市场失灵引致的缺陷,将无形资产等中间产品转移给国外子公司而获得的优势,便于FDI实行跨国补贴和转移定价等竞争战略。从动态角度,FDI通过合作契约强化网络企业整体优势,是FDI与竞争对手抢占新兴市场的一个重要战略。此时,FDI可以在避开代理人道德风险与逆向选择等潜在风险的同时,利用内部信号传递机制获得内部化优势。从制度角度来看,FDI企业内部有效的治理结构能够确保中间产品等内部优势国际转移的顺利进行。

下面三个优势是解释企业对外直接投资和跨国经营的主要原因。如果跨国公司同时拥有所有权、内部化以及区位优势时,就会选择对外直接投资,如表2.1,推动本国产业向外转移。

表2.1　国际经济活动方式

国际化方式	所有权优势	内部化优势	区位优势
国际直接投资	√	√	√
出口贸易	√	√	×
许可证安排	√	×	×

三种优势特别是区位优势,对产业转移的影响更大。区位优势是由东道国和投资国的多种因素综合决定的。若东道国经济中的有利因素吸引外部资本进入,则形成直接优势;若投资国经济中的不利因素迫使企业到海外投资,则成为间接区位优势。假如不同时满足这三个优势,则企业只能采取出口或特许权转让的方式使用自己的经济资源;假如企业只有所有权优势而没有内部化和区位优势,则最有利的方式是出售许可证;假如企业只所有权优势和内部化优势而没有区位优势,则在国内生产最为有利。

邓宁的国际生产折中理论主要是从发达国家的跨国公司对外直接投资的角度进行分析,从企业发展的层面研究国际产业转移问题,可以认为是有关产业转移的微观层面、个体层面的研究。国际生产折中理论的实践主要是美国企业的对外扩张,缺乏对工业国以及新兴工业化国家和地区的对外投资、产业转移现象的分析[89]。

综上所述,随着国际产业转移的不断演化,经济学界对该领域的研究呈现出以下发展趋势:

(1)研究视角的多样化。不仅研究产业的整体转移,而且还研究产品价值链,分析各个工序在全球的布局及国家间的转移;不仅研究发达国家向发展中国家的产业转移,而且研究发达国家向发达国家、发展中国家向发展中国家,甚至发展中国家向发达国家的产业逆向转移。

(2)研究内容的扩展。随着新形势的发展,研究内容已经不再仅仅局限于生产领域,服务业的国际产业转移也纳入其中。因此,对国际产业转移的理论研究更具有广泛的适用性。

第三章　国际产业转移的趋势及其影响

第一节　国际产业转移历程中的四次浪潮

第一次产业革命以来，国际产业转移成为国际经济联系的一个有机组成部分，但在不同的时期，转移的规模、方式、路径等方面存在明显差别。国际产业转移浪潮是指在国际范围内存在的能够持续较长时间的、大规模的产业转移的经济现象，它应该符合以下两个条件：一是国际产业转移应该持续一段较长的时间；二是国际产业转移的规模较大，并对参与国产生了重大的经济和社会影响。按照上述条件，自第一次产业革命后，国际产业转移浪潮共有四次，其中第二次世界大战前一次，战后三次。每一次国际产业转移浪潮都引起世界工业重心的转移，甚至是世界工厂的变迁。

一、国际产业转移的四次浪潮

第一次国际产业转移浪潮出现在 18 世纪末至 19 世纪上半叶，转移的路径是从英国到欧洲大陆以及美国。英国在完成产业革命后成为当时世界上第一个世界工厂。当时英国人口仅占世界人口的 2%，但在 19 世纪的前 70 年内，一直控制着世界工业生产的 1/3 到 1/2，世界贸易的 1/5 到 1/4。美国作为一个新兴的国家，是这次国际产业转移的最大受益国。美国作为英国的殖民地，又有良好的自然条件和资源条件，使工业革命的新技术先在美国遇到了肥沃的土壤……到美国独立战争时，英国在北美的殖民地上大约有 200 个造铁厂,年产铁大约3万吨,超过它的只有英国本土、法国、瑞典以及俄国[90]。正是对来自英国的产业承接,才奠定了美国后来领跑第二次产业革命的物质和技术基础,推动了本国工业的迅速发展,并在19世纪末超越英国成为世界第一大工业强国,成为世界工业发展史上的第二个"世界工厂"。可以说,第一次国际产业转移的浪潮推动了"世界工厂"的第一次变迁[91]。

第二次国际产业转移浪潮发生在20世纪50年代至60年代,转移的路径是从美国转移到西欧和日本。美国在第二次世界大战后,出现了以电子计算机、生物技术、新型材料、光电技术、新能源和空间技术为标志的新技术革命,而把部分传统制造业转移到欧洲和日本。美国凭借雄厚的科技实力,集中优势资源发展半导体、通讯、电子计算机等新兴的技术密集型产业,把失去比较优势的劳动密集型产业转移出去,同时对欧洲和日本进行直接投资和资本、技术输出。日本则有效地把握了这次发展机会,大量引进来自美国的先进技术和设备,一方面大力发展纤维、食品等出口导向型工业,以进一步积累推动工业化的资本;另一方面则积极扶植面向国内市场的进口替代工业,如钢铁、化工等资本密集型工业和一部分耐用消费品工业,以适应和满足国内扩大生产所需设备的生产和居民的消费需求。到20世纪60年代末,日本就已发展成为除美国和苏联之外的世界第三经济大国。第二次国际产业转移对世界经济影响是巨大的,德国成为世界经济强国,日本成了世界工业发展史上的第三个"世界工厂"。可以说,第二次国际产业转移的浪潮推动了"世界工厂"的第二次变迁。

第三次国际产业转移浪潮发生在20世纪70年代至80年代,转移的路径是从日本到东亚地区。此次转移是由日本主导,持续时间大约为20年。20世纪70年代,日本已经是制造业大国,为了应对两次石油危机的冲击以及日元升值的影响,选择了对外直接投资的产业转移道路。在这次转移浪潮中,日本经历了三个阶段。第一个阶段是在20世纪70年代初,转移的目的地是东亚"四小龙",移出的产业主要是劳动密集型的纺织业,国内重点放在电子集成电路、机械制造、精细化工、家电、汽车等高附加值的技术密集型产业;第二个阶段是在20世纪70年代中后期,转移的目的地仍是东亚"四小龙",受石油危机的影响,使得能源与矿产资源价格上涨,严重地打击了日本耗能较多的重化工业,因此移出的产业主要是钢铁、造船、化工等资本密集型产业;第三个阶段是在1985年"广场协议"之后,转移的目的地既有东亚"四小龙",也有东盟四国和中国内地,更有美国等发达国家[92]。日本主导的第三次产业转移,出现了东亚"四小龙"的经济发展奇迹。

第四次国际产业转移浪潮始于20世纪90年代,一直延续至今。这次产业转移从输出地、目的地等方面与前面的产业转移相比都有较大的变化。输出地不仅有日本,而且还有美国和东亚"四小龙";产业承接地除了东盟四国外,更重要的是中国内地,特别是珠江三角洲地区、长江三角洲地区、环渤海地区。东亚"四小龙"通过积极承接国际产业转移,加上原有的产业发展基础,经济快速增长成为世界经济发展中的明星。但它们在发展中面临内部市场狭小与生产能力扩张之间的矛盾、生产要素成本上升与企业追求更多利润的矛盾、产业发展与资源环境瓶颈的矛盾。正是这些矛盾的存在,催生了第四次产业转移的浪潮,它们将其产业转移到泰国、菲律宾等国的同时,也将很大一部分产业转移到中国内地。中国内地是第四次国际产业转移的最大受益者,除了对东亚"四小龙"产业的承接外,还以其巨大的市场吸引了日本、美国和欧洲的大量投资,中国内地的制造业得到迅速发展。可以说,中国对第四次国际产业转移的承接,奠定了作为世界制造大国的国际地位。

二、国际产业转移中的规律

结合国际产业转移的发展历程,可以将国际产业转移的规律总结为以下几个方面。

(一)国家间的国际产业转移过程经过三个阶段

国际产业转移主要是通过发达国家向欠发达国家的直接投资来实现的。从在东道国设厂到该产业成为比较优势的产业,一般是历经三个阶段。第一个阶段:投资国在东道国建立工厂,并且出口机器设备,这些机器和机械设备中的较为先进的技术也进入到东道国。第二个阶段:东道国把从投资国进口的中间产品加工成最终产品,东道国最终产品的产量增加,投资国出口到东道国的最终产品减少,最终产品由投资国向东道国的进口增加。第三个阶段:零部件和原料等中间产品在东道国采购量增加,最终在东道国国内大部分中间产品实现本土化生产。只有在第三个阶段,东道国才能被看做为从投资国手中接替了该产业,完成了产业的升级[93]。

(二)国际产业转移呈现出梯度转移模式,产业结构日趋高度化

产业梯度转移以及升级模式是指发达国家不断向发展中国家转移本国已经失去比较优势的产业,从而推动发展中国家或地区的产业升级。国际产业转移有一定的梯度规律[94]:从转移的类型来看,一般是按照劳动密集型产业、资本密集型产业、技术密集型产业的顺序。具体而言,首先是从纺织、服装、轻工业等开始,然后是钢铁、石油化工、冶金等产业,最后才是电子、通信等产业。从转移的区域来看,一般是按照发达国家、次发达国家、发展中国家或地区层次梯度转移,即首先以有一定工业发展基础的国家或地区为重点,随后再转移到其他国家或地区。国际产业转移主要集中在制造业,服务业中也有部分产业部门向外拓展,如金融保险业、咨询业等。值得注意的是,发达国家在转移劳动密集型产业或劳动密集型工序的同时,也开始有选择地向发展中国家转移资本、技术双密集型产业或高技术产业的生产与部分R&D活动。农业由于受自然资源分布等的限制,转移存在较大的障碍,但在相同类型产品的生产中,不同技术梯度的生产也存在较强的跨国转移。

(三)随着产业转移的高度化,转移和承接的难度逐渐加大

在低层次的国际产业转移阶段,“自然的”比较优势占支配地位,它包括丰富的低价劳动力以及大自然所赋予的丰富的矿产资源。而在高层次的产业转移中,“创造的”比较优势占支配地位,它必须通过实物投资、人力资本投资以及研发投资才能形成。在高层次的承接中,承接产业转移的国家必须创造出原来不丰裕的经济资源,这样才能顺利完成产业的承接。

所以,劳动密集型产业转移和产业承接一般较为顺利。这些国家或地区充分利用了自然和历史赋予的"自然的"比较优势,也可以说进行产业承接的优势是现存的。劳动密集型产业所要求的技术水平不高,对劳动者的技能要求比较低,同时,劳动密集型产品市场的进入门槛较低,原材料等中间产品较易实现本地化生产和采购。但对资本-技术密集型产业来说,产业转移较为缓慢和困难。一方面,资本-技术密集型产业的市场结构多为非竞争市场结构,发达国家的跨国公司有动力、有能力控制技术的转移和扩散,以遏制发展中国家技术升级,通过出口贸易获取价值盈余。另一方面,资本-技术密集型产业对零部件的技术水平要求较高,发展中国家要承接这类产业转移,就需要发展当地相关产业,实现零部件的本地化生产和采购,同时还要大规模的改造原有的生产流程与设备,提高技术人员和管理人员的素质等。这些进行产业承接的软硬件不是直接存在,需要创造出来,这等于提高了发展中国家或地区承接产业转移的启动成本[95]。

第二节 国际产业转移的新趋势

一、国际产业转移规模增长快且波动大

国际产业转移的规模增长较快。20世纪80年代初,全球国际直接投资流量每年为500~600亿美元,80年代后期的国际直接投资年均增长率为22.8%,到1990年达到2 090亿美元,90年代前期年均增长21.2%[96],后5年急剧攀升年均增长39.7%,2000年总流量飙升到13 929.6亿美元,达到30年来的顶峰。受随后世界经济低速增长的影响,2001年以来全球跨国直接投资连年下降,2003年跌至5 611亿美元,创近年来的新低。随着世界经济形势的好转和跨国公司经营状况的改善,从2004年起全球跨国直接投资开始回暖,2007

年又创新高，达到为18 333亿美元。随后，全球直接投资在经济危机中受到严重冲击，全球外国直接投资流量在2009年下半年跌至谷底，2010年全球外国直接投资增长5%，达到1.24万亿美元，但仍比金融危机前的平均值低15%，2011年全球海外直接投资流量超过了金融危机前的平均值，达到1.5万亿美元，但仍较2007年峰值低约23%。

从表3.1可以看出，发达经济体在2002～2011年间，占全球投资比例出现了较大波动，在2010年首次跌破50%，为47.3%；在此期间发展中经济体所占比例波动较大，2007年水平与2002年持平，2010年大幅度增加到47.1%，2011年又下降到44.9%；东南欧和独联体从2002年的1.8%增加到2008年的6.7%，随后下降到2011年的6%。具体来说，发达经济体在2002～2004年间，占全球投资流量的比例呈下降趋势，从70.8%锐减到2004年的56.2%，随着世界经济的复苏，该比例才逐渐上升到2007年的68.1%，仍低于2002年的水平，2008年受金融危机的影响，发达国家FDI流入量下降29%，仅为9 620亿美元，2011年FDI流入量15 244亿美元；对于发展中经济体，与发达经济体相反，在2002～2004年间，从27.4%增加到2004年的39.5%。但由于随后流入发达经济体的外国直接投资远高于发展中经济体，该比例开始逐年下降，2007年27.3%，2010年跃升到47.1%，基本上与发到经济体持平；对于东南欧和独联体，2003年该比例比2002年增长了一倍，尽管该比例在2005年有所下降，随后开始上升，2008年达到6.7%，创历史新高，但受全球金融危机的影响，比例出现下降。见图3.1。

表3.1　2002～2011年各经济体占全球外国直接投资流量的比例

区域		2002	2004	2005	2006	2008	2011
全球	亿美元	6 252	7 177	9 587	14 110	16 970	15 244
发达经济体	%	70.8	56.2	63.8	66.7	56.7	49.1
发展中经济体	%	27.4	39.5	33	29.3	36.6	44.9
东南欧和独联体	%	1.8	4.2	3.2	4.1	6.7	6.0

资料来源：联合国贸易会议2008、2009、2011、2012年世界投资报告

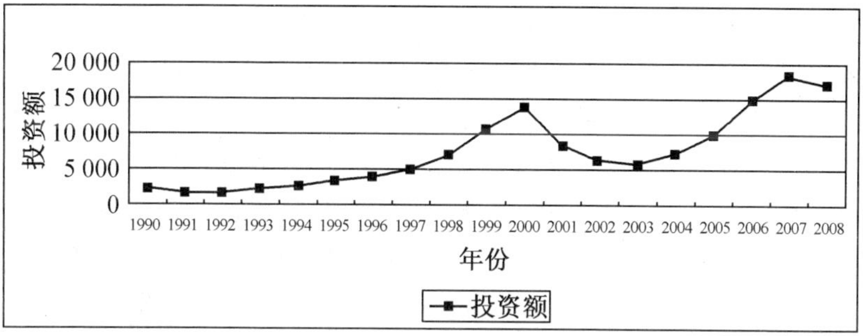

图 3.1　1990～2008 年国际直接投资额

20 世纪 90 年代以来，国际产业转移之所以有增长快的特征，首先是受全球化的影响。经济全球化是国际产业转移的基础，国家产业转移是经济全球化发展到一定程度的产物。其次是科技革命。科技革命是国际产业转移的发动机，世界各国尤其是发达国家在新技术的推动下，纷纷加快调整国内产业结构，产业转移成为各国调整产业结构的重要手段。国际产业转移的波动大主要是因为它容易受国际政治和经济的影响。例如，亚洲金融危机、美国"9·11 事件"以及次贷危机都造成了国际直接投资的巨大波动。

二、国际产业转移的主体多且层次更高

随着各国技术进步和产业结构水平的提高，越来越多的新兴经济体在产业升级的同时将原有传统产业转移到更低产业梯度的国家。国际产业转移已不再局限于发达国家，既有美国、日本等发达国家和地区向外进行产业转移，也有韩国、新加坡等新兴经济体的产业外移。新兴经济体在国际产业转移中往往身兼产业承接方与产业转移方两类角色。由于世界传统制造业成本条件的变化，将呈现从发展中国家再向后发展中国家转移的态势，传统制造业也将呈现出产业向外再次转出的趋势。此外，随着国际产业转移规模和形式多样化的发展，跨国公司扩充了以往单纯劳动密集型加工、装配业务，将转移的范围延伸至开发、设计、销售、服务等一系列环节，跨国公司成为国际产业转移的核心微观主体。

发达国家在继续向发展中国家转移劳动密集型产业的同时，开始向发展中国家转移某些资本、技术密集产品的生产，甚至开始向少数发展中国家转移高技术产品生产过程中的某个工序。国际产业转移已进入技术密集型、资本密集型、劳动密集型产业转移并存的阶段。特别是受国际金融危机影响，国际产业转移越来越多地考虑产业转移承接国市场与消费者的需求，一些公司开始把部分研发工作转移到发展中国家，如微软公司、IBM公司等相继在中国设立研究院。

三、制造业链条转移和生产外包加速发展

始于20世纪80年代的制造业链条转移和生产外包，在90年代掀起高潮。中国内地凭借低劳动力成本优势，成为承接欧美、日本和亚洲“四小龙”制造业链条转移最多的国家，中国制造得以在全球迅速扩张。同样受益的还包括东盟国家、转型国家和拉美新兴工业化国家，通过引进外资承接产业转移，这些国家的制造业也获得了长足的发展。

制造业链条转移和生产外包有效地整合了发展中国家或地区的低劳动力成本优势和跨国公司的技术优势与资本优势，使得跨国公司继续在全球产业中处于主导地位。随着加工制造业不断向我国转移，跨国公司开始加大实施零部件供给当地化战略的力度，将整条产业链转移到我国。在全球化背景下，直接投资和生产外包开始成为发达国家克服本国劳动力成本劣势、维持和进一步获取产业竞争力的一种战略选择。制造业链条转移和外包给发达国家带来的收益远远超出由此产生的贸易逆差和失业带来的经济损失。随着发展中国家经济体产业的技术进步和发达国家产业间的竞争的加剧，将有更多的制造业链条加入到产业转移的队伍中。

21世纪以来，美国制造业转移和外包开始迎来新高潮。麦肯锡一份研究报告指出，到2015年，美国从12个低成本国家[①]进口的制

① 12个低成本国家包括中国、巴西、印度、印度尼西亚、马来西亚、墨西哥、菲律宾、波兰、俄罗斯、南非、泰国和土耳其.

成品占制成品总进口的比重将由 2002 年的 37% 上升至 50%，从这些国家的进口金额也将由 2002 年的 4 500 亿美元快速攀升至 2015 年的 12 000 ~ 16 000 亿美元[97]。这意味着美国制造业的外移和外包将进一步大规模扩展。同时，大量的进口也给美国国内相关产业带来巨大竞争压力，从而迫使更多的产业实施外包或者直接将生产迁往国外。

新的转移和外包既有数量的增长，也有结构的变化。20 世纪 90 年代，制造业转移是以服装、鞋帽等为代表的劳动密集型产业；外包是以计算机硬件和家用电器等为代表的部分技术密集型产业。这次产业转移和外包是以汽车制造、生物制药和通信设备等技术密集型产业为主。表 3.2 展示了两次制造业大规模外移和外包过程中产业结构的变化。2002 ~ 2015 年间，造船等低潜力部门和资本密集型原材料部门的产品在进口产品中的比重和它进口在美国总消费中的比重变化较小，劳动密集型部门产品和第一次转移和外包中的计算机软件、消费电器等技术密集型产品的进口在美国相应产品的总消费中的比重继续上升，但在美国总体进口产品中的比重开始下降。与此同时，汽车制造、生物医药、通讯设备等即将大规模转移和外包的技术密集型产业，其产品不仅在美国国内市场的消费比重大规模提升，而且在美国进口产品中的比重也将显著增长。

总体来说，到 2015 年，美国约 1/2 以上的劳动密集型产品、2/3 的具有较低附加值技术密集型产品和近 1/4 的高附加值技术密集型产品的市场需求将由外移和外包产品的再进口来满足[98]，美国制造业正沿着由低附加值链条和部门向高附加值链条和部门的顺序向低成本国家转移和外包。虽然这里只分析了美国的情况，但由于其他发达国家也面临同样的竞争环境和全球化背景，劳动密集型产业和技术密集型产业也需要外迁和外包，这给广大发展中国家或地区通过承接产业转移带动制造业增长和产业升级换代提供了新的机遇。

表 3.2　美国制成品进口的数量增长与结构变化

部门	进口的结构变化%		进口占总消费的比重%	
	2002 年	2015 年	2002 年	2015 年
低潜力部门	4	3	5	5～10
资本密集原材料部门	12	12	5	5～10
劳动密集部门	25	20	40	50～60
技能密集部门：				
第一次转移	21	17	39	60～70
第二次转移	37	48	10	20～25

注：低潜力部门：造船、建筑材料；资源与资本密集型部门：钢铁、炼铝；劳动密集型部门：服装、鞋帽；技术密集型部门为第一次转移中的主要部门：计算机硬件、家用电器；第二次转移中的主要部门：汽车制造、生物医药、通讯设备

资料来源：Ramnath Balasubramanian and Asutosh Padhi. The Next Wave in US Offshorin, The Mckinsey Quarterly, 2005 Number1

四、服务业成为国际产业转移的新热点

服务业是从事服务产品的生产和经营活动为主的行业，它既为生产、消费服务，又为流通服务，主要包括商业服务、交通运输、邮电通讯、银行保险、医疗保健、教育科研、咨询服务、旅游及文化娱乐等。20 世纪 90 年代初，服务业投资开始超越制造业，在国际直接投资的部门结构中占主导地位，近几年，服务业直接投资的势头更加迅猛。

表 3.3 展示了全球、发达国家和发展经济体的直接投资中服务业比重的显著提升和它们与制造业相比的绝对优势地位。为制造业生产、管理、销售等流程服务的新兴服务业的离岸外移是近年来服务业直接投资快速增长的一个主要原因，推动了服务业国际转移的浪潮，并使得服务业的跨国转移成为全球产业转移最主要内容之一。服务业直接投资快速发展主要是以下三个原因。第一，现代通信特别是互联网的发展为服务业的外移创造了技术条件，越来越多的服务得以突破生产和消费的不可分割性，服务外移成为可能。第二，国际服务贸易自由化为服务业的外移提供了制度保障。在 WTO 的推动下，各国政府放松了对服务业的管制，许多国家签署了国际投资协

议,全球服务业市场更加开放。第三,降低成本和提高核心竞争力是服务业外移的基本动机。当越来越多的生产性服务能够脱离企业内部或者脱离本土的时候,按照制造业链条在全球的配置原则和方式,依据各国的比较优势实施服务业的外移,成为跨国公司降低劳动力成本,突出核心业务,增进国际竞争力的必然选择。

表 3.3 国际直接投资产业结构的变化(流入存量) %

年份	全球			发达国家			发展经济体		
	第一产业	第二产业	第三产业	第一产业	第二产业	第三产业	第一产业	第二产业	第三产业
1990	9.27	41.46	49.27	9.68	40.65	49.67	7.42	45.16	47.42
2007	4.70	32.47	62.83	3.67	32.97	63.36	7.62	30.84	61.54

资料来源:世界投资报告:来自发展中经济体和转型经济体的外国直接投资对发展的影响

服务业的跨国转移,为发展中国家或地区进一步融入全球产业链条、提升服务业竞争力创造了机遇。目前,印度是承接服务业转移最多的国家,服务业出口为印度经济增长起到了重要贡献。截止到2009年,印度软件和信息服务行业的产值已经高达120亿美元,出口到全球105个国家和地区,出口额已经超过了印度全国出口总额的20%,在整个GDP的份额已经超过了2%。在整个欧美市场,几乎是印度软件一统天下,而临近的亚洲近邻日本,成为印度软件下一步扩张的主要市场[①]。除了印度以外,爱尔兰、加拿大、以色列、俄罗斯和巴西也承接了部分商务服务的产业转移。有研究表明,中国、巴西、捷克和匈牙利等都将成为大幅度承接服务业转移的国家。

服务业外移给发展中国家或地区创造机遇的同时,也带来了巨大的挑战。第一,与制造业转移相比,服务业转移需要更多的和更高的制度条件、要素条件和基础设施条件。如有效的产权保护制度,具

① 来源于DoNews新闻通.中国沦为印度软件外包基地?http://home.donews.com/donews/article/1/138516.html

有相关专业特长、训练有素的员工和中层管理队伍，完善的信息技术平台，高效的融投资体制，这些不是一蹴而就的。第二，服务业技术转移受供给和需求双方的制约。一方面，发达国家为了有效控制离岸业务，转移集中在服务业的初级层面，主要目的是利用当地低廉的劳动力资源；另一方面，技术转移动力不足，这主要是由于发展中国家或地区的服务业市场需求和技术水平有限。第三，服务业转移虽然促进了东道国就业的增长、出口的扩大和技术的进步，但也面临着难以预测的经济和社会风险。对于金融业缺乏有效的监管会使东道国经济面临严重的不稳定威胁；私有化进程中的管理不善可能将国有垄断演化为私人垄断。此外，还有可能给社会或文化敏感地区造成非故意伤害[99]。因此，可以借鉴国际经验，建立起适度的外商投资规制框架是承接服务业国际转移的重要前提条件。第四、服务业转移对于增加全球经济和承接国家的福利是不言而喻的，但由于威胁到大量白领就业机会，同时还涉及信息安全，服务业外移日益受到欧美国家工会和立法者的强硬抵制。服务业外移政策的保守趋势会减缓服务业向发展中国家或地区转移的步伐，并引起服务贸易的摩擦。

五、国际产业转移的区域集中化

20 世纪 90 年代以来，信息技术的日新月异和国际壁垒的减少，为生产要素在世界范围内的大规模自由流动创造了有利条件，各国竞相解除 FDI 规制，提供优惠措施，改善基础设施，大大便利了跨国公司的直接投资。但是跨国公司主导的国际生产体系并未在世界地理格局中呈均匀分布状态，无论是从全球来看，还是从一国内部来看，直接投资和产业转移都存在明显的区域集中特征。

从全球来看，国际直接投资主要集中在局部地区，少数国家承接了较大比例的投资份额，这一现象从 20 世纪 90 年代以来一直没有发生较大的变化。如表 3.4 所示，全球吸引 FDI 最多的国家局限在少数国家，且大多数为发达国家，它们吸引的 FDI 份额基本保持在 55% ~60% 之间。2008 年受经济危机影响，发达国家 FDI 流入量普遍呈下滑趋势，其中流入欧盟 27 国的下降 40%，为 5 030 亿美元。然而，流入美国的 FDI（主要来自欧洲的投资者）却增长 17%，达到 3 160亿美元的空前规模，继续成为全球最大的 FDI 目的地[100]。1995 年只有中国位居第二位，到了 2007 年，中国下降到第六位，占到全球比例的 4.6%，这也从侧面表明引资竞争的激烈程度。

表 3.4 1995 年与 2007 年吸引 FDI 最多的国家或地区

1995 年各国或地区吸引 FDI 占全球比例 %				2007 年各国或地区吸引 FDI 占全球比例 %			
美国	17.2	中国	10.9	美国	17.2	英国	10.0
法国	7.0	英国	5.9	法国	8.6	加拿大	5.9
瑞士	4.2	荷兰	3.6	荷兰	5.1	中国	4.6
德国	3.5	加拿大	2.8	中国香港	3.0	德国	2.8
八国共吸引 FDI 占全球比例			55.1	八国或地区共吸引 FDI 占全球比例			57.2

资料来源：根据联合国贸促会 FDI 数据计算整理而得

从一国内部来看，国际直接投资进入东道国后，通常集中在某些特定区域。例如在发达经济体中，日本 4/5 的外国分支机构集中在东京，大约占该国所有外国分支机构销售总额的 90%；奥地利 1/2 的外国分支机构集中在维也纳，大约占该国所有外国分支机构资本总额的 57%；美国 1/2 的外国分支机构集中在加利福尼亚、纽约、得克萨斯、伊利诺伊和新泽西 5 州；瑞典斯德哥尔摩、西约塔兰和斯科纳三省的外国分支机构占该国所有外国分支机构雇员总数的 60%。在发展中的经济体和转轨经济体中，中国东部沿海地区承接了近 90% 的外资份额，泰国的罗勇府、曼谷和春武里府三地区共聚集了泰国 50% 以上的外商投资，墨西哥吸引的外资主要集中在与美国交界的各州和中部各州，而波兰吸引的外资主要分布在华沙、卡托维兹和波兹南等少数大城市[101]。

从产业层面来考察，不同技术水平下的制造业的 FDI 都存在集中的趋势，并且技术水平越高，FDI 的地理集中程度就越高。以代表不同技术水平的 6 个产业为例。如表 3.5 所示，可以看出，地理集中度最高的产业是生物产业，其次是半导体、电视、汽车和纺织服装，食品与饮料地理集中度最低。生物行业吸引直接投资前3位的东道国所吸引的外资就占该行业利用外资的62.7%，而食品饮料行业吸引投资前3位的东道国吸引外资占该行业利用外资总额的28.7%；生物产业的跨国公司的169家海外分支机构分布在28个国家，而食品饮料行业跨国公司的4 450家海外分支机构却分布在101个国家，几乎遍及全球。进一步的研究还证实了产业技术水平与产业FDI的集中度成正比的局面多年来一直存在且没有发生改变。这充分说明，高新技术产业在一国或地区的集中程度是相对较高的，只有拥有一定技术能力的国家或地区才能吸引到高新技术的FDI[102]。

表3.5 技术密集型分类的制造业中外国分支机构的地理集中度

在该行业中外国分支机构总数中的份额	低技术密集产业		中等技术密集产业		高技术密集产业	
	纺织（%）	食品饮料（%）	汽车（%）	电视（%）	半导体（%）	生物（%）
排名前3位的东道国	28.7	23.7	29.4	35.6	49.6	62.7
排名前5位的东道国	40.1	35.3	44.0	50.2	62.9	71.0
排名前10位的东道国	60.1	56.1	71.0	69.6	78.7	85.2
排名前20位的东道国	79.5	74.7	88.4	89.3	94.5	95.3
备注						
跨国公司海外分支机构	1445	4450	1296	253	272	169
所在东道国的数量	77	101	55	36	31	28

注：地理集中度指按外国分支机构数量在该行业全球分支机构总数中所占比例计算

资料来源：联合国贸发会议，2001年世界投资报告——促进关联，中国财经出版社，2002

从产业的不同链条来看，跨国公司以FDI形式投资时，有意识将各个经营环节向某些区域集中。地区总部承担某个区域重要的管理、组织、协调职责，要求能够在东道国获得高质量的服务和先进技术的供给，具有强烈的地理集中倾向；创新活动集中在创新资源高度集中的区域，大多数靠近大学以及其他科研机构。因此，在研发的全球化进程中,跨国公司的研发分支机构大多集中在为数不多的几个发达国家和极少数发展中国家或地区。例如,日本在美国的2/3的研发机构建在加利福尼亚、新泽西、密西根和马萨诸塞州,而在发展经济体中,大多数没有国外研发分支机构的集群。就生产和销售环节来说,生产需要密切的供应链体系和及时便捷的运输网络,以自然资源和低成本劳动力传统区位的传统模式正在发生变化,生产分支机构开始建在拥有高效率的供应商和基础设施提供者所构成的密集网络中。而营销需要靠近消费者,一般都设在靠近主要客户中心的地区,这使得它们能够吸引大企业的地区性或全球性采购活动的地区聚集。

国际产业转移的区域集中还体现了产业集聚的重要性,因为投资区域集中的主要原因就是产业集聚的形成和发展。产业集聚是指在地理上一些相互关联的企业,专业化的供应商、服务提供商、相关机构如学校、协会、研究所、贸易企业等在某一地区、某一产业中集中,它们既相互竞争又相互合作[103]。在中国,跨国企业以东部沿海城市为核心,建立与全球生产链相连接的产业集群,国内外资源和要素越来越快地集中到珠江三角洲、长江三角洲和环渤海经济圈这三个区域。集聚的企业可以实现规模经济和范围经济,有效降低投入成本,通过与其他企业的合作,实现信息共享,保持技术创新活力,从而提高了区域整体竞争能力。

产业集聚作为地区的区位优势,在一国引进FDI过程中起到重要的作用。因为东道国特定区域内的产业集群能够提供专业化的设备和稳定的中间投入品,共享劳动力市场,获得稳定的供应渠道,完善的基础设施。因此,产业集聚开始成为直接投资决策中的重要因素。相对于生产和营销网络,跨国公司的地区总部和研发机构的技术密集更强,对产业集聚的要求更高。所以,要想承接高新技术产业转移,促进产业集聚的形成显得尤为重要。产业集聚在引进FDI的重要作用还体现在推动外商投资与当地产业集群间的良性互动方面。区域产业集聚是外资投资的重要条件,它既能使外资企业获得企业间的协同作用,又能通过整合区域内的资源提高其竞争能力。

跨国公司及其跟随者的进入不仅促成了区域产业集聚的形成和发展，而且还带动了集群内部本土企业的技术进步和产业提升。

六、金融危机后的新变化

2008 年金融危机爆发后，面对世界经济低迷的严峻形势，尤其是 FDI 的大幅缩减和国际贸易摩擦加剧，国际产业转移出现了一些值得关注的变化[104]。

（一）更加重视东道国本土的市场消费需求

20 世纪 90 年代以来，在欧美等发达国家高福利政策和超前消费模式作用下，形成了加工基地类型的国际产业分工体系。在全球金融危机爆发后，随着发达国家超前消费能力的不断削弱，这一产业分工体系导致了世界生产加工能力过剩。为了应对危机，各国纷纷采取刺激消费的国家政策，但又要防止本国的消费能量被别国汲取，消费市场成为产业转移的关键关注点。中国、印度等新兴工业化国家具有庞大的消费能力和市场规模，因此成为各国扩大消费出口的焦点。同时，各国也希望本国消费市场尽量带动本国经济的发展。因此，未来几年，国际产业转移将以满足东道国消费市场需求为主要特点，大量生产满足消费需求的最终产品，国际产业转移的最终产品特征也将日益明显。

（二）研发中心伴随生产转移的趋势日益明显

金融危机以来，东道国市场的最终消费在国际产业转移中越来越受到重视，当生产转移与市场需求紧密结合时，为生产和市场竞争服务的相应研发中心的转移就非常必要。因为跨国公司在东道国设立研发机构，既可以充分利用海外相对廉价的科技资源，也可以满足东道国市场最终消费的需求。并且，随着竞争日趋激烈，研发中心的研发能力和研发层次需要不断提高才能立足于东道国，成为东道国创新体系中不可缺少的组成部分。从短期来看，虽然一些跨国公司为控制成本而将主要研发机构撤回本国，但从长期来看，随着这些跨国公司以满足东道国市场消费为目标的生产再次转移，更多地开展前沿技术和基础研究，更具有核心竞争优势和技术含量的研发机构将再次向东道国转移。例如,2011 年,全球第六大涂料公司威士伯公司宣布在中国顺德设立研发中心,以支持公司在亚太地区的发展和全球的研发活动。

(三)围绕获取技术和科研成果的国际产业转移逐渐突出

技术进步是企业获得比较优势和超额利润的重要手段。2008 年全球金融危机以来,世界各国把科技创新作为走出危机的根本手段。一方面,通过加大研发投入,保证科技创新战略实施。例如,2008 年全球企业的研发投入实际增长了 6.9% ,2009 年美国、日本、德国等政府财政预算中科技投入分别增加了 3% 、1.1% 、8% 。虽然 2009 年全球企业对研发项目的投资金额减少了 1.9% ,但由于企业利润下降了 21% ,因此 R&D 强度有所增强。2010 年,全球企业 R&D 则同比增长了 4% 。另一方面,以获取技术和科研成果为特点的国际产业转移更加明显。金融危机后,持续走高的技术研发成本,致使将研发外包成为跨国公司降低成本的首要举措。因此,高新技术产业成为外资并购的热点领域,这些领域重点涉及电子、IT 和医药制造等行业。例如,美国最大的药物研发公司——查理斯河谷实验室公司以 16 亿美元收购了中国最大的医药研发外包服务商——无锡药明康德新药开发有限公司,拓展了其在全球的契约性研究和药品研制业务,该并购成为我国制药史上迄今为止最大的并购案例。

(四)围绕能源和原材料优势进行更多的国际产业转移

能源和原材料作为工业重要的要素投入,对工业增长意义重大。金融危机爆发以来,虽然原材料和能源价格在一定程度上有所下降,但是围绕能源和原材料控制的博弈进一步加强。能源和原材料出口国凭借丰富的资源和相对廉价的成本吸引相关加工产业向这些地区集聚。比如沙特阿拉伯借助能源优势,正在成为世界石化生产重地,预计到 2015 年石油化工产品产量将达 8 000 万吨/年,总投资额将远超 1 000 亿美元。

(五)新兴产业成为国际产业转移的热点

金融危机以来,随着世界传统制造业成本条件的变化,国际产业转移呈现出从发展中国家再向“后发国家”转移的态势。由于我国原材料、劳动力等成本优势的下降，部分跨国公司将劳动密集型产业向越南、印度、印度尼西亚等国转移的趋势。同时，随着传统产业的国际产业分工体系基本完成，以及能源等原材料竞争日趋激烈，国际产业转移的新增长开始向新兴产业转移。为谋求将科技创新优势迅速转化为经济竞争优势，美国、日本、德国等发达国家都确定了新兴产业的重点领域。战略性新兴产业的国际转移，以加工基地转移为主要特征。各国在竭力把握新兴产业核心技术和知识产权源头的同时，通过国际产业分工尽快将技术转化成大规模、低成本的生产能力。我国在承接新兴产业加工制造转移方面条件优越，经近年来的发展，已成为全球最大的太阳能电池和组件的生产国以及世界最大的风力涡轮机生产国。至 2011 年，我国太阳能电池产量占光伏市场 47.8% 份额，总计 13 018.4MW。

第三节　国际产业转移对世界经济的影响

二战后，世界经济得到极大发展，传统强国在发展，新兴经济体也不甘落后。与历史上其他时期不同，这一时期的发展，在很大程度上得益于全球化背景下世界各国和地区对世界科技革命成果和世界经济成就的分享。国际产业转移是参与国或地区分享世界科技革命成果和世界经济成就的一个重要方式。不过，国际产业转移在为参与产业转移的参与国或地区带来积极影响的同时，也产生了一定的消极影响。从总的来看，国际产业转移的积极影响均大于消极影响，正如我国学者张为付[105]的研究结果显示的那样，无论是从发展中国家还是发达国家的角度看，国际产业转移具有较强的帕累托效应。对于发达国家来说，能享受世界产品低价的实惠，为国内发展高新技术产业提供空间；对于发展中国家来说，能快速融入国际经济分工体系，推动经济发展。

一、国际产业转移对世界经济发展的积极影响

国际产业转移对世界经济发展的积极影响体现在以下几个方面。

(一)促进世界经济的增长

国际产业转移对世界经济的增长是通过对承接产业转移的东道国和对外转移的投资国的经济增长的影响表现出来的。假定世界只有东道国和投资国构成,国际产业转移对东道国和投资国的经济增长的影响有三种组合。见表3.6。

表3.6　国际产业转移对世界经济影响的组合

类别	组合A	组合B	组合C
承接产业转移的东道国	正	正	正
对外转移的投资国	正	负	零
对世界经济的总的影响	正	正或零	正

资料来源:羊绍武,国际产业转移战略论,西南财经大学出版社,2008,第91页

组合A是国际产业转移中最常见的,通过国际产业转移,东道国和投资国都实现了经济增长,产业转移对双方增长的贡献都为正,因此,产业转移对世界经济增长的总的影响为正。组合B意味着产业转移促进了东道国的经济增长,对东道国的经济增长贡献为正;但对于投资国来说,跨国公司的产业外移在国内留下的空间,没有被新增的资本和新发展的产业所填补,国内产业出现空心化现象,产业转移对投资国经济增长的贡献为负。如果产业转移对东道国的正影响刚好等于对投资国的负影响,对世界经济增长的总的影响将为零,但出现这种国际产业转移现象的概率非常小。假如国际产业转移对东道国的正影响大于对投资国的负影响,这种国际产业转移对世界经济的总的影响仍为正。这种情况在特定时期、特定条件下有可能出现。20世纪90年代日本产业的外移与日本停滞的十年是有一定的关系的,但从世界经济总的影响来说,日本国内产业向外转移对世界经济的贡献仍为正。组合C出现的概率较小,属于特例,意味着国际产业转移对东道国的产业结构调整起到正的影响同时,并没有对投资国产生正面或负面影响。从对国际产业转移对世界经济影响的组合的

分析中可以看出,最好的组合,也是出现几率最大的是A组合,其次是C组合,最差的是B组合。

从国际产业转移的发展史来看,第一次国际产业转移的浪潮奠定了美国作为世界经济的巨人;第二次国际产业转移的浪潮奠定了日本作为又一个世界工厂的地位;第三次国际产业转移的浪潮成就了亚洲“四小龙”的发展,从发展中国家和地区一跃进入中等发达国家和地区行列;第四次国际产业转移的浪潮,创造了世界经济增长的又一个奇迹,中国成为世界制造业大国,贸易大国[106]。

(二)推动全球产业结构的演进

国际产业转移对全球产业结构的演进的影响,体现在对参与国际产业转移的投资国和东道国上。

对于投资国来说,产业向外转移对其产业结构的演进体现在资源再配置方面。资源再配置是指根据国内的比较优势,重新配置资源,投资国将本国的某些边际产业转移出去,致力于在全球范围内发展具有一定比较优势的产业,对国内有限的资源实现产业间的重新配置,将有助于提高资源的宏观效益。这种一方面转移比较劣势产业,另一方面重新配置资源以创造新的比较优势的转移行为,加速了投资国国内新旧产业的更替,推进了产业结构的调整,那些通过国际直接投资不断调整产业结构的国家,如美国,始终能在国际竞争中居于主导地位。值得注意的是资源在重新配置的过程中,应按照市场规律,通过价格杠杆和竞争把稀缺资源配置到能够创造最好效益的环节中去。

对于东道国来说,通过产业承接对国内产业结构演进有以下几种。首先是产业间的增量。跨国公司以“绿地投资”的方式在东道国创办企业,不但引进来国外的资本、技术等要素,而且还增加了国内生产要素的使用,推动了所投资产业的要入投入的净增加。国内企业通过承揽国外企业的外包业务,在将本国企业纳入国际产业价值链的同时,也在国内培养了一个可以参与国际竞争的产业增长点。其次是产业内的存量调整,跨国公司并购东道国的企业,对东道国的产业结构会产生存量调整的作用[107]。外资企业的进入,东道国产业发展产生增量的同时,也会排挤东道国国内同一产业原有企业,有可能会导致原有企业的倒闭,东道国的资源将重新配置。产业承接所产生的对当地企业的排挤也是东道国产业结构存量调整的一种表现。最后是全社会的技术进步。东道国承接产业转移的过程,同时也是其国内产业不断创新的过程,外资企业所带来的先进技术不仅推动投资产业的创新,而且会扩散到东道国的其他产业,最终使全社会受益。可以说,东道国承接国际产业转移有助于其国内产业结构的调整和转换,加速产业结构的升级。

第一次产业革命以来,主导产业在全球范围内转移的速度呈现出加快的趋势。纺织业成为世界性主导产业用了大约200年的时间,钢铁工业地理格局的改变至少也用了七八十年的时间[108],但在第二次世界大战以后,发达国家的一些主导产业,如家用电器、汽车和造船等在全球范围内的转移速度已缩短至二三十年,信息产品在全球生产的扩散更是彻底改变了产业的地理布局和产业转移的路径[109]。虽然发达国家掌握这些产业的核心技术和营销网络,但产业转移周期的缩减加快了发展中国家的产业结构的升级。

国际产业转移速度的加快使后起国家的工业化时间大为缩短,东亚地区就是这方面的典型例子。第二次世界大战后,东亚地区用不到50年的时间走完了西方国家几乎用两个世纪才得以完成的工业化进程。从纺织业到重化工业,从劳动密集型产业到资本密集型产业、技术密集型产业的升级换代过程中,每一个转换的时间、转换条件的形成,东亚地区都要比其他地区要快。在三次产业结构的演变方面,除了中国香港和新加坡之外,日本、韩国和中国台湾的第一产业产出比重的下降速度比主要的发达工业国快得多。同样,与二战前先行工业国第二产业的平稳上升相比,东亚地区第二产业产出比例上升轨迹也显得比较陡峭。在制造业内部,取得同等程度的霍夫曼比率①的下降时间,东亚地区所用的时间也明显少于20世纪初的工业化国家[110]。

---

① 霍夫曼比率为消费资料工业与生产资料工业之比

在全球化背景下，就全球经济而言，世界产业结构的大调整已经将更多地区通过国际产业转移来实现，参与国际产业转移对于发达国家和发展中国家或地区保持和增强国家竞争力具有重要的战略意义。

（三）推动国际分工的深化和广化

国际分工不断深化和广化，具体表现是为由垂直分工为主转变为水平分工为主，从产业间分工为主转变为产业内部分工为主。发达国家通过产业外移，有力地推动了国内产业结构高级化进程，加强了产业整体竞争优势。如美国、西欧和日本在基础研究、应用技术、新产品研发领域继续保持领先优势，处在国际分工和产业价值链的高端；发展中国家在承接国际产业转移的过程中，其国内产业结构逐步升级，某些领域的竞争力也得到提升，但从总体上来看，发展中国家的产业结构层次和技术水平仍然比较低，在国际分工和产业价值链中还处在低端位置[111]。目前，在全球化背景下，越来越多的发展中国家纷纷实施开放政策，快速融入全球分工体系，同时产业内部分工也逐渐向工序之间、日益细化的链条和模块之间的分工发展。国际分工的深化，既提高了全球经济的效率和福利，也为发展中国家在不同产业的不同链条上嵌入全球经济体系，在全球范围内有效配置资源，进而调整和提升产业结构创造了更多的机会和空间[112]。国际分工出现这样的变化是各国对追求比较优势的结果，而国际分工的深化和广化源自于国际产业转移的推动。

国际分工的深化和广化是在国际贸易和国际投资的过程中实现的，是各国基于国内的比较优势而调整自己的产业结构和贸易结构的过程中实现的[113]。承接国际产业转移和推动产业向外转移，可以有效利用国内外资源，将国内外产业的比较优势结合起来，把国内产业发展放在国际产业链条上来调整本国产业结构。国际产业链与国内产业链相比，存在很大的差异，国际产业链的参与者更多，竞争的平台更具开放性，比较优势的评价标准更具世界性。在这样的背景下，国际产业转移使国际分工更深入，更广泛。

二、国际产业转移对世界经济发展的消极影响

国际产业转移也会对世界经济产生一定的消极影响。

(一)加剧了全球经济利益分配的不平衡

这种不平衡首先表现为发达国家与发展中国家之间利益分配的不平衡。国际产业转移的进程表明,发达国家由于控制着转移产业的核心技术和销售网络,在产业链条上处在高附加值的环节,因此处于主导地位。通过产业转移,发达国家将资本、技术方面的优势与发展中国家的廉价资源相结合,享有国际分工带来的巨大收益。

对于大多数发展中国家来说,则是处在被动地位。这主要是由于大多数发展中国家凭借低成本劳动力优势参与国际分工,从事劳动密集型产业或者资本、技术密集型产业中的劳动密集型环节,这些产业或环节的附加值通常非常低。在图3.2微笑曲线上,与20世纪60年代和70年代相比,90年代以来组装环节的利润已经被大大压缩了。当所有的发展中国家相继进入低端产业链条时,不能及时实现产业升级的国家就会面临激烈的竞争。

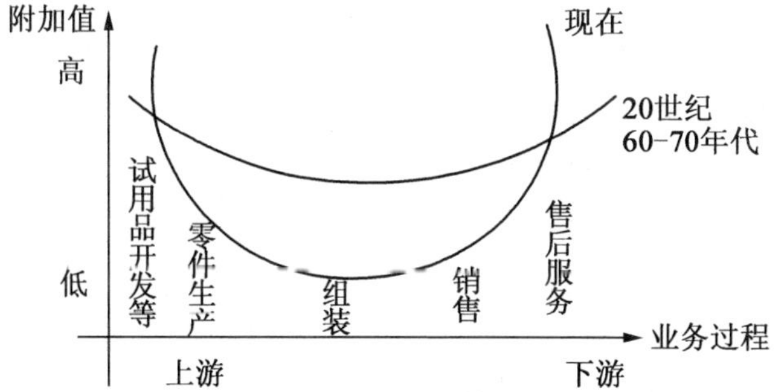

图3.2 微笑曲线的变化

资料来源:关志雄.做好中国自己的事“中国威胁论”引发的思考,中国商务出版社,2005:126

更值得注意的是,发展中国家在国际分工中的不利地位有被固

化的危险。

首先,由发达国家主导的国际产业转移,使产业移出国与承接的国家之间始终保持着一定的产业差距,因此旧的分工格局及其相关的利益分配状况并不会随着发展中国家的产业结构升级而改变[114]。按照金泳镐的技术二重差距理论,发达国家将成熟技术转移到发展中国家,而发展中国家由于自身的原因对技术的消化吸收能力有限,即便是国内的产业得到了升级,与发达国家之间的产业极差仍将长期存在。在科技进步日新月异的条件下,发展中国家与发达国家和新兴工业化国家或地区之间的产业差距可能会拉大,发达国家和新兴工业化国家或地区对发展中国家的跨梯度转移,有可能因这些国家消化能力的不足而出现“飞地”现象①。因此,对于广大发展中国家或地区而言,努力提高对转移技术的消化吸收能力是保证国内产业升级的必要条件。同时,努力实现自主技术创新和技术进步,则是摆脱发达国家低技术陷阱,实现经济超赶的战略重点。

其次,表现在区域经济发展的不平衡。目前,发达国家主导的国际产业转移的跨国公司在全球范围内追求生产要素最佳配置的利润导向的行为,只有那些具备区位优势的国家和地区才能吸引FDI,承接产业的转移。二战后,尽管越来越多的发展中国家和地区纳入到全球分工体系中,但实际上,至今仍有相当多的国家和地区没有承接任何产业,现代产业在这些国家的国民经济中比重非常小,在全球化进程中,它们面临着被边缘化的危险。研究表明,即使发达国家向发展中国家或地区大规模产业转移,这种转移也是非常集中的,并且随着经济全球化的发展,这种集中趋势正在进一步加强。从表3.7可以看出,2006年吸引FDI前八位的发展中国家或地区和2007年吸引FDI前八位的发展中国家或地区变化不大,只是次序有所变动。

---

① “飞地”现象主要是指出口的快速增长空前依赖外资企业,加工贸易在外资企业所占比重过高,与国内经济的后向关联很小,且出口的国内含量偏低的现象

表 3.7　2006～2007 年吸引 FDI 的前八位发展中国家或地区

2006 年吸引 FDI 的前八位发展中国家或地区		2007 年吸引 FDI 的前八位发展中国家或地区	
发展中国家或地区	金额(亿美元)	发展中国家或地区	金额（亿美元）
中国	727.15	中国	835.21
中国香港	450.54	中国香港	598.99
俄罗斯	323.87	俄罗斯	524.75
新加坡	247.43	巴西	345.85
印度	196.62	墨西哥	246.86
墨西哥	192.91	新加坡	241.37
波兰	191.98	印度	229.5
巴西	188.22	波兰	175.8

资料来源:联合国贸易和发展会议数据库

(二)加剧了各国之间的贸易摩擦

国际产业转移推动了国际分工的发展,世界各国的联系日益紧密,但也加剧各国的贸易摩擦。国际产业转移首先加剧了产业移出国与承接的国家直接的贸易摩擦。对于产业移出国来说,随着直接投资的增长,国内的就业机会、投资机会和成熟的产业技术也随之向发展中国家或地区转移,这种转移在长期内会促进发达国家的产业结构转型和竞争力提升,但在短期内,会造成国内就业机会的减少和投资的下降,进而直接影响就业数量和经济增长,从而引发相关利益集团的强烈反对。在国际市场上,承接产业转移的发展中国家或地区的主要产业往往冲击发达国家夕阳产业,从而引发激烈的贸易摩擦。

承接国际产业转移后,必然会增强国内生产能力和提升出口竞争力,贸易顺差的数量也会增大,由此容易引起其他国家尤其是贸易逆差国的不满,从而引发双边或者多边贸易摩擦。东亚地区取得经济发展奇迹的同时,也是贸易摩擦频发的地区。在第二次国际产业转移中,日本通过承接来自美国的产业,产品在国际市场上的竞争能力得到极大提高,出口的商品大量涌入美国市场,1965 年日本首次出现对美国的贸易顺差,此后顺差量越来越大。

20 世纪 70 年代开始，日美贸易摩擦同时在多个领域频繁爆发，涉及纺织品、彩色电视机、钢铁、汽车、半导体等多个产品。由于日本产业结构由 60 年代的纤维、石化、钢铁等产业开始转向机床、汽车等技术密集型产业，贸易摩擦的焦点也转向以电视机、汽车、机床为代表的产业[115]。日本为了应对贸易摩擦，开始将国内部分边际产业转移到亚洲"四小龙"，同时也将部分有竞争力的产业转移到美国本土进行生产。20 世纪 90 年代以来，随着亚洲"四小龙"把越来越多的产品加工组装环节转移到我国，我国成为美国贸易摩擦争端最多的国家。从图 3.3 可以看出，在 20 世纪 80 年代，日本、韩国等是美国发起反倾销最多的国家或地区，但是 90 年代以来，中国已经超越日本成为美国发动反倾销最多的国家，截止到 2008 年底，中国共遭受美国反倾销立案 87 起，对中国反倾销措施 66 起①。

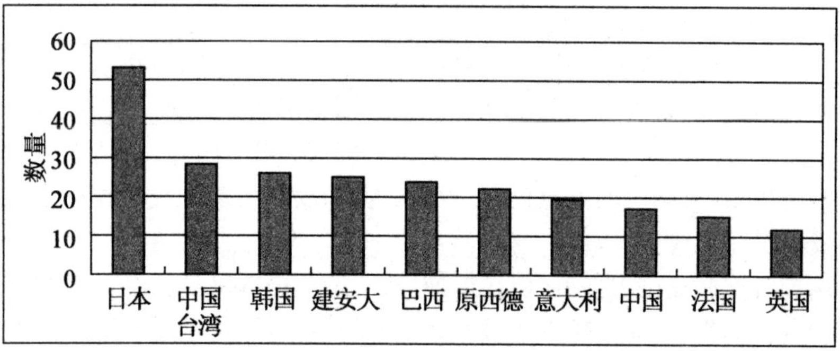

图 3.3　美国 20 世纪 80 年代反倾销立案的主要对象

资料来源：张汉林. 反倾销反补贴规则手册，北京：中国对外经济贸易出版社，2003：213

国际产业转移还加剧了发展中国家之间的贸易摩擦。二战后，发展中国家曾经选择进口替代和出口导向两条不同的发展道路，但在 20 世纪 60 年代以后，亚洲"四小龙"的成功让选择进口替代的国家也开始转变为出口导向，希望借助国际产业转移加快工业化进程。

---

① 反倾销数据来自于 WTO 网站.

由于具有相同的资源禀赋优势，这些国家在承接劳动密集型产业方面展开了激烈的竞争，20 世纪 90 年代以来，发展中国家竞相对外资实施更优惠的政策就是这种竞争的突出表现。同样，由于相同的资源禀赋优势，这些国家或地区承接了相同的产业转移，产业的同构性使得它们在国际商品市场上又一次展开激烈的竞争，这些竞争引发了更多的贸易摩擦。

在图 3.4 中，截止 2008 年底，针对我国反倾销立案和调查排名在前的 11 位国家，不仅有美国、欧盟、澳大利亚等发达国家对我国实施反倾销调查，而且越来越多的发展中国家如印度、阿根廷、巴西等也加入了对我国实施反倾销的阵营。我国的优势产品和这些发展中国家希望重点发展的产品存在冲突，这是长期以来发展中国家对我国实施反倾销的一个根本原因。

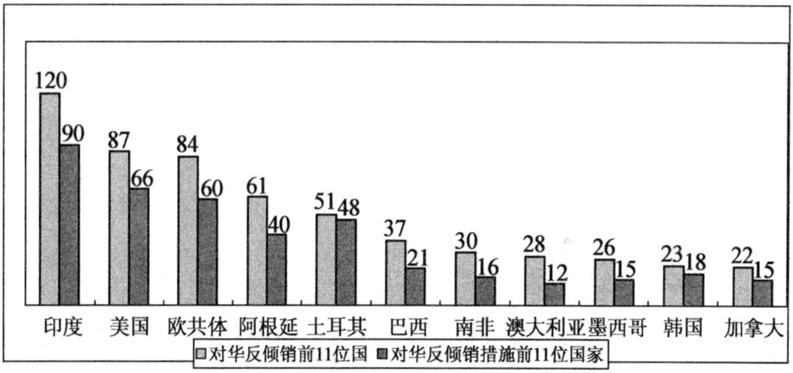

图 3.4　对中国反倾销立案与调查前 11 位国家

我国和这些发展中国家在劳动力成本上都具有一定的比较优势，而我国的优势更突出，竞争力的相似性往往造成产品的相互排斥，结果就反映为对我国劳动密集型产品的反倾销。例如，在拉美国家中对我国反倾销最为严重的阿根廷，2009 年前 10 个月发起的反倾销调查中有四分之一是针对我国的，对来自我国产品发起了 16 项反倾销调查，采取了 12 项临时反倾销措施和 11 项最终反倾销措施[116]，反倾销产品多是双方共同具有竞争力的电机、电器设备、零件以及纺织品等劳动密集型产品。

（三）其他消极影响

近年来，人们开始关注生态环境问题。产业革命以来，人类不断创造出来的各种新技术对自然界进行变本加厉地掠夺，对环境的破坏也日益加重，产生了一系列全球性和地区性的问题，如全球气候变暖、臭氧层破换、能源危机等。这些严重后果归根到底是由于片面追求利润最大化造成的[117]。在当今国际产业转移中，虽然发展中国家承接的产业中有不少是资本和技术密集密集型产业，但其中也存在污染产业。随着发达国家对环境污染问题的重视，污染产业受到严格的限制，但企业不愿放弃污染产业带来的利润，这就促使把污染产业转移到发展中国家或地区。20 世纪 70 年代日本向外转移时，污染严重的化学工业就是转移的重点。20 世纪 80 年代亚洲"四小龙"再向中国和东盟四国转移的产业中，也有很大一部分是污染性产业。从《1992 年世界投资报告》可以看到，发达国家对外直接投资中严重污染行业所占比例相当之高，尤其是在制造业领域，其中法国 1980 – 1989 年对外制造业的 FDI 之中约有 63% 是四大污染产业，而几乎所有发达国家的比例都在 30% 以上，说明很大一部分产业转移是"污染转移"。从短期来看，对污染产业的承接会给东道国带来一定的经济回报，但由于承接的国家或地区往往缺乏治理污染的资金、技术和设备，污染产业对承接国家或地区的破坏性要远远高于对转移国家环境的破坏。

承接产业转移面临着产业结构失衡的风险。由于欠发达地区在承接产业转移时存在着功利心态，尤其是地方政府官员，为了追求政绩，往往不加选择地引进各种产业，对于这些产业是否适合本地经济发展缺乏考虑。这容易使得本地产业结构失去应有的层次性和合理性，出现产业结构失衡的风险。

承接产业转移还容易冲击民族产业。以维持垄断地位、获取垄断利润为目标的跨国公司投资会导致承接的国家技术依赖、市场依赖和人才流失，并且，随着服务业成为国际产业转移的新热点，承接的国家还要面临宏观金融稳定和国家经济安全的风险。这些现实的问题迫使发展中国家或地区在承接产业转移的同时还要加强监管，从而不损害本国的经济利益。

第四章　国内外承接国际产业转移的经验借鉴

第一节　发达国家承接国际产业转移的经验

国际产业转移是全球经济一体化的必然趋势，是产业发展内在的必然规律。从全球经济发展看，二战后的几次国际产业大转移，成就了世界经济“奇迹”。日本、西德通过承接美国以及欧洲其他一些国家的产业转移，得以迅速跻身世界经济强国。本节以日本为例，介绍日本承接国际产业转移的经验。

二战后，日本实施对外开放、产业扶持与振兴、加强内部要素积极等政策积极承接美国纺织业等劳动密集型产业的转移[118]，产品开始走向世界。日本政府实行了政府主导型的市场经济体制，政府首先制定周密的计划，确定产业发展方向，然后运用科学的产业政策、法规以及行政指令来推动产业结构的优化升级，为战后日本经济的高速增长作出了重大贡献，也使日本在世界各国中成为以产业政策成功促进产业结构优化升级的典范。日本通产省实施产业政策的突出特点，是采取了以产业结构升级为长远目标，并且运用各种综合政策措施促使其实现。其次是以运用市场机制并发挥民间积极性，尊重企业自主性作为产业政策的基本宗旨。具体说来，在制定政策的过程中，要使其为了吸收民间的意见而设立，由官民双方组成的各种审议会制度化；在执行政策的阶段，政府提出产业结构设想等政策目标，具体操作通过民间企业经营来实现，政府部门运用政策手段进行诱导扶植。日本政府通常选择一部分由竞争优势的产业，在资金、税收方面给予大力支持，促进资本积累和扩大规模。具体做法是对重点选择的产业提供长期的特别贷款、对重点产业技术设备进口免税、促进其规模生产。

日本广泛引进外国先进技术，引进速度呈几何级数增长的强劲增长势头，其中80%以上是基础工业技术，主要来自美国。日本从引进的技术中广泛吸取各国之长，并且加以消化、吸收，迅速缩短了与世界先进水平的差距。20世纪60年代后半期，日本在继续大量引进外国先进技术的同时，加快本国独立研制工艺技术的步伐，从而在技术革新取得突破进展。这一点对日本从经济上、技术上全面赶超世界先进水平起到决定性作用。

随着产业升级的加快，日本政府通过改革能源及资源结构、支持民间企业的R&D活动、建设高速网络系统、完善电子商务交易规则、加强人才培养等措施，实现了由劳动密集型→资本密集型→技术密集型→知识密集型产业的转变。通过第一次产业结构大调整，日本成功地从劳动密集型产业转向资本密集型。此后，日本的产业政策从基础产业逐步转向新兴产业、成长型产业，从原材料工业转向加工工业，政策重点从“瓶颈”产业转向了“支柱”产业和“出口先导”产业，并开始向亚洲四小龙转移劳动密集型和部分资本密集型产业，向美国转移知识技术密集型产业和部分资本、低技术密集型产业[119]。目前，日本已经走完工业化进程，进人以服务化合信息化为特征的新一轮产业结构的挑战过程中。

第二节　新兴市场经济体承接国际产业转移的经验

亚洲“四小龙”的成功，即在经济发展中充分地抓住了美、日等发达国家每一次产业转移的机遇，积极调整产业结构，实现了经济的腾飞，创造了东亚奇迹，用短短十多年的时间实现了跨越式发展。

一、韩国的经验

20世纪60年代至80年代，韩国先后三次大规模承接了国际产业转移，通过产业承接带动了国内产业升级和经济发展[120]。第一阶段主要集中在20世纪60年代，承接产业以劳动密集型轻纺工业为主，主要是引进劳动密集型产业的设备和技术，FDI很少，属贸易主导型的产业承接。第二阶段主要在20世纪70年代，承接产业以资本密集型重化工业为主，涉及钢铁、造船、石化等重化工业，以引进设备、技术为主，FDI为辅，总体看仍属贸易主导型产业承接。第三阶段主要在20世纪80年代，承接产业以兼具资本和技术密集型的产业为主，包括电气电子、化工、运输机械等产业，技术、设备引进与FDI并重，以至于后来FDI逐渐占据主导地位，开始成为韩国承接国际产业转移的主要方式。韩国承接国际产业转移的经验如下：

（一）准确把握承接时机，正确选择主导产业

韩国在承接国际产业转移的时机和主导产业选择上，及时把握了国际产业转移的动向，做到与全球产业结构的调整、升级紧密相连。20世纪60至80年代，世界范围内的分工和产业结构发生重大变化，60年代美国、日本等国将纺织、服装等劳动密集型产业或部分耗能多、污染严重的行业向国外转移；70年代由于石油危机，发达国家开始发展能源消耗较少的知识和技术密集型产业，化工、造船等重化工业则向国外转移。韩国正是抓住了这种机会，先后承接了这些产业，最终实现国内产业结构的升级。在承接产业转移中，韩国政府的政策导向与行政效率发挥了极为重要的作用。为提高行政管理效率、降低政府的行政成本，韩国于1961年7月成立了经济企划院，由一名主管经济计划的副总理领导，集合了经济、法律、公共管理等方面专家，专门负责经济发展计划和政策制定，强化政府对经济发展的协调、组织和领导。并于1962年开始接连实施六个“经济开发五年计划”，结合国情及国际产业转移的动向，在宏观上为承接国际产业转移指明方向。

(二)做好承接产业转移的物流配套服务

物流配套服务在承接产业转移和经济发展中具有重要地位。20世纪60年代以来,韩国政府投入大量资金用于港口、公路、铁路、电力和通讯等基础设施建设,使基础产业得到快速发展。30年的发展使韩国国内铁路里程增加40%,公路里程和港口吞吐量实现翻倍增长,电力和通讯设施的改善更是惊人。这些都为承接国际产业转移创造了良好的基础条件。此外,为节约基础设施建设,解决物流成本高的问题,政府还实施工业联合体政策,即按照现代化和专业化的要求,为大多数企业提供特定生产区,截止到1979年,韩国共建成了9个工业联合体①。

(三)提高劳动力素质,为承接国际产业转移提供智力支持

为承接国际产业转移提供智力支持,韩国政府主要采取以下措施:一是在财政非常紧张的情况下,仍重视教育投资,努力确保教育投资增长速度超过经济发展速度。1960年韩国政府的教育投资占国民生产总值比例为2.6%,1970年增至2.9%,1980年达3.3%。二是在不同阶段的教育投资重点不同。以20世纪70年代为例,为满足发展重化工产业对人才的需求,政府扩大了理工院校的入学人数,从1973年的26 000人增加到1980年的58 000人,中等专业学校的入学人数翻了一番,高等学校的入学人数增长了5倍。

(四)调整外资政策,为承接产业转移提供了政策支持

外资政策主要包括引资方式、外资投向、相关优惠政策等,政府通过各阶段实施不同的外资政策,确保外资的投向准确地反映政府的政策意图。在经济发展初期,韩国政府非常重视“自立化”问题,在引进外资方面,60、70年代以借款为主,80年代以后FDI才开始占据重要位置。在外资投向上,一般以政府经济开发计划规定的重点行

---

① 赵利济,金赢亨:《韩国经济腾飞的政策剖析》,华中理工大学出版社,1996

业、产业、产品为主。在外资立法与优惠政策方面,1960《外资引进促进法》对外资的引进和使用从政策与法律上进行规定,明确了海外直接投资的免税期、与国内企业的平等待遇及汇付利润和撤资的担保等条件。1966年又公布了新的《外资引进法》,鼓励以FDI或合资的方式来韩国投资。进入20世纪80年代后政府在引资方式上倾向于FDI,为此,通过修改外资立法,提高了外资的投资比例,大大扩展了外国人可投资的领域,而产业导向则更加明显,取消了外资统一税收优惠政策,只对高科技或引进大规模资金的企业、设在自由贸易区符合要求的企业给予税收优惠。韩国外资政策的不断调整和完善为顺利承接国际产业转移提供了政策支持。

(五)处理好技术引进与创新的关系

韩国承接产业转移的成功很大程度上得益于引进发达国家的标准化技术。政府妥善处理了技术引进与创新的关系,使韩国企业从模仿起步,逐步实现从技术追赶到自主创新的跨越,进而推动了国内产业的升级。20世纪60年代,由于自主创新能力很低,韩国的科技政策主要着重于技术引进、消化和使用。70年代,政府对技术研发给予高度重视,投巨资在大田市建设大德科学城,为研究机构提供配套的基础设施服务,创造了一个科技人员交换信息的知识社区。80年代,韩国提出“科技立国”战略,通过财税等政策来支持企业的技术创新。韩国1981年修改了《商业税法》,规定私人企业用于R&D的费用可减免10%的税额;为科研活动购买的房地产可免征地方税,在韩国工作的外国技术人员可免缴所得税,为科研进口的设备和物资可降低关税,降低新技术产品的消费税等。

二、中国台湾的经验

20世纪50年代开始,台湾成功的把握住了三次国际产业转移的契机,实现了与其禀赋相适应的经济增长方式转变和产业结构的升级优化。第一阶段主要集中在20世纪50~60年代,台湾根据自身的比较优势,主动承接劳动密集型产业的转移,确立了以轻纺、食品、塑料工业为主的产业结构。第二阶段主要在20世纪70年代至80年代中期，台湾依靠前期发展起来的工业基础，主动承接钢铁、造船、石化等重化工业的转移，实现了工业的第二次转型升级。第三阶段主要在20世纪80年代之后，承接产业以兼具资本和技术密集型的产业为主，包括信息、精密仪器、生物技术、电子、航空和制药等。台湾通过FDI承接国际产业转移，产业结构实现了升级。台湾产业升级的发展路径经历了从比较优势到集聚优势的跨越。

（一）具备突出的比较优势

首先，良好的区位优势节约了运输成本。其次，丰富的人力资源降低了人力成本。台湾在战后经历了快速的人口增长，为产业发展提供了大量充足的廉价劳动力，甚至到1975年台湾的人工成本才大抵相当于当时美国的5%。最后台湾拥有较稳定的政治环境，大大降低了投资的风险成本。台湾所具备的低成本优势使其在国际产业转移的浪潮中抢得先机，获取了大量国际投资：一方面，台湾承接来自西方发达国家的劳动密集型产业，带动岛内制造业的发展；另一方面，通过出口导向战略将劳动密集型产品出口到发达国家，以满足国外消费的同时获得外汇积累。

（二）发挥集聚优势

20世纪80年代之后，作为第三次科技革命成果代表的电子、信息和通讯工业很快落户台湾，继而成为台湾经济快速发展的支柱产业，这正是基于“集聚优势”原则。20世纪80年代，台湾内外的经济环境发生了明显变化：石油价格飞涨、本币大幅升值、工资上涨、劳动力短缺，劳动密集型加工出口工业逐渐丧失比较优势。这一时期，台湾制定了以科技为导向的经济发展战略。这一战略的成功一方面得益于台湾循序渐进的战略步骤：初期，由于资本和技术的相对缺乏，台湾只能为跨国公司生产配套产品；随着技术的积累，再转化为建立独立的高新技术产业。另一方面得益于对高科技产业发展所需优势资源的发掘与培育。在人才方面，台湾早在1968年就实现了九年义务教育，并通过立法对教育经费给予充足保障。其法律规定，为了保证教育经费,对教育的支出在预算中不得低于15%,县级预算更是不得低于35%。在金融方面,台湾采取了循序渐进、有秩序的金融自由化和金融放松管制政策,不仅促进了金融业的快速发展,也保证了金融制度的稳定性。在平台方面,为了促进区域内外各种优势资源的集聚与培育,台湾还十分重视经济园区的建设。1980年12月,台湾在新竹设立第一个高科技园区——新竹科学园区,园区借鉴了美国硅谷的成功经验,采用研究所、大学和民营高技术公司在统一协调下的"三角合作"模式进行发展。在基础设施方面,台湾十分注重道路交通体系的建设以消除资源流动的限制性因素,不仅构筑了岛内的立体交通网络,也通过机场、港口等的建设大大缩短了与世界的距离,使台湾的区位优势更加突出。

三、中国香港的经验

20世纪60年代以来,香港利用全球国际产业转移过程中的历史性机遇,将自身经济融入全球生产网络,成功地获取了经济发展中急需的资本、技术和国际市场进入渠道等宝贵资源,让香港原来低效率的内向型产业迅速转变为具有一定国际竞争力的外向型产业,而香港低成本的劳动力资源的比较优势也迅速转变为香港出口产品的竞争优势[121]。国际产业转移对香港技术进步以及劳动和资本的增长均有促进作用。

首先,香港主动开创了一条提高技术的独特道路,承接发达国家转移的产业,通过与跨国公司的合作,不仅获得了大量的适宜技术,而且充分利用自身的比较优势,生产的产品具有较强的国际竞争力。通过吸收外国直接投资和与跨国公司缔结非股权联系成为香港提高自身技术水平的重要途径。

其次,跨国公司在全球范围内利用大量资源从事竞争和价值增值活动,不仅直接创造了就业,而且通过产业链的关联及促进东道国经济增长间接创造就业机会。大量劳动密集型生产活动转移到位于香港的附属企业或分包商,香港通过进入跨国公司全球生产体系,极大地促进了香港劳动力的利用。承接国际产业转移后,香港就业率提高了,同时劳动者素质也逐渐提高。与技术转让一样,跨国公司所采用的组织与管理技能并不局限于跨国公司体系自身,而且还通过各种关联效应,扩散到香港当地企业和机构中去。跨国公司对香港当地的员工培训也是向当地转让技术和管理技能的主要渠道,国外附属企业逐渐参与较高附加值和更为专业化的生产活动,从而需要更多的培训来提高当地人员的素质。这样,香港当地人员素质得以提高。

最后,香港利用外资规模也逐年加大,这有别于拉美国家利用外债的引资模式,香港选择了吸引 FDI 的方式引进外资,利用外国跨国公司来促进资本形成。这不仅解决了"储蓄的约束"和"外汇的约束",而且成为香港经济良性发展的重要因素。

四、新加坡的经验

20 世纪 60 年代,新加坡抓住发达国家劳动密集型产业向发展中国家转移的机遇,采取营造优越的投资环境、建立出口加工区(出口加工区这一概念已经包括多种形态的"特殊政策区"。比如国内自由贸易地带、免关税区、自由投资区、离岸加工区等)、构建快速的信息反馈机制、产业政策和技术政策的紧密结合等措施,实现了由单一的转口贸易向发展进口替代工业转变。新加坡通过吸引 FDI,大力提升本地产业的技术层次,构建高科技工业园等措施推动产业结构的升级,形成以贸易、制造、交通运输、旅游、金融五大产业为支柱的多元经济结构,并优先发展有潜力的服务业,以使新加坡发展成为东南亚和亚太地区的区域服务中心。

同时,新加坡大力扶持综合贸易商社拓展海外市场,将劳动密集型产业和部分资本、技术密集型产业向马来西亚、中国、越南等国家转移。新加坡对中国的投资已开始从东南沿海逐渐向北转移和向中西部地区辐射,目前主要集中在经济发展增速快、竞争不大的沿海中等城市。由于世界经济大环境的影响,新加坡开始进行大规模的结构性转变,在注重投资和效率的经济上进行创新,重组经济,使经济向更富有创新精神的知识型经济方向转变,从而应对不断变化的外部经济环境。

第三节 我国东部地区承接国际产业转移的经验

改革开放以来,我国珠三角地区和长三角地区凭借其得天独厚的区位优势和国家政策倾斜,通过承接国际产业转移,实现了快速持续发展。

一、珠三角地区

珠三角地区从发展"三来一补"(来料加工、来样加工、来件装配和补偿贸易)起步,紧紧把握住全球产业转移的机会,创造了举世瞩目的发展成就,成为大陆最具经济活力的地区。

自1979以来,珠三角地区通过吸引外资,迅速成为中国外向度高、经济发展较快的区域。到20世纪80年代末90年代初期,中国台湾地区的传统制造业和电子产业向珠三角地区转移,深圳、东莞抓住有利时机,利用本地优势吸引大量台资,建立了外向型的电子加工和制造业基地。到90年代中期,伴随着全球第三次产业转移,日本、韩国和欧美的制造业也开始向珠三角地区转移,使得珠三角工业开始由轻纺向重化工业逐渐转移。1994年珠三角外向型加工工业开始由探索试验阶段进入全面发展阶段。开始从承接加工装配、贴牌生产的劳动密集型产业转向承接高加工度、技术密集型产业转变,传统的劳动密集型主导产业的比重迅速下降,电子信息制造等高科技制造业迅猛发展,工业经济素质和实力得到明显提升。1995~2002年,家用电器、机械、食品、电子、石油加工、精细化加工等成为珠三角地区的支柱行业。2003年以来,珠三角地区进入一个由产业转移推动的转型升级的新阶段。该区域迅速形成两个产业带,一个是以深圳为核心,以东莞、惠州为节点的珠江口东岸地区。该产业带主要发展电子信息高端产品制造业,同时大力发展金融、物流、科技服务、文化创意等现代服务业,推进产业结构优化升级,构建区域服务和创新中心。另一个是以珠海市为核心，以佛山、中山、江门、肇庆为节点的珠江口西岸地区。该产业代以规模化发展先进制造业，大力发展生产性服务业，做大做强主导产业，打造了若干具有国际竞争力的产业集群，形成新的经济增长极。

珠三角地区发展经验可以总结为以下三个方面：

（1）政策优惠。改革开放以来，珠三角经济区和特别经济区被赋予较其他大陆管辖区更大的政治及经济自治权，拥有高度自治权的地区，可自行管理金融及财政事务、对外贸易及投资、商务、分销、材料及资源分配、劳工及价值等问题。中央政府的项目投资和资金投入向其倾斜，并制定政策扶持非公有制经济的发展，为私人资本投资和外国资本进入创造了良好的投资环境，吸引大量资本进入，为其发展外向型出口企业创造了条件，进而推动该区域制造业发展壮大。

（2）劳动力素质较高。珠三角经济区大专及以上文化程度的人口占总人口的比重比广东省高出 1.6 个百分点，比全国高出 2.4 个百分点；高中和初中文化程度人口比重比广东省高出 6.1 个百分点，比全国高出 7.6 个百分点。显而易见，珠三角经济区人口受教育程度普遍高于广东省和全国平均水平，整体素质相对较高。高素质劳动力为产业升级奠定了基础，有利于承接中高端服务制造业和高新技术产业。

（3）合理的产业发展规划。珠三角经济区根据已经形成的优势，率先发展现代服务业，加快发展先进制造业。大力发展高新技术产业，进行自主创新和产业集聚，培育壮大新兴产业。改造提升优势传统产业，积极发展现代农业，按照优质、高效、安全的要求，加快转变农业发展方式，优化农业产业结构。建设以现代服务业和先进制造业双轮驱动的主体产业群，形成产业结构高级化、产业发展集聚化、产业竞争力高端化的现代产业体系。

二、长三角地区

改革开放以来，长三角地区主动顺应和积极利用全球化的发展机遇，充分发挥自身区位、产业、人才和政策等比较优势，主要以贴牌代工或加工贸易的方式,加入全球产业和分工体系,发展成为我国经济最发达、产业配套最完善、整体竞争力最强的地区。目前,长三角经济区已形成了以上海为核心的电子信息及设备制造业、汽车及零部件等交通运输设备制造业等技术和资金密集型产业集群,以浙江杭州湾为核心的服装、鞋、眼镜、打火机、皮革、五金、低压电器、日用小商品等劳动密集型产业集群;而江苏则兼有电子、汽车及石化等技术和资金密集型产业集群以及棉纺织和食品加工等劳动密集型产业集群。据统计,2011年长三角地区生产总值为99 800.17亿元,占全国GDP比重为21.2%,制造业产值约占全国25%,出口额约占全国28%。

江浙地区招商引资工作积极,建立了良好的投资环境。苏南在昆山率先示范的带动下,招商引资工作蓬勃开展,以苏州科技工业园区为龙头的产业基地建立了较为完备的配套基础设施,为外商提供了良好的投资环境。长三角历来就有良好的产业分工、产品配套、市场辐射的关系。长三角已经构建了区域大交通体系,加强区域生态环境治理,建立区域信息资源共享的途径和机制。这对该区域资源优势,提升该地区的综合竞争力起到十分重要的作用。

长三角在利用外资来促进产业升级的过程中,将权力下放。例如,引资审批权、改制权、联营权等由省下放到县乃至乡镇一级;建立技术转化为生产力的平台,建立了社会科技服务体系、中介机构、交易所,建立了有效的技术创新评价体系等,促进企业科技成果转化;整合各地产权交易系统,形成统一的产权交易市场、要素市场、商品流通市场,建立了产业整合协调机制,加大对高科技产业的投入和研发,进而延长产业链促进产业升级,使长三角地区成为大陆最发达的经济核心区和重要的制造业基地。近几年,长三角地区的企业开始向中西部地区转移,给内地的经济发展带来了新的机遇。各级政府给转移企业提供信息指导、牵线搭桥、政策优惠、网络沟通等方面的支持。2008年,为了进一步加强东中西部互利合作,商务部在江苏、上海率先建立全国性的"产业转移促进中心",主动为中西部省市服务,为全国服务,帮助中西部地区"筑巢引凤",切实推动国际产业和东部沿海地区产业向中西部地区转移,加快东西部联动,进一步促进中西部地区经济快速发展。同时,采取经济、法律和必要的行政措施限制本地区继续扩张高耗能的加工工业,推动它们转移到资源丰富的中西部。

第四节 国内外承接国际产业转移的启示

从日本、亚洲“四小龙”、我国东部地区发展的历史经验来看,谁抓住了国际产业转移的机遇,积极承接国际产业转移,就能实现经济的跨越发展。国际金融危机使世界产业格局发生重大变革,同时也推动产业发展理念的变革。因此,借鉴国内外产业转移的成功经验,对加快我国中部地区承接国际产业转移有重大意义。

一、抓住机遇,正确选择主导产业

主导产业在区域经济中占据非常重要的地位,它能够带动其他产业的发展,是区域产业结构及其演变的核心。根据实际情况选择和培育主导产业不仅能够发挥地区比较优势,对于促进地区产业结构优化升级,保障区域经济健康快速、稳定、协调的发展也起着十分关键的作用。中部地区要抓住承接产业转移的重大机遇,根据本地区的资源禀赋来确定主导产业和产业结构,从优势产业出发,立足现有资源和产业条件,找准产业转移的承接点,注重承接的针对性、有效性和灵活性大力。要考虑现有的产业布局和环境承载能力,围绕主导产业,积极引进关联度大、带动力强、辐射面广、集约化高的优势产业集群,促使承接产业转移和产业发展良性互动,提升产业的综合实力。

二、发挥市场机制,完善政府宏观调控

产业转移是一种市场经济条件下的企业自发行为,中部地区承接国际产业转移要坚持市场机制的主导作用,尊重作为市场主体企业的选择。市场是高效的资源配置和经济调节机制,但这只“看不见

的手”也并不是万能的，存在市场失灵的问题。市场机制在产业转移中实现资源配置的同时，其作用往往具有滞后性，容易导致大量的资源浪费，造成重复建设。政府要通过宏观调控，实现事先调节，避免不必要的资源闲置与浪费。通过制定和实施产业政策，可以有效地支持和引导产业转移向区域未来的主导产业与支柱产业进行，从而加速产业结构的合理化与高度化，实现产业资源的优化配置。

三、在技术引进的同时，鼓励企业自主创新

韩国在承接国际产业转移时走过了一条从技术引进、模仿到独自研发、创新的道路，为技术起点低的国家和地区提供了技术升级的模式。对产业转移中涉及的低档次技术，应以企业自主研发或改良、提升为主；在引进高层次技术的同时，要鼓励企业尽快吸收、消化，进而实现独自研发和创新[122]。因此，政府一方面要加大对企业研发的支持力度，鼓励企业组建技术研发中心，促使企业逐步成为技术研发的主体；另一方面要对国内科研院所进行扶持，与企业一起开展“产学研”一体化建设，实现优势互补，通过科学、技术、生产的互动，强化本土研发和创新能力。

四、创新引资方式，提高利用外资的质量和水平

招商引资是承接产业转移的重要途径。现代市场竞争主要表现为全球供应链之间的竞争，产业转移出现组团式、产业链整体转移的特点。因此，对于中部地区来说，在招商引资时应结合当前国际产业转移的特点，创新引资方式，实现组团式引资和产业链整体引资，在符合有关法律政策规定的前提下，实现引资的灵活性和吸引力。优惠政策也应逐步转型，只对高新技术等确实需要的产业或项目给予一定的优惠待遇，并使之与项目效益结合起来，真正发挥优惠政策的效用。

五、提高人员素质，为承接产业转移提供智力支持

一方面，继续加大对基础教育和职业教育的投入，加大对劳动力

的培训力度，不断提升各地区的人力素质；另一方面，要进一步创造人才流动的良好机制。对企业急需的各类人才，应实施灵活多样的引进机制，以技术咨询、科技合作、技术援助等方式，并辅以人才引进的“绿色通道”，吸引大批国内外人才的流人，从而为承接国际产业转移提供智力支持。

第五章　国际产业转移的经济分析

第一节　国际产业转移的动因分析

对于国际产业转移，从动态来看，经济的发展，各国或地区的要素价格、需求结构，市场规模都会发生改变；技术的进步会使产业的要素配置结构发生变化。这些差异共同构成了产业国际转移的推动因素。然而，产业的跨国转移也存在一定的阻力。例如，作为产业移出国的发达国家和产业承接地的发展中国家之间存在的管理水平、技术水平的差别以及产业协作配套的差别等。只有当国际产业转移的推力大于其阻力时，产业才能从发达国家转移到发展中国家[123]。

产业利益差是国际产业转移的直接动力。王先庆认为由不同经济－地理空间存在的“成长差”与不同区域产业主体之间的相关“利益差”共同构成的“产业差”是产业转移的基础。在全球化的背景下，产业转移取决于国家间的利益导向，而利益导向来自于国际产业转移所引起的利益差[124]。根据现代经济学中有关理性人的假设，国际产业转移的主体是企业，其根本动机就是追求企业自身最大经济利益。产业利益差是通过产业转移来实现更多的利益，它的产生来自于成本压力和市场拉力的诱导因素[125]。对于成本压力来说，各国经济发展水平、产业成长存在差异，这种差异导致要素价格在各国也存在差异，即经营成本方面的差异，这是促使产业跨国转移的最主要诱因。从实际情况来看，发达国家在经济发展到一定阶段时，将会出现土地、劳动力等要素成本快速上升，当主导产业存在激烈的国际竞争时，成本的快速上升就会削弱产业的比较优势甚至完全丧失。产业承接地中的经济发展水平和企业经营成本较低形成优势,出现潜在的利益差异。对于市场拉力来说,市场需求是产业形成以及发展的最根本动力,国家之间由于对利益的着眼点不同,往往会设置一些贸易壁垒,导致产品难以进入某个目标市场,这时只能选择直接投资,形成产业的跨国转移。

产业级差是全球经济发展不平衡的必然结果,也是产业跨国转移的基础条件。产业的演变过程一般是沿着低技术水平向高技术水平发展的轨迹。例如,主要发达国家的产业一般都会经历纺织服装→钢铁、汽车→电子→生物工程,产业演进分别为劳动密集型→资本密集型→技术密集型→知识密集型[126]。伴随着全球化和信息技术的发展,发达国家产业结构将会进一步高级化,从而引起相关产业向次发达国家转移,次发达国家则会进一步将本国低一级的产业向发展中国家转移,以此类推,产业转移就会在经济发展程度不同的国家或地区间不间断地进行。产业跨国转移的过程也正是各国或地区产业升级、经济发展的过程。从国际产业转移的历史来看,美国、日本等发达国家对亚洲新兴工业化国家或地区以及对我国转移的产业都有明显的产业级差。

生产要素流动和产业竞争是产业转移必要条件。产业级差的存在仅仅是表明产业发展水平不同,并不一定意味着发生产业的跨国转移。陈建军认为地区之间发生产业转移最基本的条件是两地区之间具有较为密切的经济联系,这种经济联系的主要纽带是产品和要素的流动。国际产业转移的主要是通过 FDI 实现资金和技术等生产要素的跨国流动,然后整合这些要素进行生产,最终形成产业转移。因此,生产要素跨国流动的自由程度决定了产业转移的阻力大小。如果出现了国际产业转移,这就表明生产要素是可以跨国流动的;如果生产要素不能跨国流动,就不会出现产业的跨国转移。生产要素能否流动取决于国际环境的变化,在全球经济不景气的时,生产要素的流动就存在较大的障碍。国际产业转移的另一个条件是产业竞争状况。对于某一产业来说,如果在国际市场上形成垄断,则产业不会发生转移。如果该产业在国际市场上存在激烈竞争,为了维持经营,生产就会转移到低成本的国家或地区。

第二节 影响国际产业转移的因素分析

随着经济的不断发展,国际合作不断加深,生态保护的意识不断提高,对产业布局和组合影响的因素也越来越多,传统的区位因素已经不能完全解释影响产业转移,更多的影响因素逐渐体现。

一、要素资源

生产要素的丰裕程度是影响产业转移承接能力的重要因素。对于自然资源丰裕的地区,会对那些资源密集型或者资源依赖性的产业有很强的吸引力;对于劳动力资源丰裕的地区,承接劳动密集型产业转移就有会更多的机会和更大的优势,劳动密集型企业会向该地区转移。生产要素价格在很大程度上取决于生产要素的丰裕程度,而要素的价格又在一定程度上决定着企业的利润大小。通常情况下,生产要素丰裕的地区该要素的价格也会比较低,企业在生产中密集使用该要素可以降低企业的成本,从而获得较高的收益,要素稀缺的地区要素价格也会较高,企业密集使用该要素获得的收益相对较低,企业会选择从收益较低的地区转移到收益较高的地区。

产业在一个地区高度集聚以后,会导致水、电和土地等的经营成本提高,生产要素和基础设施使用的成本上升,会制约企业的发展空间,企业有向资源和要素丰裕的地区转移的动力和压力,尤其是劳动密集型产业和资源密集型产业。因此,资源丰裕、劳动力成本低的地区就拥有更大产业承接的吸引力。

二、区位与市场因素

传统的区位理论指出,经济活动中选取的区位一般是自然地理区位、经济地理区位和交通地理区位的空间领域有机结合的体现,区位要求整个生产位置的土地租金和所有交通费用总和最低的地方[127]。因此,运输成本是很重要的产业转移影响因素。一般而言,产品的加工度越高,产品的附加值就越高,运输成本在整个产品中的比例就低,对整个经济活动的区位选择影响就小。发达地区经过长期的发展,形成了完善的交通体系和发达的运输物流系统,在运输成本等方面具有一定的优势。对于欠发达地区来说,除非具有独特的资源优势,很难在物流运输上与发达地区竞争。因此,更多的承接产业转移会弥补自身劣势。

区位和市场因素中考虑的第二个方面是基础建设。基础建设发达,拥有完善的交通设施等,能够有效地降低企业成本,而且基础建设越发达,越有利于劳动力的流动,提高劳动效率。完善的基础建设,尤其是通讯和网络设施的完善,使得企业能够快捷地获取市场信息,降低交易费用。基础设施越发达,形成产业集聚的速度就越快,这是因为产业集聚需要基础的配套资源,发达的基础建设有利于吸引更多的同类企业,形成规模经济。

市场规模也是影响产业转移的重要因素。市场规模主要是与一个地区所产生的需求量和供给量、顾客的购买力紧密相关。市场规模的大小,是一个地区企业数量和规模的体现,也是一个地区经济增长水平的体现。只有市场规模足够大,才会有相对完善的配套设施,才能够刺激原有企业为了追求利润扩大规模,吸引更多的企业不断进入。

三、产业配套能力

地区产业配套能力强,在承接国际产业转移时就有比较大的优势。地区产业发展能够形成产业集聚,上、下游产业链长,基础设施发展得好,就能够形成一个地区相互关联和支撑的产业配套发展优势,在横向产业链上,为最终产品提供各类零部件、原材料以及各种生产要素;在纵向产业链上,为主导产业提供的上下游配套产业,建设区域性技术研发中心、产品设计中心和营销中心等。如果承接地的生产成本、配套成本和运输成本比较低,产业自然向该地转移。应大力发展产业集群,延长产业链,加强各产业之间的协作,产业集群的正外部性和内部协作可以降低企业的生产成本和配套成本;加强基础设施建设,建立现代化的交通设施,从而降低企业的运输成本。

四、政策因素

在区域经济发展中,除了依靠市场"看不见的手"来引导资源的配置以外,也需要政府帮助资源的配置。改革开放以后,东部沿海地区的迅速发展,除了区位优势以外,与各种优惠政策是密不可分的。在产业转移过程中,政府政策的干预、指导和引导,对产业转移有着重要的意义。政府在中部地区承接国际产业转移中采取的各种政策主要包括财政政策、货币政策、产业政策等。

就财政政策而言,国家支持中部地区经济发展,必然在财政上有更多的转移支付。例如,中部地区的农业优势比较明显,政府通过加大财政支持,保费补贴方式以促进农业的发展。通过国家转移支付,可减轻中部地区基础建设财政支出的压力。此外,中部地区可以通过扶持企业转移资金等手段增强其承接产业转移的吸引力。

就货币政策而言,国家在政策面上应给予中部地区更为宽松的货币环境。包括基准利率的下调、差额的存款准备金,贷款贴息等政策手段的运用,促进中部地区承接的产业能够更好地发展壮大。

就产业政策而言,国家对于整个国家的产业发展和结构调整都有自己的政策。2011 年为加快转变经济发展方式,推动产业结构调整和优化升级,完善和发展现代产业体系,发改委对《产业结构调整指导目录(2005 年本)》进行了修订,形成了《产业结构调整指导目录(2011 年本)》。在指导目录中,我国对农业、水利、医药等许多产业分为鼓励类、限制类和落后产业的划分,以期转变经济发展方式,明确产业发展的方向。这些信息对于产业承接地具有重要的指导意义,如果承接将被淘汰的产业,必然会面临着各方压力,最终可能不会成功。

五、其他因素

影响产业转移的因素还有很多,比如说文化因素。珠三角地区与港澳台地区的文化基础几乎一样,文化差异相对中部地区要小得多，因此，在改革开放初期，珠三角地区承接的产业转移基本上来自港、澳台、地区，这是承接产业转移的天然优势。影响产业转移的另一个因素是政绩因素。官员升迁是逐级提拔制，要得到升迁，就得有政绩，政绩的一个核心要素是 GDP 的增长。改革开放以后我国以经济建设为中心不动摇，因此，各地都把经济增长作为重要内容来抓，一些有胆识、有时代眼光的政府官员往往会发现产业转移的机会，创造条件促进产业转移，如果成功则对于官员的升迁是巨大的促进。

第三节　国际产业转移的新古典模型

为了对国际产业转移有更深的认识，本书参考张孝峰的要素流动与产业转移的模型，建立了一个新古典模型，首先，对模型作以下假设：

（1）整个经济系统只有 A 国、B 国构成，两国都只需要消费两种商品 X、Y。

（2）两国均生产商品 X、Y，均使用劳动力和资本这两种生产要素。生产函数为柯布道格拉斯函数。公式中 Q_{ix}、Q_{iy} 表示国家 $i(i=1,2)$ 生产 X、Y 产品的数量；α、β 表示生产力指数；l_{ix}、l_{iy} 和 k_{ix}、k_{iy} 分别表示国家 $i(i=1,2)$ 生产产品 X、Y 所需要的劳动力和资本的数量；$a_i(i=1,2)$ 表示产量系数，反映国家 i 的环境因素，如技术传播水平、市场发育程度、基础设施、信用水平和文化背景等；b_{ix}、b_{iy} 分别表示国家 $i(i=1,2)$ 生产产品 X、Y 的资金效率系数，反映人力资源、自然资源、环境和产地与市场距离等要素对资金使用效率的综合结果。

其数学形式为

$$Q_{ix}=\alpha_i l_{ix}^{\alpha}(b_{ix}k_{ix})^{1-\alpha} \quad Q_{iy}=\alpha_i l_{iy}^{\beta}(b_{iy}k_{iy})^{1-\beta}(i=1,2)$$

（3）两国生产 X、Y 这两种产品的技术水平没有差异，即生产力指数 α、β 相同。

（4）产品 X、Y 对效用具有相同的贡献，并且规模报酬不变，即 $\alpha+\beta=1$。

（5）两国的生产要素可以自由流动，不存在交易成本。

如果两国的生产要素能够自由流动，若有下面两式成立，即

$$\alpha_1^{1/2} b_{1x}^{(1-\alpha)/4} > \alpha_2^{1/2} b_{2x}^{(1-\alpha)/4}; \alpha_1^{1/2} b_{1y}^{(1-\beta)/4} < \alpha_2^{1/2} b_{2y}^{(1-\beta)/4}$$

则 A 国的 Y 产品不具有相对优势，生产将会向 B 国转移，A 国将专门生产 X 产品；B 国的 Y 产品具有相对优势，将专门生产 Y 产品，放弃生产 X 产品，X 产品的生产转移到 A 国。

在开放条件下，两国生产模型为

$$\left.\begin{aligned} Max \quad & U = Q_{1x}^{1/2} Q_{2y}^{1/2} \\ S.t \quad & Q_{1x} = \alpha_1 l_{1X}^{\alpha} (b_{1x} k_{1x})^{1-\alpha} \\ & Q_{2y} = \alpha_2 l_{2y}^{\beta} (b_{2y} k_{2y})^{1-\beta} \\ & l_{1x} + l_{2y} \leqslant l_1 + l_2 \\ & k_{1x} + k_{2y} \leqslant k_1 + k_2 \end{aligned}\right\}$$

根据库恩－塔克条件，方程组的解为

$$l_{1x} = \frac{\alpha}{\alpha+\beta}(l_1 + l_2), l_{2y} = \frac{\beta}{\alpha+\beta}(l_1 + l_2)$$

$$k_{1x} = \frac{1-\alpha}{2-\alpha-\beta}(k_1 + k_2), k_{2y} = \frac{1-\beta}{2-\alpha-\beta}(k_1 + k_2)$$

从方程组的解看出：

A 国专业化生产 X 产品，放弃 Y 产品的生产，而去 B 国专门化生产 Y 产品，放弃 X 产品的生产。A 国生产专业化生产 X 产品，其中利用 l_{1x} 的劳动量和 k_{1x} 的资本，相应 B 国将会有 $(l_1 - l_{1x})$ 的劳动力向 A 国流动，B 国还会有 $(k_1 - k_{1x})$ 的资本向 A 国流动。B 国生产专业化生产 Y 产品，其中利用 l_{2x} 的劳动量和 k_{2x} 的资本。两国的总效用为

$$U = \alpha_1^{1/2} \alpha_2^{1/2} b_{1x}^{(1-\alpha)/2} b_{2y}^{(1-\beta)/2} \left(\frac{\alpha}{\alpha+\beta}\right)^{\alpha/2} \left(\frac{\beta}{\alpha+\beta}\right)^{\beta/2} \left(\frac{1-\alpha}{2-\alpha-\beta}\right)^{(1-\alpha)/2}$$
$$\left(\frac{1-\beta}{2-\alpha-\beta}\right)^{(1-\beta)/2} (l_1 + l_2)^{(\alpha+\beta)/4} (k_1 + k_2)^{(2-\alpha-\beta)/4}$$

由于 $\alpha_1^{1/2} b_{1y}^{(1-\beta)/4} > \alpha_2^{1/2} b_{2y}^{(1-\beta)/4}$，所以在开放分工条件下专业化生产的总效用大于封闭状态下的总效用，产业转移改善了两国的总体效用。

在开放分工背景下，由于市场竞争激烈，企业受国家间产业利益

级差的吸引,将会选择对外直接投资,从而引起产业大规模转移。国际产业转移方向将最终取决于国家产业利益差的比较,而国家产业利益差主要取决于 $\alpha_i^{1/2} b_{ix}^{(1-\alpha)/4}$ 或 $\alpha_i^{1/2} b_{iy}^{(1-\beta)/4}$,即取决于反映区域的环境因素和资金效率影响因素。

由以上分析可知,一国承接国际产业转移主要受环境和资金效率这两大因素影响。如果该国商业文化发达、市场发育成熟、创业条件好、基础设施完善、政策制度合理,自然资源丰富、劳动力充裕、技术发达,那么就会吸引国外产业向本国的转移[128]。

第四节 国际产业转移的效应

国际产业转移对承接地的经济发展有着重要的作用,即存在国际产业转移效应,它是承接地经济发展的动因之一。一般来说,国际产业转移效应有以下几个方面的内容。

一、生产要素扩大效应

生产要素是指进行社会生产经营活动时所需要的各种社会资源,是维系国民经济运行及市场主体生产经营过程中所必须具备的基本因素,它是经济学中的一个基本范畴。生产要素主要有形要素和无形要素构成,前者包括自然资源、劳动力和资本等,后者包括劳动者技能、知识和生产技术及制度等。欠发达地区的一个显著特点就是自然资源、劳动力等要素丰富,资本、技术、知识等要素稀缺,而这往往导致欠发达地区工业化发展缺乏动力。由于国际产业转移往往伴随着大量的资本、技术等要素的转移,具有综合性的效应,因此承接国际产业转移能够使欠发达地区快速积累起相对稀缺的生产要素,为经济的跨越发展创造有利条件。

二、产业结构优化升级效应

一般而言,承接国际产业转移会直接或间接地影响欠发达地区产业结构的变动。一般来说,欠发达地区产业结构以农业为主,制造业和服务业不发达，而国际产业转移以制造业和服务业为主。随着外来先进产业的移入将使承接地产业结构中采用先进技术的部门在数量上和比例上都会相应增加，从而使区域产业结构呈现出向高级化发展的趋势。同时先进产业的移入，意味着新的生产函数的出现，这种蕴涵新技术的生产组织方式将会成为一种“扩散源”，对欠发达地区原有的低层次的各产业发生“升级转型”运动，对地区经济快速增长产生广泛而深刻的影响，从而逐步提高欠发达地区整个产业的技术集约化程度，促进产业结构的优化升级。

三、技术溢出效应

从处在产业链高端的发达国家向处在产业链低端的欠发达国家的产业转移，转移产业的生产水平、技术含量高于当地产业，从而使产业的技术扩散效应能够在欠发达国家直接发挥作用。所谓技术扩散效应就是指在产业转移过程中，输出的先进技术被承接地消化吸收所引起的技术进步，以及技术转移过程所带动的承接地的经济增长。技术溢出效应的途径主要有两种：一是技术溢出效应的直接途径，即由于移入产业所包含的技术本身被承接地的产业模仿、消化、吸收而引起承接地产业的技术进步；二是技术溢出的间接途径，即移入产业在对承接地相关产业产生前后作用的过程中，引起后者的技术进步。总之，技术溢出都会提高承接地产业技术水平，促进承接地的经济发展。

四、产业关联带动效应

由发达国家向欠发达国家转移的产业，由于存在明显的比较优势，往往会成长为该区域的主导产业，进而对区域内其他产业重要的关联带动作用。产业的关联带动作用主要包括：前向关联作用，即移入产业的活动能通过影响下游产业的投入成本而促进下游产业的发展，或客观上造成各产业之间结构失衡而使某些瓶颈问题的解决有利可图，为新的工业活动的产生创造基础，为更大范围的经济活动提供可能；后向关联效应，即移入产业的发展会在当地对各种要素产生新的投入要求，从而刺激相关投入品产业的发展；旁侧关联效应，即移入产业的发展会引起其周围的一系列变化，如促进技术性强的高素质劳动力队伍的建立，促进处理法律问题和市场关系的专业服务队伍的形成，以及促进建筑业、服务业的发展等。总之，产业的关联带动作用是国际产业转移的重要功能，它将在很大程度上促进承接地经济发展的整体水平。

五、竞争学习效应

移入产业与欠发达地区原有产业相比，在资金、技术、人才、市场和营销等方面占据着绝对优势，这种优势促使当地产业卷入竞争之中，打破原有产业的低效垄断状况，改善区域产业的市场结构。此外，在竞争的压力下，原有产业要在与移入产业的激烈竞争中求得生存与发展，将采用先进技术，或者进行技术研发和创新，通过新观念、新设计、新工艺、新产品等拓展市场，从而创造出新的市场消费取向，提升产业国际竞争力。因此，伴随国际产业转移的产业竞争，是提高欠发达地区经济运行效率的一个重要因素。

六、制度创新效应

国际产业转移还会引起承接地制度创新。制度创新包括政府职能转变，干预相对减弱，执行国际规范的 WTO 贸易规则，发展中国家与转型国家的金融市场迅速发展，促进贸易的自由化和政府控制的放宽，以及国际上工业私有化的发展等。由于国际产业转移需要承接地配套各种制度安排，以保证移入产业能够顺利承接，因此，承接地的制度安排就会作出相应调整。这种制度安排上的调整往往意味着制度的创新，因为它意味着打破传统制度运作方式。例如，为了吸引国际产业转移，当地政府有可能放宽管制、采取更为优惠的引资政策，出台相关配套的土地制度和税收制度等。另外从企业层面来看，一些企业可能采取科学的现代公司治理制度。这些都能够促使承接地区的制度安排变化并带来创新效应。

第六章　中部地区承接国际产业转移的现状

第一节　中部地区经济社会发展的现状

改革开放以来,中部地区的经济地位呈下降趋势。经济总量、发展速度不仅远远低于东部沿海发达地区,而且明显低于全国平均水平,区域间经济发展的差距日益扩大。2004 年国家明确提出促进中部崛起的战略之后,中部地区才呈现出快速发展的趋势,然而与其他区域相比,中部地区的相对发展水平和发展速度仍明显偏低。

一、GDP 总量

GDP 是衡量地区经济发展水平的最重要的指标。从经济总量上来看,中部 GDP 总量一直呈上升趋势,由 1981 年的 1 092.59 亿元,增加到 2011 年的 104 473.9 亿元,略高于西部地区的 100 235 亿元。2011 年河南、湖南、湖北、安徽、江西和山西六省 GDP 已经超过万亿元,进入"万亿俱乐部"。如果把"万亿俱乐部"分为三个梯队:3 万亿 ~5 万亿元为第一梯队,分别是:广东、江苏、山东、浙江;2 万亿 ~3 万亿元为第二梯队,分别是:河南、河北、辽宁、四川;1 万亿 ~2 万亿元为第三梯队,分别是:湖南、湖北、上海、福建、北京、安徽、内蒙古、黑龙江、陕西、广西、江西、天津、山西、吉林、重庆。从数据来看,除了河南在第二梯队占有一席之位,其余五省均在第三梯度。中部地区经济总量与东部地区相比,差距呈扩大趋势,并且在全国经济中所占份额不断降低,中部地区 GDP 占全国比重由 1981 年的 23.21% 下降到 2011 年的 20%。

2004年以来，中部地区GDP总量快速增加。2011年GDP总量居中部地区首位的是河南，然后是湖南、湖北、安徽、江西和山西。与东部沿海省份相比，中部地区各省份GDP总量远远低于广东、江苏、山东以及浙江。江西和山西的GDP总量与西部地区广西接近，湖南、湖北与四川接近。中部地区GDP总量在四大区域中虽然高于西部、东北地区，但与东部地区的差距不断扩大，两者的差距由2004年的61 206亿元，扩大到2011年的166 880亿元。

自改革开放以来，中部地区GDP增长速度不断加快，根据中国统计年鉴数据计算，1995年一度达到30.3%，高于其他区域，随后速度逐渐放慢，从2003年开始中部地区GDP增速呈加快趋势。自1999年国家实施西部大开发战略以来，西部地区的经济增长速度也一直高于中部。2000～2004年的五年间，中部地区的山西、江西、河南、湖南、湖北和安徽经济年均增长速度分别为11.1%、10.7%、10.5%、9.7%、9.6%和9.4%，只有山西高于11%；而同期东部地区的天津、浙江、山东、江苏、广东、上海、北京以及西部地区的内蒙古、西藏、青海等地经济年均增长速度均高于11%。1999～2008年东部地区GDP年均增长15.7%，高于中部地区1.2个百分点。与西部地区相比，大多数年份西部地区经济增长速度仍高于中部地区。从区域经济发展的整体趋势来看，尽管东部地区经济增速速度放缓，但从总量来看，已经远远把中部、西部和东北地区抛在后面。见表6.1。

表6.1　四大区域GDP增长速度(与上年相比)　　单位：%

地区	1981	1985	1990	1995	2000	2004	2008	2010	2011
东部	10.0	22.6	9.7	28.4	13.0	20.6	17.6	18.0	16.9
中部	11.4	20.9	20.9	12.1	9.9	22.2	21.8	22.0	21.3
西部	8.6	20.2	26.8	24.3	9.2	20.7	22.8	21.6	23.1
东北	4.7	15.4	8.8	18.3	12.2	11.2	20.9	20.6	21.0

资料来源：中经网数据库整理计算

从人均GDP增长来看，1980年中部地区人均GDP相当于全国平均数的88%，1990年下降到83%，2003年下降到75%，中部地区与东部的差额比已经增加了6倍。2004年,中部六省城镇居民人均可支配收入均低于全国平均水平9 422元;除了江西外,其他五省的农民人均纯收入也都低于全国平均水平2 936元。收入水平低,必然会导致消费偏低,不利于中部地区经济持续增长,容易造成部分行业产能过剩、供需失衡,影响经济增长方式的转变,并进一步加剧中部地区经济落后,人均收入增长缓慢。

从表6.2可以看到,2004年以后,中部地区人均GDP增长明显,由2004年的9 131元增加到2011年的29 317元,高于同期的西部地区,但低于东部地区和东北地区。实施大开发以来,在国家政策的支持下,西部经济发展势头强劲,人均GDP由1999年的4 312元增加到2011年的28 783元,增加了24 476元。在实施中部崛起的战略中,中部六省纷纷打出自己的特色牌,努力成为中部发展的领头羊。2011年,在中部六省中,湖北人均GDP处于中部首位,山西、湖南次之,这三省份均高于中部地区的平均水平,河南、江西、安徽人均GDP则低于中部地区和全国的平均水平。从2008年全国各省人均GDP的排名来看,中部地区的排名总体比较靠后,中部地区发展任重而道远。

表6.2 四大区域人均GDP比较 单位:元

年份 地区	2000	2003	2004	2005	2007	2008	2011
东部地区	14 883	20 107	23 864	27 794	37 091	42 571	57 936
中部地区	5 521	7 497	9 131	10 703	15 072	18 173	29 317
山西	5 137	8 642	10 742	12 647	17 805	21 506	31 357
安徽	4 867	6 375	7 681	8 666	12 039	14 447	25 659
江西	4 851	6 624	8 097	9 440	13 322	15 900	26 150
河南	5 444	7 376	9 201	11 346	16 012	19 181	28 661
湖北	7 188	8 378	9 898	11 554	16 386	19 858	34 197
湖南	5 639	7 589	9 165	10 562	14 869	18 147	29 880
西部地区	4 814	7 063	8 463	9 969	14 249	17 595	28 783
东北地区	8 878	11 587	13 274	15 620	21 339	25 666	40 680

资料来源:中国统计数据应用支持系统、中国统计年鉴

从以上分析可知,中部地区无论是 GDP 总量,还是人均 GDP 都与东部地区存在较大的差距,在四大区域中处在中等偏下水平。

二、财政收入水平

财政收入表现为政府部门在一定时期内所取得的货币收入,政府在社会经济活动中提供公共物品和服务的范围和数量,在很大程度上决定于财政收入的充裕状况。从地方财政收入水平来看,中部地区远远不如东部地区。1981 年中部地区实现财政收入 156.1 亿元,占全国比重为 18.8%。此后与 GDP 一样,尽管财政收入逐年增加,但与东部地区的差距仍不断扩大。2011 年,中部地区地方财政收入为 8 496.2 亿元,占全国比重为 16.2%,远远低于同年广东、江苏两省的地方财政收入之和 10 663.7 亿元。

从表 6.3 可以看出,2000 ~ 2011 年,在中部投资规模、经济总量占全国份额不断上升的同时,中部地区财政收入占全国地方财政收入的份额逐渐回升,从最低的 14.2% 提高到 16.2%。从 1981 到 2011 年,中部地区财政收入年均增长 14.2%,高于东北地区 5.2 个百分点,但低于东部地区的 15.3% 和西部地区的 16.1%。中部地区财政收入在 1990 年以前,财政收入总量占全国比重均高于 18.5%,之后该比重开始下降,2006 年与其他三大地区相比财政收入增长最为缓慢,财政收入总量占全国比重 14.2%,创历史新低,2007 年后该比例才开始缓慢上升,到 2011 年还没有达到历史上的最高水平。

表 6.3　四大区域财政收入总量和占全国比重

年份	全国	东部地区		中部地区		西部地区		东北地区	
		总量 亿元	比重 %	总量 亿元	比重 %	总量 亿元	比重 %	总量 亿元	比重 %
1981	828.6	501.5	60.5	156.0	18.8	67.1	8.1	104.1	12.6
1990	1 930.9	912.4	47.3	376.7	19.5	385.1	19.9	256.6	13.3
2000	6 406.1	3 651.4	57.0	1 042.6	16.3	1 127.3	17.6	584.8	9.1
2003	9 849.9	5 909.1	59.9	1 441.4	14.6	1 649.5	16.8	849.9	8.6

续表 6.3

年份	全国	东部地区		中部地区		西部地区		东北地区	
		总量 亿元	比重 %	总量 亿元	比重 %	总量 亿元	比重 %	总量 亿元	比重 %
2004	11 693.3	6 928.5	59.3	1 796.6	15.4	1 982.9	17.0	985.3	8.4
2005	14 884.2	8 955.0	60.2	2 263.7	15.2	2 464.8	16.6	1 200.6	8.1
2006	18 303.6	10 844.4	59.2	2 950.1	14.2	3 059.3	16.0	1 449.7	7.9
2007	23 572.6	14 052.9	59.6	3 590.4	15.2	4 085.5	17.3	1 843.9	7.8
2008	28 649.8	16 729.7	58.4	4 403.7	15.4	5 159.2	18.0	2 357.2	8.2
2011	52 547.1	28 741.1	54.7	8 496.2	16.2	10 819.0	20.6	4 490.8	8.5

资料来源:中国统计数据应用支持系统

三、固定资产投资

从全社会固定资产投资规模来看,受投资环境以及政策影响,中部地区投资严重不足。1982 年中部地区固定资产投资额 232.72 亿元,占全国固定资产投资总额的 20%,2004 年中部地区固定资产投资总额 12 629 亿元,占全国固定资产投资的 18%,比其经济总量占全国的比重低 5.4%。

近年来,中部地区固定资产投资才开始快速增加,2007 年中部地区固定资产投资额为 27 746.2 亿元,占全国固定资产投资额的 20.6%,与 2006 年相比增长 16%;2008 年中部地区固定资产投资额为 36 695.2 亿元,占全国固定资产投资额的 21.7%,分别高于西部地区和东北地区 0.4 的百分点、10.6 百分点,但远低于东部地区 24.3 个百分点。在中部六省中,投资集中度最高的是河南。河南投资占中部地区的投资总额已接近 30%,占全国的比重已超过 6%。

从表 6.4 可以看出,近年来国内投资地区结构发生了较大变化,东部地区对投资的贡献度在不断下降,2007 后东部地区投资额在国内总投资的份额均低于 50%,而其他三大区域则在不断上升。2001 年中部地区投资额在全国总投资的比重不到 20%,到 2011 年投资额在全国总投资的比重已达 23.2%。另外,自西部大开发后,在国家政策的带动下,西部地区固定资产投资一直高于中部地区,只是在 2008 年才略低于中部地区。

表 6.4　四大区域固定资产投资额及相对比例

年份	分类		全国	东部	中部	西部	东北
1982	固定资产投资额	亿元	1145.2	535.0	232.7	219.2	158.3
	占全国比重	%	100	47	20	19	14
2004	固定资产投资额	亿元	69 294.9	37 431.9	12 529.1	13 754.4	5 579.5
	占全国比重	%	100	54	18	20	8
1982	固定资产投资额	亿元	137 323.9	64 876.0	27 746.2	28 250.9	13 920.1
	占全国比重	%	100	48.1	20.6	21.0	10.3
1982	固定资产投资额	亿元	311 485.1	130 262.9	70 823.6	72 104.0	32 643.4
	占全国比重	%	100	42.6	23.2	23.6	10.7

资料来源:中国统计数据应用支持系统

四、对外贸易

近年来,中部各省把对外开放作为加快经济发展、全面建设小康社会的重要举措,制定了一系列促进外向型经济发展的政策措施。对外贸易是不同国家或地区之间商品和劳务的交换活动,从对外贸易可以考察中部地区发展的外在动力。中部地区外贸出口能力较差,生产的产品缺乏国际竞争力,由此导致外贸出口对地区经济的拉动作用不明显。中部各省加工贸易普遍落后,而且加工贸易多以初级产品为主,深加工不够,高附加值产品较少。2007 年中部地区加工贸易占中部外贸总额的 20.4%,比 2006 年略微提高,依然远低于全国 45.4% 的平均水平。2011 年,中部地区货物进出口总额为1 626.7 亿美元,占全国货物进出口总额的 4.5%。其中出口额 930.68 亿美元,占全国出口总额的 4.9%,进口额 696.1 亿美元,占全国进口总额的 4.0%,出口大于进口。

中部六省中进出口总额都超过 300 亿美元的有湖北、河南、江西和安徽两省。2011 年,湖北省外贸进出口总值 335.8 亿美元,比上年增长 29.1%。其中,出口 195.3 亿美元,增长 35.3%;进口 140.5 亿美元,增长 21.5%。2011 年湖北省外贸进出口总值列全国第 13 位,出口值位列全国第 14 位,进口值位列全国第 15 位。2011 年,河南省进出口总值 326.2 亿美元,与 2010 年相比增长 83.1%。其中,出口

192.4亿美元,增长82.7%;进口133.8亿美元,增长83.5%。全年河南省进出口、进口和出口增速分别为83.1%、83.5%和82.7%,进出口增速仅次于重庆排名全国第2位,进口增速全国第4,出口增速全国第2。河南省外贸进出口总值列全国第14位,出口值位列全国第15位,进口值位列全国第16位。2011年,江西省外贸进出口总值314.7亿美元,同比增长46.1%。其中出口218.8亿美元,同比增长63.1%,进口95.9亿美元,同比增长18.1%。2011年江西省外贸进出口总值列全国第15位,出口值位列全国第12位,进口值位列全国第19位。2011年安徽进出口总额313.1亿美元,比上年增长29.1%。其中,出口170.8亿美元,增长37.6%;进口142.3亿美元,增长20.2%。安徽省外贸进出口总值列全国第16位,出口值位列全国第17位,进口值位列全国第14位。2011年,湖南进出口总额189.4亿美元,比上年增长29.6%。其中,出口99亿美元,增长24.4%;进口90.4亿美元,增长35.9%。湖南省外贸进出口总值列全国第21位,出口值位列全国第20位,进口值位列全国第22位。2011年,山西进出口总额147.4亿美元,超历史最高水平,同比增长17.4%。其中,出口54.3亿美元,增长15.4%;进口93.1亿美元,增长18.5%。山西省外贸进出口总值位列全国第23位,出口值位列全国第23位,进口值位列全国第21位。见表6.5。

表6.5 中部地区按经营单位所在地货物进出口总额单位:亿美元

地区	2007年货物进出口总额			2011年货物进出口总额		
	进出口	出口	进口	进出口	出口	进口
山西	115.8	65.3	50.5	147.4	54.3	93.1
安徽	159.3	88.1	71.2	313.1	170.8	142.3
江西	94.5	54.4	40.0	314.7	218.8	95.9
河南	127.9	83.7	44.2	326.2	192.4	133.8
湖北	148.9	81.7	67.0	335.8	195.3	140.5
湖南	96.9	65.2	31.7	189.4	99.0	90.4
总计	743.0	438.5	304.5	1626.6	930.6	696.0

资料来源:中国统计年鉴2008,中国统计年鉴2012

中部地区对外贸易依存度太低。外贸依存度(即进出口总额与国内生产总值的比率),是衡量一个国家或地区对外开放程度的重要指标,能反映出这个国家或者地区与国际市场联系的程度高低。外贸依存度提高,反映出该国家或地区融入世界的经济程度提高,同时也反映出该国家或地区对国际市场的依赖程度提高,它受到世界经济的风险冲击也将会加大。2000～2011年中部地区的外贸依存度从6.2%提高到10.1%,而同期全国经济外贸依存度由40.3%提高到49.8%,分别比全国的平均水平低34.1%和39.7%。在中部六省中,2011年江西的外贸依存度最高为17.2%,安徽、湖北、山西、河南次之,分别为13.1%、10.8%、8.4%、7.6%,湖南最低仅为6.1%。这些数据显示了我国中部地区贸易依存度较低,与全国平均水平相比差距较大,有待于进一步提高。

五、社会消费品零售额

消费是经济增长的原动力,正是由于人类对消费水平不断提高的愿望和追求,才刺激了生产力的发展。随着市场化的进程不断加深,消费对经济的推动作用已得到普遍认同。但对于中部地区来说,消费增长相对缓慢,经济增长的贡献大部分来自投资拉动。随着我国经济总量的平稳增长,各地区消费增长普遍提高,消费市场稳中有升,但近年来我国的消费增长速度慢于GDP的增长速度,而且区域性差距非常明显。见表6.6。

表6.6　四大区域社会消费品零售总额　　单位:亿元

地区	1980	1985	1990	1995	2000	2005	2007	2011
全国	1 660	3 650	7 137	23 614	35 661	67 176	89 210	183 919
东部	655	1 659	3 404	10 597	18 582	36 974	49 877	97 650
中部	413	824	1 498	4 049	7 329	13 185	17 983	36 957
西部	355	703	1 304	3 688	5 997	11 581	15 731	32 345
东北	237	464	930	2 286	3 753	6 220	8 360	16 956

资料来源:中国统计数据应用支持系统

改革开放以来,中部地区社会消费品零售总额不断增加,20世纪

90年代中期之后增速不断加快,也同时与东部地区的差距也在不断拉大。1980年中部地区社会消费品零售总额为413.2亿元,高于西部地区和东北地区,低于东部地区。到2011年,中部地区社会消费品零售总额实现36 957亿元,高于西部地区的32 345亿元以及东北地区的16 956亿元,但远低于东部地区的97 650亿元。

从社会消费品零售总额的增长情况来看,2011年四大区域社会消费品零售额增长都在16%以上,中部地区增速居四大区域第二位。从表6.7可以看出,从1980年到1990年,中部地区社会消费品零售额增速逐渐下降,随后增速才开始逐年加快。到2005年中部地区社会消费品零售额比上年增长14.1%,2007增速达到18.3%,2011年增速有所下降。2006年至2010年,中部地区的社会消费品零售额增速一直居四大区域之首。只是在2011年,中部地区的社会消费品零售额增速仅次于西部地区,仅差0.3个百分点。

表6.7 1980~2011年四大区域社会消费品零售额增长情况 单位:%

地区	1980	1990	2000	2005	2007	2011
东部地区	3.7	4.1	10.2	14.5	17.1	16.4
中部地区	17.9	1.3	9.7	14.1	18.3	18.0
西部地区	15.9	3.0	9.9	14.3	17.9	18.3
东北地区	19.3	1.9	8.9	13.4	17.6	17.6

资料来源:中国统计数据应用支持系统

六、城乡居民收入

改革开放以来,中部地区的经济实力不断增强,城镇居民人均可支配收入和农村居民人均纯收入逐年增加,但与东部地区差距逐渐增大,与西部地区及东北地区的差距逐步缩小。1980年中部城镇居民人均可支配收入和农村居民人均纯收入分别为399元和179元,分别比全国平均水平低79元和12元。到1990年,中部地区城镇和农村居民收入分别为1 334元和612元,比改革开放初期有了较大的提高。2000年与1980年相比,东部地区市民人均收入增长16.4倍,比全国平均增幅高出3.3倍；中部地区增长13.2倍，低于东部地区；西部地区增长了13.7倍，高于中部地区。2004年中部地区城镇居民人均可支配收入和农村居民人均纯收入分别为7 887元和2 693元，分别比上年增长11.1%和13.6%，到2011年分别实现了18 323元和6 530元，比上年增加14.8%和18.5%，低于全国平均水平的15 781元和4 761元。与此同时，城乡居民收入差距不断拉大，由2004年的5 194元扩大到2011年的11 793元。2005～2011年中部地区湖北的城镇居民人均可支配收入水平最高，安徽的农村居民人均纯收入水平最高。见表6.8。

表6.8　四大区域城镇居民人均可支配收入和农村居民人均纯收入

单位：元

地区	1980年		1990年		2000年		2004年		2008年		2011年	
	城镇	农村	城镇	农村	城镇	农村	城镇	农村	城镇	农村	城镇	农村
全国	478	191	1 510	686	6 280	2 253	9 422	2 936	15 781	4 761	21 810	6 977
东部	484	240	1 735	984	7 934	3 466	11 874	4 691	19 203	6 598	26 406	9 585
中部	399	179	1 334	612	5 272	2 071	7 887	2 693	13 226	4 453	18 323	6 530
西部	413	173	1 378	565	5 648	1 632	8 031	2 192	12 971	3 518	18 159	5 247
东北	494	238	1 297	800	5 027	2 175	7 775	3 122	13 120	5 101	18 301	7 791

资料来源：中国统计数据应用支持系统

2005～2011年中部地区的城镇居民人均可支配收入和农村居民人均纯收入水平均低于全国平均水平。2008年中部地区城镇居民人均可支配收入增长较慢，达到全国平均水平的83.8%，比上年略有下降，农村居民人均纯收入略有增长，达到全国平均水平的93.5%；2011年中部地区城镇居民人均可支配收入增长较慢，达到全国平均水平的84.0%，农村居民人均纯收入略有增长，达到全国平均水平的93.6%。与东部地区相比，2004～2011年城镇居民人均可支配收入差距和农村居民人均纯收入差距不断扩大，由2004年的3 987元和1 998元，扩大到2011年的8 083元和3 055元。与西部地区相比，2004年以后，中部地区城镇居民人均可支配收入差距和农村居民人均纯收入均高于西部地区。与东北地区相比,2005 ~ 2011 年中部地区城镇居民人均可支配收入均高于东部地区,但农村居民人均纯收入则低于东北地区。

地区经济发展的差异性还体现在城乡居民的收入差距,我国中部地区城乡居民收入差距呈现扩大趋势。1980 年中部地区城乡居民收入比为 2.23:1(以农村居民收入为 1),1990 年该比例略有下降为 2.18:1,随后该比例开始扩大,2000 年城乡居民收入比扩大到 2.55:1,2007 年城乡居民收入比首次突破 3:1,达到 3.03:1,之后城乡居民收入比有所下降,2011 年城乡居民收入仍达到 2.81。不断扩大的城乡居民收入差距,使广大农民无法平等享受经济发展的成果,农民的生活水平、生存环境、发展机会、受教育机会与城市居民相比,存在着巨大的差距。城乡收入差距的扩大拉大了贫富差距,加剧收入分配不公,甚至有可能抵消中央多年来给农民的包括取消农业税和给予各项补贴在内的好处和优惠,增大中部地区建设社会主义新农村的难度。

第二节　中部地区承接国际产业转移的现状

自改革开放以来,随着中部地区投资环境的改善,中部地区利用 FDI 的规模不断扩大,但与东部地区相比仍然滞后,主要表现在投资规模偏小、投资方式单一、投资来源过于集中和投资领域狭窄等方面。

一、中部地区海外直接投资的发展历程

20 世纪 80 年代以来,我国中部地区利用 FDI 规模不断扩大,无论是从绝对规模还是从相对规模来看,都呈快速上升趋势。如表6.9 所示,中部地区利用 FDI 从 1986 年的 0.4 亿美元增长到 2011 年的 360.7 亿美元,23 年间净增 360.3 亿美元。从中部地区吸引海外直接投资占全国的比例来看,中部地区 FDI 占全国总额的比重也在不断提高,从 1986 年的 1.8% 增加到 2011 年的 31.1%,增加了29.3%。

表 6.9　中部地区海外直接投资规模及与全国比较(1986～2011)

年份	中部 FDI 亿美元	FDI 增长率%	全国 FDI 亿美元	中部比例 %	年份	中部 FDI 亿美元	FDI 增长率 %	全国 FDI 亿美元	中部比例 %
1986	0.4		22.4	1.8	1999	30.4	-10.5	403.2	7.5
1987	0.3	-32.1	23.1	1.2	2000	29.3	-3.5	407.2	7.2
1988	1.1	301.3	31.9	3.5	2001	33.2	13.3	468.8	7.1
1989	0.9	-17.5	33.9	2.7	2002	44.9	35.2	527.4	8.5
1990	0.7	-23.6	34.9	2.0	2003	53.5	19.0	535.1	10.0
1991	1.4	100.9	43.7	3.2	2004	70.5	31.9	606.3	11.6
1992	6.4	355.3	110.1	5.8	2005	88.7	25.8	603.3	14.7
1993	18.5	188.8	275.2	6.7	2006	115.6	30.3	630.2	18.3
1994	20.2	9.2	337.7	6.0	2007	165.4	43.1	747.7	22.1
1995	24.2	20.3	375.2	6.5	2008	193.9	17.2	924.0	21.0
1996	28.6	18.1	417.3	6.9	2009	214.5	10.6	900.3	23.9
1997	35.3	23.4	452.6	7.8	2010	263.1	22.7	1057.4	24.9
1998	34.0	-3.9	454.6	7.5	2011	360.7	37.1	1160.1	31.1

资料来源:根据中国统计年鉴和各省统计年鉴整理

我国中部地区利用海外直接投资呈现出较为明显的阶段性特点,经历了起步、快速发展、回落调整和迅速提高四个阶段。

第一阶段,初始起步阶段。这一时期,由于受传统的计划经济体制、经济发展水平较低和基础设施较差等影响,外商企业担心我国政策的稳定性以及对中国国内环境缺乏了解,真正进入我国直接投资很少,进入我国中部地区的直接投资更少。从 1986 年至 1991 年,中部地区 FDI 总量非常小并且增长缓慢,六年间只增加了 1 亿美元,平均每年利用 FDI 只有 0.8 亿美元。

第二阶段,1992～1997 年,快速发展阶段。进入 20 世纪 90 年代,经济全球化的浪潮不断加强,邓小平南行指出,“任何一个国家要发展,孤立起来,闭关自守是不可能的,不加强国际交往,不引进发达国家的先进经验、先进科学技术和资金,是不可能的。对中国来说,随着国际环境的改善,就应该抓紧时机对外开放”[129]。邓小平的南方谈话使人们对吸引外资有了全新的认识。在这一阶段,我国外资企业法律也不断完善,1995年颁布了《关于设立外商投资股份有限公司若干问题的暂行规定》,另外按照不同的投资行业制定了越来越多的专项外资立法。随着中部地区经济的较快发展,全方位对外开放格局初步形成,基础设施等投资环境得到明显改善,中部各省加大了招商引资力度,纷纷组团出国招商,参加国内各类经贸洽谈会,利用海外直接投资大幅增长。中部地区FDI从1992年的6.4亿美元提高到1997年的29.3亿美元,增加了22.9亿美元。

第三阶段:1998~2000年,回落调整阶段。受亚洲金融危机和全球经济普遍不景气影响,FDI的流入中国的速度有所放缓,中部地区利用海外直接投资更是面临前所未有的困难。对于中部地区来说,大部分外资来自亚洲地区,金融危机迫使这些投资减少,这直接影响了中部地区的外资水平。中部地区吸引的FDI从1998年开始下降,到2000年只有29.3亿美元,与1997年最高点35.4亿美元相比下降了6.1亿美元。

第四阶段:2001~2011年,迅速提高阶段。加入WTO后,为适应加入WTO的新形势,我国开始全面调整和完善外商投资法律、法规,初步建立起既符合社会主义市场经济需要又符合世贸组织规则要求的对外经济贸易法律体系。对外商投资法律法规进行了全面清理,使国内法律同世贸组织规则相衔接,为外资企业的生产经营活动和正当权益提供保障。对外商投资法律法规修改的有《中华人民共和国中外合资经营企业法》《中华人民共和国中外合作经营企业法》《中华人民共和国外资企业法》及其实施细则,取消了对外资企业的外汇平衡条款、"当地含量"条款、出口业绩要求和企业生产计划备案条款等。2002年还修订了新的《外商投资产业指导目录》,加大了对外商投资的开放程度。2008年,中国虽然遭受经济危机,但依然是对FDI最有吸引力的地区之一,实际利用外资金额仍达到923.95亿元,同比增长23.58%,2011年,全球经济复苏步伐明显放缓,但中部地区实际利用外资金额再创历史新高,达到360.7亿美元,占全国的31.1%,增长37.1%。我国中部地区在新形势,通过不断扩大对外开放,利用海外直接投资快速发展。这11年期间中部地区FDI几乎呈直线上升趋势，共增加了327.5亿美元。

从以上分析可以看出，中部地区利用海外直接投资与国内外形势密切相关，利用外资金额有待于进一步提高。

二、中部地区利用海外直接投资存在内部差异

从FDI发展规模和发展速度上来看，中部地区各省之间存在一定的差异，且在全国范围内的差别也较大。

（一）河南省是中部6省中吸引FDI发展速度最快的省份，山西最为缓慢

尽管中部地区6省利用FDI都有所增长，但河南增长最快，河南的海外直接投资在1995年只有4.79亿美元，居中部第4位，落后于湖北、湖南和安徽，略高于安徽和山西。但在随后的几年中突飞猛进，河南利用海外直接投资从1995年的4.79亿美元增加到了2011年的100.82亿美元，增加了96.03亿美元。河南在2007年就超越湖北，接着在2008年超越湖南成为中部地区利用外FDI最多的省份。山西成为中部地区20多年来利用海外直接投资发展最慢的省份。1995～2011年，山西利用海外直接投资总量仅为90.8亿美元，为中部唯一一个低于100亿美元的省份，远远落后于其他中部省份，即使是位居第五位的安徽省，利用海外直接投资总量也有278.92亿美元，是山西省的3.1倍。

（二）从总量上来看，河南和湖南是中部6省利用FDI最多的省份

1995～2011年间，河南和湖南利用海外直接投资总额分别达到368.5亿美元和362.8亿美元，排在中部地区的前2位。湖南在2002年被江西超越，湖北在2003年被江西超越。山西在过去17年利用FDI增长较为缓慢，利用FDI总额仅为90.82亿美元，只相当于河南的24.6%。

（三）中部地区各省在全国的排名存在较大差异

中部各省在全国排名总体居中，以2011年中部地区的海外直接投资数据为例，河南位居中部地区的首位，处在全国的排名第10位，

山西的排名第 21 位，其他 4 省居中，安徽、湖南、江西和湖北排名分别为第 13 和第 14 位、和第 15 位。从以上可以看出，河南和山西相差 11 个位次。

此外，中部 6 省海外直接投资的内部分布也不均衡，主要分布在省会及其他几个主要城市，县域外资的发展较为落后。这主要是由于在大城市中，基础设施建设健全，高素质的劳动力供给充足，对外资吸引力较大。以湖北、江西和湖南三省为例。湖北有 15 个市州，海外直接投资主要集中在武汉以及周边 8 个城市构成的武汉城市圈内，2008 年武汉市和武汉城市圈利用外资分别占湖北省总额的 62.5% 和 81.4%，而其他城市距中心城市武汉越远，利用的外资就越少；江西利用海外直接投资主要分布在京九线上的南昌、赣州和九江，2008 年上述三市 GDP 位居江西前三位，它们实际利用海外直接投资总额占到江西全省的 67.4%；湖南省海外直接投资主要分布在长株潭地区，2008 年，长株潭地区实际使用海外直接投资 23.87 亿美元，占湖南全省的 59.6%。

三、中部地区海外直接投资的方式分析

从中部地区十多年利用 FDI 的数据来看，外资的方式主要是以外资企业和合资企业为主，合作企业为辅，股份制企业的比例太小，发挥的作用不大。2001 年以前，合资企业仍是中部地区利用 FDI 的最主要方式，2002 年以后，独资企业超越合资方式成为中部地区利用 FDI 最主要的方式。

中部地区利用海外直接投资的方式主要是外资企业和合资企业，两者之和达到 90% 以上。如表 6.10 所示，中部地区独资企业投资金额近 10 年来有较大幅度提高，它占中部地区海外直接投资的比重也直线上升，从 2002 年开始海外直接投资成为中部地区最主要的投资方式，独资化程度从 2001 年的 34.2% 上升到 2010 年的 70.6%，增加了 36.4 个百分点。与此同时，合资企业所占的比例从 2001 年最高的 49.6% 下降到 2010 年的 18.6%，降低了近 31 个百分点。从各省的实际情况来看，独资形式的海外直接投资规模明显增加，份额也越来越大，合作和合资类海外直接投资份额越来越小，但各省之间独资化程度有较

表 6.10　中部地区海外直接投资方式结构(2001～2010)

单位:亿美元

年份	合作企业	合资企业	独资企业	独资化程度
2001	4.76	16.68	11.36	34.2%
2002	6.36	18.40	21.31	46.3%
2003	4.64	25.46	28.17	48.3%
2004	3.96	26.45	39.05	56.2%
2005	3.22	24.36	49.46	64.2%
2006	3.21	28.95	69.17	68.3%
2007	4.64	45.56	95.05	65.4%
2008	5.51	47.64	124.71	70.1%
2009	7.64	56.83	144.68	69.2%
2010	8.41	67.13	181.71	70.6%

资料来源:根据中国统计年鉴、各省统计年鉴、商务年鉴整理

大的差异。2010 年，独资化现象特别突出的是江西和湖南，独资形式的海外直接投资占比都在 80% 以上，其中江西省独资形式的海外直接投资占比达到了 89.2%，超过国家平均水平近 13 个百分点，湖南的占比为 80.6%。而独资化程度最弱的为山西省，独资形式的海外直接投资占比仅 47.6%，安徽、河南和湖北的独资化程度表现一般，分别为 61.4%、58.7% 和 58.2%。

外商独资企业成为中部地区最主要的投资方式有以下四个方面的原因。第一，随着我国对外资企业政策进一步放宽，投资环境的进一步改善，原来依靠生产许可、市场准入等作为中外合资的条件已不复存在[130]。第二，受文化、价值观念、思维方式等方面差异的影响，中外合资双方在产品定位、管理方式、投资战略等方面往往会出现较大分歧，合资方式并不是外商最优的选择，外商可以在独资企业中控制关键的决策，提高经营管理效率；同时独资还可以优化企业的资本结构，提高资金运作效率，避免发展中的短视行为，更加注重企业的长远利益。第三，随着政策法规不断完善，经营环境不断改善，外商对我国市场开始了解，更倾向于建立独资企业，而不再依靠中方合资者。第

四,独资公司有利于跨国公司的全球化战略的实施,以便更好地利用全球供应链、知识库等战略资源,同时有利于保护企业的生产专业或技术、经营管理经验等无形资产,阻止合资者分享由这些无形资产所带来的垄断利润。

中外合作企业是中部地区利用海外直接投资的第三大方式,投资金额近10年来也没有太大改变,年均5.24亿美元,最高金额不超过8.5亿美元。相对于中部地区快速增长的FDI总额,中外合作企业所占比例呈现出较大幅度下降,现在只能作为辅助的引资方式。

四、中部地区海外直接投资的来源

随着中部地区全方位开放格局的形成,引资力度的加大,中部地区的外资来源地呈现出出多元化发展的趋势。中部地区的FDI主要来自于亚洲,特别是香港地区所占比例过高,而来自于欧美国家的投资所占比例太小,这在一定程度上影响了中部地区引资的规模,使单个项目利用外资规模较小,质量不高。

(一)中部地区利用海外直接投资以亚洲地区为主、欧美地区为辅

亚洲地区是中部地区最主要的海外直接投资来源地,占到了一半以上,特别是湖南、江西、湖北三省的外资来源高度集中于亚洲,比重均超过70%,江西省更是达到83.9%。亚洲地区向中部地区直接投资的主要国家和地区包括中国香港、台湾或日本,其中中国香港是中部地区最大的海外直接投资来源地,占到中部地区总直接投资的近一半。2010年,河南省海外直接投资中来自中国香港的实际投资额为422 585万美元、占河南省海外直接投资总额的67.65%;湖南省海外直接投资中来自中国香港的实际投资额为328 501万美元、占河南省海外直接投资总额的63.4%;江西省海外直接投资中来自中国香港的实际投资额为324 005万美元、占江西省海外直接投资总额的63.5%;安徽省海外直接投资中来自中国香港的实际投资额为233 902万美元、占安徽省总投资的46.7%;山西省海外直接投资中来自中国香港的实际投资额为45 929万美元、占山西省总投资的64.3%。

中国台湾也是中部地区重要的投资来源地，它对中部地区的投资总额仅次于香港，美国，居第三位。目前江西已成为台商投资内地的重要基地，成为继港资之后的第二大来源，截至2009年6月，全省累计批准台资项目2 415个，项目总投资138.4亿美元，实际利用资金42.4亿美元；湖南也成为台商投资的新热点，截至2008年底，全省累计批准台资项目1 842个，合同台资31.6亿美元，实际到位台资24.8亿美元。欧美国家的直接投资相对较少。在过去10年中，美国对中部地区的直接投资总额占中部总额的9.0%左右，欧盟对中部地区的直接投资总额占中部总额的6.8%，维尔京群岛对中部地区的直接投资总额占中部总额的6.1%，这三地区的直接投资总额占中部地区海外直接投资总额的比例总和为21.9%，还不到中国香港的一半。长期以来，它们的投资共同的特点是增长缓慢且波动较大。

（二）中部地区的海外直接投资来源地过于集中在少数国家和地区

表6.11列出了2001～2010年间中部地区6大直接投资的国家或地区。中部地区的6大来源地中国香港，欧盟、美国，中国台湾，英属维尔京群岛，日本直接投资比重分别为45.9%、6.7%、9.3%、7.9%、6.1%和5.2%，总和超过了4/5，达到81.1%。在中部地区的6大投资伙伴中又是以亚洲为主，中国香港、中国台湾，还有日本这三个地区对中部地区的直接投资总和年均达到了60%以上。这主要是由于中国香港、台湾与内地有着一脉相承的文化，日本作为中国的邻居，在文化上相互影响较深，同时民间交流比较广泛，因此，从语言、文化到生活方式、思维方式都有一定的相似之处，沟通较为容易，对中部地区的投资就比较多。

表6.11　中部地区海外直接投资主要来源(2001～2010)

年份	比重	中国香港	中国台湾	日本	美国	欧盟	维尔京群岛
2001	100	38.3	6.3	10.2	10.5	3.3	10.2
2002	100	39.6	11.6	8.6	14.3	2.4	2.1
2003	100	43.3	7.7	2.8	10.6	19.4	6

续表 6.11

年份	比重	中国香港	中国台湾	日本	美国	欧盟	维尔京群岛
2004	100	44.9	7.2	3.5	11.3	7.2	5.2
2005	100	50.8	10.1	0.9	7.7	6	6.7
2006	100	48.7	6.5	8.7	9.9	5.4	5.4
2007	100	48.5	8.8	11.5	7.3	4.5	5.8
2008	100	47.7	7.2	2	6.5	8.2	6.8
2009	100	48.9	7.5	3.2	5.9	6.4	6.2
2010	100	47.6	6.9	3.5	6.4	5.6	6.5

资料来源:根据中国统计年鉴和各省统计年鉴整理

与欧美国家直接投资相比,亚洲国家和地区直接投资的项目规模和技术含量相对较低。这主要是因为来源于欧美发达国家的直接投资是以跨国公司为主,其项目规模以及技术水平总体上要高于中国香港、台湾等亚洲地区。实行外资来源多元化,使来进入中国的跨国公司互相竞争,可以避免国内的一些行业被某个或几个跨国公司垄断或控制,同时也可以避免因某一个主要外资来源地经济波动所带来的外部冲击。中部地区应改变这一偏重港台地区的外资来源结构,提高来源于发达国家投资的比例,从而实现外资来源结构的优化。

五、中部地区海外直接投资的行业分布

中部地区利用 FDI 的行业分布不合理,外商投资一般倾向于选择基础条件较好的第二产业,而流向第一产业和第三产业投资较少。同时,在第二产业内部也存在不合理的投资结构。

(一)中部地区利用 FDI 主要分布在第二产业

中部地区利用 FDI 的产业存在明显的失衡,主要是第二产业,而投向第一产业和第三产业的外资较低。这种投资结构与以第三产业为主的世界产业结构调整的趋势相背离,从全球来看,服务业已取代制造业,早已成为 FDI 结构中的主流。但在我国中部地区,大部分外资仍集中在第二产业中,见表 6.12。

从表 6.12 可以看出,中部六省海外直接投资主要集中在第二产

业。2010年湖南海外直接投资主要集中在第二产业,达到432 949万美元,占投资总额的84%;第一产业的海外直接投资只有35 864万美元,仅占投资总额的6%;第三产业的海外直接投资只有49 628万美元,占投资总额10%。2010年安徽省海外直接投资分布在第一产业、第二产业、第三产业分别为4 035万美元、370 462万美元和126 949万美元,分别占全省总量的1%、74%和25%。2010年山西第二产业的海外直接投资占总投资额的63%;第一产业的海外直接投资占总投资额的2.0%;第三产业的海外直接投资占到总投资额的35%。2010年河南第二产业的海外直接投资占总投资额的75%;第一产业的海外直接投资占总投资额的4%;第三产业的海外直接投资占到总投资额的21%。2010年江西海外直接投资主要集中在第二产业,达到358 863万美元,占投资总额的70%;第一产业的海外直接投资只有53 861万美元,仅占投资总额的11%;第三产业的海外直接投资只有97 360万美元,占投资总额19%。2010年湖北第二产业的海外直接投资占总投资额的65%;第一产业的海外直接投资占总投资额的1%;第三产业的海外直接投资占到总投资额的34%。

表6.12 2001~2010年中部六省FDI产业分布 单位:万美元

年份	山西			安徽			江西		
	第一产业	第二产业	第三产业	第一产业	第二产业	第三产业	第一产业	第二产业	第三产业
2001	2754	26 765	369	246	26 485	1 651	1 455	20 967	17 267
2002	841	26 747	4 308	432	27 174	9 917	5 043	64 372	39 776
2003	3 833	41 410	-88	687	28 171	10 193	6 765	94 880	59 589
2004	264	29 430	10 745	1 128	29 851	23 690	12 335	133 523	59 380
2005	863	98 203	14 992	3 389	45 752	19 704	15 824	161 310	78 410
2006	2 121	90 906	41 180	2 154	109 595	27 605	17 475	191 502	71 680
2007	3 206	139 579	104 389	2 317	217 992	79 583	18 208	273 675	57 611
2008	7 728	57 452	42 578	3 841	236 033	109 115	27 721	270 783	61 864
2009	5 005	50 316	13 572	5 309	290 350	92 757	41 620	282 168	78 566
2010	1 313	63 596	35 392	4 035	370 462	126 949	53 861	358 863	97 360

续表 6.12

年份	河南			湖北			湖南		
	第一产业	第二产业	第三产业	第一产业	第二产业	第三产业	第一产业	第二产业	第三产业
2001	626	29 991	5 244	1 200	20 867	14 534	3 600	41 500	35 900
2002	677	37 636	6 852	978	41 472	30 545	4 419	59 017	39 653
2003	1 944	44 969	9 186	4 923	12 264	24 964	7 446	78 280	63 180
2004	3 175	64 647	19 545	910	85 419	34 409	—	—	—
2005	2 190	91 602	29 168	6 725	83 644	68 081	6 915	141 882	58 438
2006	568	136 631	44 271	2 980	82 033	59 840	7 312	158 079	93 944
2007	5 637	220 267	79 159	2 563	207 223	66 836	14 794	192 910	119 347
2008	2 654	295 790	104 439	4 326	216 625	103 530	21 517	291 052	87 946
2009	16 935	327 363	131 153	7 649	246 737	111 380	33 556	373 196	53 035
2010	24 261	452 222	130 029	4 544	26 3574	136 897	35 864	432 949	49 628

注:该表数据来源于金艳清博士论文《FDI对中部地区产业升级的影响研究》第64页

(二)中部地区海外直接投资的行业内部结构不合理

中部地区海外直接投资在产业内部结构不合理。第二产业的直接投资主要是制造业,投向建筑业和基础设施建设较少,第三产业的直接投资主要是房地产业,投向其他服务业较少。以湖北海外直接投资的行业分布为例。2010年湖北实际使用海外直接投资中,大部分集中在制造业和房地产业,金额为33.1亿美元,占投资总额的81.6%。在第一产业中,农林牧渔业直接投资0.5亿美元,占1.1%。在第二产业中,采矿业直接投资0.1亿美元,占0.2%;电力、燃气及水的生产和供应业直接投资1.2亿美元,占2.9%;建筑业直接投资0.3亿美元,占0.8%。第三产业中,租赁和商务服务业投资2.4亿美元,占5.9%;水利、环境和公共设施管理业投资1.2亿美元,占3.0%。

按照国民经济行业来说,河南省近年外资投向较大的行业依次为工业、房地产业、公用事业、商务服务业;其他行业投资金额较少。自进入21世纪以来,这种投资格局变化不大。海外直接投资的主要领域依然是第二产业，但第三产业发展较快，成为新的经济增长点。从海外直接投资产业分布的总体情况来看，外商投资主要集中在工业项目。分行业看，河南利用外资主要集中在制造业、通信设备及其他电子设备制造业、电力、燃气及水的生产和供应业、房地产开发与经营业中，商业服务业成为吸收外商投资的新热点[131]。

2010年山西合同海外直接投资中，大部分集中在电力、燃气及水的生产和供应业、制造业、房地产业、租赁和商务服务业，金额为8.3亿美元，占合同投资总额的83.2%。山西省制造业合同利用海外直接投资占第二产业合同利用外资总额的34.4%，房地产业合同利用外资占第三产业合同利用外资总额的44.2%，而交通运输、仓储和邮政业，信息传输、计算机服务和软件业、租赁和商务服务业、科学研究、技术服务和地址勘查业等知识密集，附加值高的生产性服务业合同利用外资总和仅为18 955万美元，特别是交通运输、仓储和邮政业，信息传输、计算机服务和软件业合计合同利用海外直接投资仅有60万美元。

安徽省利用海外直接投资的行业分布比较集中。2010年安徽省制造业实际利用海外直接投资总量为312 653万美元，占第二产业实际利用海外直接投资总量的84.4%，占FDI利用总量的62.4%，房地产业实际利用FDI总量为68 561万美元，占第三产业实际利用FDI总量的54%，而交通运输、仓储和邮政业，信息传输、计算机服务和软件业、租赁和商务服务业、科学研究、技术服务和地址勘查业利用海外直接投资总和仅为21812万美元，仅占第三产业的17.2%。

江西省利用海外直接投资的行业分布非常集中。2010年，江西省制造业实际利用海外直接投资总量达到329 597万美元，占第二产业实际利用海外直接投资总量的91.8%，其中医药制造业，通用设备制造业，专用设备制造业，通信设备、计算机及其他电子设备制造业等知识密集、技术含量高、附加值高的海外直接投资为105 621万美元，占当年制造业FDI利用的32%。

第三节 中部地区承接国际产业转移的条件分析

作为地处我国腹地的传统老工业基地和农业主产区,中部地区在承接国际产业转移方面有着自身独特的优势,但也存在不少劣势。中部地区在承接国际产业转移方面也面临着众多机遇和挑战,关键在于把握机遇,迎接挑战。

一、中部地区优势条件

中部地区经过长期的发展和积累,已有一定的区位和交通优势、自然资源优势、劳动力成本优势、人力资本优势和产业基础优势,中部地区应该充分利用这些优势来主动承接国际产业转移,积极参与国内外分工。

(一)区位和交通优势

地理位置是一个最重要的区位条件,自古以来就对区域经济发展有着巨大的影响。优越的地理位置和便捷的交通条件有利于降低企业的运输成本,同时可以为外商提供良好的投资环境。未来几年将是我国基础设施建设的最快最好的时期,特别是2008年金融危机发生后,政府的"救市"政策将大量的资金投入到中部基础施放建设之中,这也使得中部地区与东部沿海乃至世界各地的区位便捷度提高,产品的运输成本大大降低。

(1)中部地区存在明显的区位优势。安徽和江西两省位于我国中部地区东部与江苏、浙江、山东等发达省份接壤,同时又处于上海4小时经济圈的辐射范围之内,这对于参与国际分工、产品以国际市场为主的转移企业来说,在劳动力成本和其他投资条件相近的情况下,运输成本自然成为区位选择的重要考虑因素,这是西部地区无法比拟的。湖南、江西两省位于中部地区南部与广东、福建等发达省份接壤，紧靠珠江三角洲、闽东南三角地区和香港、澳门地区，参与 CEPA 合作，对于出口导向型产业，以及与母公司形成企业内部分工的产业转移具有很强的吸引力。湖南、湖北、河南三省位于中部地区西部与陕西、重庆等省市接壤，是西气东输、西电东送的必经之路，处在承东启西的重要战略地位。它一方面可以就近吸收外资从发达地区转移过来的资金、技术及管理经验，并将优势产品比较便捷地输送到沿海市场甚至国际市场；另一方面又可以利用紧邻西部的便利条件，把吸收的先进技术向西转移。这样，既可以提高西部的经济水平，又可以输入西部优势资源和产品，弥补中部地区相关资源及产品之不足，促进中部地区的经济发展。山西、河南位于中部地区的北部与内蒙古、北京、河北等省接壤，紧靠以北京、天津为中心的环渤海经济圈，距离东北老工业基地也较近。在我国东部大发展、西部大开发、南部大开放、东北大改造的新形势下，中部地区承东启西、接南进北、吸引四面、辐射八方，在全国区域经济板块中发挥着不可替代的作用[①]。

(2)中部地区同时还存在明显的交通优势。交通运输作为基础产业，是生产要素流动的桥梁和纽带。中部地区处于全国水陆空运输的中枢，有着铁路、公路、水运、空运等多种现代化交通运输方式组成的立体交通运输网。《促进中部地区崛起规划》指出，要强化中部地区综合交通运输枢纽地位，提高和加快铁路、公路和机场的建设速度。全国约有 46% 的铁路，35% 的公路和内海航线均分布在中部地区。中部地区铁路纵横交错，京广铁路、京九铁路、焦柳铁路纵穿南北，湘黔线、京九线、陇海线横贯东西，几十条干线和几百条支线铁路与主干线铁路融会贯通。2008 年国家中长期铁路网规划调整，进一步明确了中部地区铁路建设的标准、规模和发展目标，到 2020 年新增铁路 1.6 万公里，中部铁路总规模超过 3.4 万公里。规划实施后，中部地区每万平方公里拥有铁路由原来的 175 公里提高到 331 公

① 安徽省发改委网站. 实施“中部崛起”战略的研究报告，2006 - 06 - 10

里，是全国平均水平的 2 倍以上。2011 年中部地区铁路营运里程达到 2.1 万公里，占全国铁路营运里程的 22.6%；中部地区境内公路星罗密布，京深、京珠、连霍、沪瑞及几十条省际高速公路，与 10 纵 14 横的 24 条国道，组成了四通八达的公路交通网，2011 年公路里程达 112.3 万公里，占全国公路里程的 27.4%；中部地区境内水运以内河航道为主，长江、黄河在交通运输业发展中发挥重要作用，上百条河流与之相连；航空港发展迅速，航空运输网络正在形成，以武汉、郑州、长沙、南昌、太原、合肥为中心的民用机场开通有国内上百条航线，可直达全国主要城市及港澳台地区，部分机场还开通了国际航线。见表 6.13。

表 6.13　2011 年中部地区运输线路长度　　单位：公里

地区	铁路营运里程	公路里程	其中高速公路
中部地区	21 041	1 123 499	22 468
全国	93 250	4 106 387	84 946
中部所占比重	22.6%	27.4	26.4

资料来源：中国统计年鉴 2012

交通运输网络的建设与完善将会给相关基建行业及区域交通运输行业带来了长期的投资机会；随着中部交通网络的完善，也会促进中部物流企业的兴起。可见，中部地区独特的地理位置和相对优越的交通条件，是中部地区经济发展的一大优势，为承接国际产业转移提供了良好的区位条件。

（二）自然资源优势

对外直接投资动因之一就是寻求国外的自然资源。中部地区地域辽阔，具有土地、能源、矿产、水利、生物和旅游等丰富的自然资源，在全国处于领先地位，将有利于中部地区相关产业的承接。

（1）中部地区矿产资源种类齐全，储量丰富。矿种最多的达 140 多种，最少的也有 110 多种。中部地区矿产资源不仅丰裕度优于东部，密度也高于西部，而且资源的配套程度较高，具有广阔的开发前景[132]。从矿产资源潜在价值看,中部地区45种矿产资源的总价值占全国总价值的43.2%。中部地区矿产资源中的贵重金属、有色金属、稀有金属、能源矿产等占全国矿产资源总量的1/3以上,黑色金属、化工原料等的份额也在1/5以上,均高于中部地区所占的国土份额。

在全国16种主要的能源、黑色金属、有色金属和非金属矿产储量中,中部地区有10种矿产基础储量超过其国土面积比重,其中的6种矿产基础储量超过其人口比重。中部地区的铜矿储量达到1 543万吨,占全国的比重高于1/2;中部地区的铝土矿、煤炭、硫铁矿和磷矿的储量分别达到32 227万吨、1 325亿吨、69 716万吨和13.35亿吨,储量占全国的比重均超过1/3;锰矿储量达到6 848万吨,占到全国的1/4强;钒矿储量为189万吨,占到全国的1/5强;而铅矿、高岭土和铁矿储量也不少,都占到全国的1/10以上。

以中部地区各省的矿产资源为例。目前,山西已发现的矿产资源种类达到120种,其中34种矿产资源的基础储量位居全国前10位,特别是煤炭资源,2010年末其基础储量达到全国的31.5%,位居全国首位;铝土矿的基础储量仅次于河南,位居全国第2。江西省已发现的矿产资源种类超过140种,其中已探明储量的有89种,居全国前5位的有33种,黑色金属、有色和贵金属、稀有、稀土等矿产资源具有明显的优势,铜矿储量位居全国首位,硫铁矿和高岭土基础储量都位居全国的第4位。湖南已发现的矿产资源种类超过110种,居全国前五位的矿产共41种,居全国前十位的矿产有66种,其中钨、铋、海泡石黏土、陶粒页岩、普通萤石、隐晶质石墨、玻璃用白云岩、石榴子石、铌、钽、轻稀土矿等11个矿种的保有储量居全国首位,且矿产资源品质较高。湖北省已发现矿产136种,已查明资源储量的矿产87种,有57种矿产资源储量列居全国前10位,磷矿基础储量占全国的22.7%,位居全国首位,钒矿和锰矿基础储量分别位于全国的第6和第7位。河南省资源综合蕴藏量居全国第3位,已发现各类矿产有126种,已探明资源储量的有73种,其中煤、金、钼、铝、耐火粘土、石油、天然气等资源储量位居全国前列。安徽省已发现矿产有 138 种,探明资源储量的 76 种,储量居全国前 10 位的矿产有 36 种,其中有 20 种列居前 5 位。

(2)中部地区拥有丰富的水资源和森林资源优势。水资源方面,除山西较匮乏外,中部地区其他省份的水资源相对富余,在全国 10 大流域中,中部地区拥有第 1 大流域长江,第 2 大流域黄河,第 5 大流域淮河,第 6 大流域海河,还拥有全国最大的 2 个淡水湖鄱阳湖和洞庭湖。森林资源方面,除了山西的森林资源较少外,中部地区的森林资源十分丰富,江西、湖南的森林覆盖率均超过 50%。中部六省的动植物资源种类繁多,野生动植物资源占绝大多数,经济开发前景广阔。动物资源最多的湖北达 700 余种,最少的河南也有 418 种;植物资源最多的江西达 4 000 余种,最少的山西也有 1 700 余种。

(3)中部地区旅游资源非常丰富。在全国五批公布的 177 个重点风景名胜区中,中部六省拥有 42 个,是中华文化的重要发祥地,历史悠久,文化积淀丰厚,人文资源得天独厚。商业文化、中原文化、湘楚文化、庐陵文化、近现代革命史文化驰名中外。中部已经拥有少林寺、三峡、黄山、张家界等具有世界影响力的旅游品牌,形成 8 大跨区域旅游圈,武汉大旅游圈、黄山大旅游圈、大湘西旅游圈、大三峡旅游圈,安徽巢湖大旅游圈、新中原旅游圈、晋中大旅游圈、庐山旅游圈,带动整个中部地区旅游经济快速发展。

(三)劳动力成本优势

劳动力成本是产业跨国转移中考虑的重要因素,它在很大程度上直接决定产品的价格,进而决定产品在国际市场上的竞争力。中部地区人口稠密,劳动力资源充裕,对承接劳动密集型产业具有很强的吸引力。中部地区的劳动力成本优势主要体现在劳动力数量和劳动力平均工资这两个方面。

中部地区拥有丰富的劳动力人数。据统计,截止到 2011 年底,中部地区总人口占全国比重的 26.7%,就业人数总量占全国比重的 21.8%。如果考虑到国土面积的因素(中部地区占全国国土面积的 10.7%),中部地区的人口密度和就业人口密度都较为丰富。尽管东部地区总人口和就业数量均高于中部地区，但东部地区的经济发展已开始受到劳动力资源不足的约束，东部地区开始上升的劳动者平均工资就充分说明了这种现象。而且长期以来，东部地区的劳动力有很大一部分依靠从中西部地区转移来得到补充。从表6.14还可以看出，东部地区的总人口只占全国的38.1%，但其就业人口却达到47.1%；东北地区的总人口只占全国的8.2%，但其就业人口却占到了9.2%；中部地区和西部地区的人口比例都低于就业人口比例。因此相对来说，东部地区面临劳动力资源缺乏，而中部地区拥有大量农村剩余劳动力，充足而廉价的劳动力正是中部地区承接产业转移的优势所在。

表6.14　2011年我国四大区域人口数量及就业人数　单位：万人

指标		东部地区	中部地区	西部地区	东北地区
各地区总人口		51 063	35 791	36 222	10 966
占全国总人口比例	%	38.1	26.7	27.0	8.2
就业数量		6 784	3 142	3 164	1 324
占全国就业人口比例	%	47.1	21.8	21.9	9.2

资料来源：中国统计年鉴2012

中部地区具有较低的平均工资。在全国4大区域中，中部地区的人均工资是最低的，不但远远低于东部地区，甚至还低于西部地区和东北地区，这充分体现出其劳动成本优势。如表6.15所示，1995～2008年14年间，中部地区的人均工资水平年均10 930元，只相当于东部地区人均工资的65%，相当于西部地区人均工资的84%，相当于东北地区人均工资的95%，相当于全国人均工资的80%。虽然中部地区年均增长速度达到14.8%，高于西部地区和中部地区，但中部地区人均工资增长速度在2007年以前也是较低的，增长相对较为缓慢。只是在近两年增长迅速，2007和2008年人均工资增长分别为21.1%、17.1%。

表6.15　中部地区与其他地区人均工资比较

单位:工资(元)　增长率(%)

年份	全国		东部地区		中部地区		西部地区		东北地区	
	工资	增长率	工资	增长率	工资	增长率	工资	增长率	工资	增长率
1995	5 500	21.2	6 104	24.3	4 431	26.1	4 941	16.4	4 484	18.9
1996	6 210	12.9	7 118	16.6	4 977	12.3	5 823	17.9	5 068	13.0
1997	6 470	4.2	8 000	12.4	5 286	6.2	6 214	6.7	5 381	6.2
1998	7 479	15.6	9 296	16.2	5 986	13.2	7 019	13.0	6 650	23.6
1999	8 346	11.6	10 540	13.4	6 631	10.8	7 819	11.4	7 382	11.0
2000	9 371	12.3	11 910	13.0	7 257	9.5	8 864	13.4	8190	10.9
2001	10 870	16.0	13 823	16.1	8 369	15.3	10 679	20.5	9 275	13.3
2002	12 422	14.3	15 574	12.7	9 611	14.8	12 307	15.2	10 525	13.5
2003	14 040	13.0	17 679	13.5	10 916	13.6	13 691	11.3	11 709	11.2
2004	16 024	14.1	20 085	13.6	12 605	15.5	15 516	13.3	13 303	13.6
2005	18 364	14.6	22 750	13.3	14 838	17.7	17 077	10.1	15 399	15.8
2006	21 001	14.4	25 880	13.8	17 120	15.4	19 712	15.4	17 571	14.1
2007	24 932	18.7	30 305	17.1	20 732	21.1	24 294	23.2	21034	19.7
2008	29 229	17.2	35 229	16.2	24 269	17.1	28 005	15.3	24 754	17.7
年均	13 590	14.3	16 735	15.1	10 930	14.8	12 997	14.5	11 480	14.5

资料来源:北京华通人商用信息有限公司

因此,相对于全国其他三大区域来说,中部地区不但劳动力丰富,而且成本较低,这将有利于降低中部地区的企业成本,从而吸引更多的海外直接投资。

(四)人力资源优势

人力资源是第一资源。无论是物质和知识的创造,还是知识的运用、推广和技术的转化,都得依赖专业人才,培养这些专业人才的唯一途径就是开发人力资源,教育在经济发展过程中具有基础性、先导性和全局性的战略地位和作用。南昌大学中国中部经济发展研究中心测算了改革开放后中部六省人力资源总量对经济增长的贡献为28.65%,其中人力资源数量的贡献为12.63%,人力资源质量贡献为16.02%,中部地区人力资源对经济增长的贡献要大于全国平均水平,这体现出中部地区的人力资源优势[133]。

相关研究显示,人力资源水平与海外直接投资有较强的正相关关系。没有较高的人力资本与之配合,外商的直接投资风险将会扩大。反映一个地区人力资源水平的指标很多,可以是反映知识水平的平均受教育年限、成人识字率,也可以是反映技能水平的大专文化以上文化程度的人口比例、每万人拥有的专业技术人才数量、发明专利授权数量等。这里通过受教育水平、高等教育水平和专业技术人员水平等3个指标来反映中部地区的人力资源状况。

中部地区不同层次受教育的水平。受教育水平主要包括大专以上、高中以上、初中以上和小学以上等4个层次。如表6.16所示,2010年,中部地区小学以上文化水平的人数占全国总量的26.2%,低于东部地区的33.8%,也低于西部地区的32.9%,但高于东北地区的7.1%。中部地区初中文化以上的人数占全国总量的29.2%,低于东部地区的37.5%,但高于西部地区的23.5%和东北地区的9.8%。中部地区高中文化以上的人数占全国总量的25.7%,远远低于东北地区的41.4%,但高于西部地区的23.5%和东北地区的9.6%。中部地区大专以文化水平的人数占全国总量的21.7%,远远低于东部地区的44.8%,也低于西部地区的22.3%,但高于东北地区的11.2%。可以看出,中部地区高中以上受教育的比例在全国处于中等偏上的水平。

表6.16　2010年中部地区受教育人口比例　　单位:%

分类	全国	东部比重	中部比重	西部比重	东北比重
小学以上	100	33.8	26.2	32.9	7.1
初中以上	100	37.5	29.2	23.5	9.8
高中以上	100	41.4	25.7	23.5	9.6
大专以上	100	44.8	21.7	22.3	11.2

资料来源:根据中国人口年鉴2011计算整理

中部地区高等教育发展水平可以通过高校数、高校在校学生数、平均每十万人口高校学生数和高校师生比等4个指标来进行衡量。如表6.17所示,2011年中部地区拥有高等学校数占全国总量的26.5%,

表 6.17　中部地区 2011 年高等教育发展水平及比较

地区	高等学校数		高等学校在校学生		每十万人中各级学校平均在校生数(人)	高校师生比(%)
	总数(所)	比例(%)	总数(万人)	比例(%)		
东部地区	971	39.1	926.9	40.2	2 927	16.7
中部地区	658	26.5	632.3	27.4	1 906	17.4
西部地区	599	24.1	531.8	23.0	1 465	16.8
东北地区	255	10.3	217.5	9.4	2 399	16.9

资料来源:中国统计年鉴 2012

低于东部地区的 39.1%,但高于西部地区的 24.1% 和东北地区的 10.3%,特别是湖北武汉的教育实力居全国前列,高等院校、科研院所集中,各类专业技术人员荟萃,科技成果丰富。中部地区的高校在校生人数占全国的 27.4%,低于东部地区的 40.2%,但高于西部地区的 23.0% 和东北地区的 9.4%。中部地区平均每十万人口中高等学校学生人数既低于东部地区的 2 927 人,又低于东北地区的2 399 人,但高于西部地区的 1 465 人。中部地区的高等学校师生比为 17.4,为全国最高。可以看出,中部地区高等教育发展水平在全国是处于中等偏上水平。

尽管中部地区科技与人力资源综合发展低于东部地区,但与东部地区的差距正在缩小。安徽合肥现在是中国第一个,也是唯一的科技创新型试点城市,同时也是世界科技城市联盟会员,科研人才资源在全国同等城市中位居前列。江西南昌是全国三大职业教育中心,有 83 所中高等职业院校,135 家职业教育培训结构。湖北武汉科技竞争力排在全国第三位,仅次于北京和上海。武汉科教资源丰富,以武汉大学、华中科技大学为代表的大学 52 所,重点学科 65 个,在校学生有 76 万人,居全国第一,每年大学毕业生有 12 万人;武汉还是全国第一个光电子信息产业基地和孵化器建设试点城市以及全国唯一的生物安全最高等级 P4 实验室。虽然改革的滞后使中部地区的科教资源仍未完全融于经济社会发展,但随着社会主义市场经济体制的进一步完善和科技体制改革的不断深入,中部地区的科技优势所形成的巨大发展潜力必将逐步发挥出来。

（五）产业基础优势

改革开放以来，中部传统基础工业在市场经济的洗礼中得到了进一步发展壮大，聚集了以神龙、江淮、奇瑞等为代表的汽车产业，以长飞光纤、烽火和邮科院为代表的光电子产业等一批现代高新技术产业。尽管与国内发达地区比较，中部地区还没有形成产业整体优势，但农业、钢铁、造船、商贸、交通等产业的传统优势依然存在，以汽车、光电子、烟草、物流、信息服务等新的优势正在形成。随着现代制造业基地和现代服务业中心建设力度的加大，中部地区的产业发展将步入一个加速阶段，将有力地支撑中部地区持续快速发展，为高技术产业跨国转移提供良好的产业依托。

中部地区是我国优质农产品生产基地，主要是具备农业生产的有利条件。从气候条件来看，大部分中部地区处在亚热带与温带地区，四季分明，气候温和，日照充分，雨水丰沛，非常适合农作物的生长。中部6省耕地面积共有3 056.6万公顷，占全国总耕地面积的23.5%，粮食耕种面积占全国耕种总面积的29.7%。湖南、湖北、江西、安徽和河南是我国著名的粮棉油生产基地。以江汉平原、洞庭湖平原、黄淮平原、鄱阳湖平原为主的农业区，拥有棉花、油菜、小麦、水稻、肉牛肉羊、水产品等六大优势农产品。如表6.18所示，2011年，中部地区粮食总产量达17 251.7万吨，占全国总产量的30.2%；棉花总产量达171.9万吨，占全国总产量的26.1%；油料总产量达1 398.4万吨，占全国总产量的42.3%。从农产品输出来看，河南每年就有2 000多万头生猪和400万活牛销往北京、上海、广州等大城市。江西的南丰蜜橘、赣南脐橙、泰和乌鸡、遂川狗牯脑茶，河南的信阳毛尖、黄河鲤鱼、中牟大蒜，湖北的武昌鱼，湖南的君山银针，山西的榆林大枣、同川梨，安徽的黄山毛尖等特色农副产品畅销全国各地。

表 6.18 中部地区 2011 年主要农产品产量

地区	粮食		棉花		油料	
	产量万吨	比重%	产量万吨	比重%	产量万吨	比重%
东部地区	14 315.6	25.1	179.5	27.82	799.9	24.2
中部地区	17 251.7	30.2	171.9	26.1	1 398.4	42.3
西部地区	14 776.5	25.9	306.1	46.5	895.9	27.1
东北地区	10 777.1	18.9	1.3	0.2	212.6	6.4
全国	57 120.8	100	658.9	100	3 306.8	100

资料来源:中国统计年鉴 2012

中部地区是全国重要的能源生产与输出地区,尤其是煤炭和水能资源,如山西煤炭资源从北到南有大同、宁武、西山、霍西、沁水、河东六大煤田,安徽有淮北、淮南两大煤田,河南有中原、河南两大油田,河南的小浪底电站,湖北的三峡、葛洲坝两大电站等。2008 年中部六省原煤产量 10.2 亿吨,占全国原煤产量的 40.3%;电力生产量 7 502.7亿千瓦时,占全国电力生产量的 22.9%。从能源输出看,山西煤炭外运调出量占全国外运量的半数以上,是东部沿海供煤的主力军,电力外调量也达 212 亿千瓦时,北京 1/4 的电力来自山西;而三峡电站设计装机容量高达 1 820 万千瓦,开始向湖北、江西、湖南、安徽、河南、上海等 9 省市输送电力。可以说,中部地区的能源为东部地区的持续快速发展作出了很大的贡献。

中部地区是全国重要的重工业生产基地。中部地区丰富的矿产资源为中部地区重工业的发展奠定了坚实的基础,目前中部地是全国最大的薄板、中板、厚板和特殊钢基地,最大的中型货车生产基地,最大的重型机床和包装机械生产基地,第二大汽车生产基地等。2008 年中部六省有规模以上工业企业数 51 318 个,实现工业增加值 20 677亿元,利润 4 315 亿元。36 个行业大类中,煤炭采选、石油加工及炼焦、有色金属矿采、黑色金属矿采、非金属矿采、有色金属冶炼、黑色金属冶炼、非金属矿物制品、交通运输设备制造、烟草加工、电力蒸汽热水生产及供应、食品加工等 12 个行业在全国占较大比重。在重要工业产品中,原煤、钨、钢铁、卷烟、汽车、电力、炼焦、机制茶、棉纺织品等在全国占有重要份额。

产业集群不断发展能够通过多种有效途径，如发挥规模经济、激励企业创新以及强化市场竞争等，形成产业集群的竞争合理，从而提高整个产业的竞争力。中部六省已经形成了各具特色的产业基础和优势产业，以煤炭、电力、化工、冶金、建材等资源为基础，逐步发展完善了以煤炭和电力为核心的能源工业，钢铁为支柱的材料工业，汽车制造为龙头的现代制造业，并逐渐形成现代装备制造业产业集群，同时完善了农业产业化体系，形成了纺织、食品、医药、家电等产业集群和信息技术、生物医药、新材料等高新技术产业集群，这为中部地区承接国际产业转移创造了条件。

二、中部地区劣势条件

中部地区承接产业转移有其自身的优势条件，但也在很多条件方面处于劣势。劣势条件主要包括：产业结构不合理和工业结构滞后、基础设施发展落后、市场发育程度偏低、城市化进程缓慢等。中部地区只有充分改善这些劣势条件，化劣势为优势，才能吸引更多的外资企业进入。

（一）产业结构不合理

合理的产业结构，发达的制造业和服务业将对海外直接投资产生较大的吸引力。在现代市场经济中，产业结构和经济发展之间的相互作用越来越明显，中部地区产业结构不合理已成为制约中部六省经济发展的主要障碍。尽管中部地区的产业结构在不断优化，但与其他地区相比，还是显得较为落后，并且产业内部还存在结构不合理的问题，特别是山西省产业结构极不合理，以煤炭资源为主的产业过于单一，煤炭、焦炭、冶金、电力四个产业占整个工业产值的 80% 以上。这种粗放型发展是不可持续的，经济效益低，同时还造成了环境污染和生态欠账。

中部地区的产业结构不断优化，但与其他地区相比还存在一定的差距。如表 6.19 所示，从横向比较来看，中部地区的产业结构落后于东部地区和东北地区，与西部地区不相上下。具体表现为第一产业比重高于东部地区和东北地区，第二和第三产业比重低于东部和东北地区；而第一产业低于西部地区，第二产业高于西部地区，但第三产业低于西部地区。从纵向比较来看，中部地区产业结构在逐步优化。具体表现为第一产业比重呈逐步下降趋势，而第二产业和第三产业比重呈逐步上升趋势。1995～2011 年间，中部地区的第一产业比重由 26.8% 下降为 12.3%，下降了 16.5%；第二产业比重由 43.6% 上升到 53.5%，上升了 9.9%；第三产业比重由 29.7% 上升到 34.1%，上升了 4.4%。从 1995～2011 年，中部地区第一产业平均比重为 18.2%，比东部地区的 10.9% 高出 7.3%，比东北地区的 14.6% 高出 3.6%，但比西部地区的 19.6% 低 1.4%。从 1995～2011 年，中部地区第二产业平均比重为 47.3%，比东部地区的 49.9% 低 2.6%，比东北地区的 53.1% 低 5.8%，但比西部地区的 43.2% 高出 4.1%。从 1995～2011 年，中部地区第三产业平均比重为 34.6%，比东部地区低 6.8%，比东北地区低 1.0%，而且比西部地区低 2.5%。

表 6.19　中部地区产业结构水平与其他区域比较　　单位：%

年度	东部三大产业比重			中部三大产业比重			西部三大产业比重			东北三大产业比重		
	第一产业	第二产业	第三产业	第一产业	第二产业	第三产业	第一产业	第二产业	第三产业	第一产业	第二产业	第三产业
1995	16.0	49.5	34.5	26.8	43.6	29.7	27.8	39.9	32.3	18.3	49.3	32.5
1996	15.8	46.2	38.0	25.5	44.5	30.0	28.5	38.1	33.4	20.8	47.6	31.6
1997	14.9	46.0	39.1	23.9	45.3	30.8	26.7	39.4	34.0	19.1	47.8	33.2
1998	14.3	45.2	40.2	22.4	45.3	32.3	25.4	39.3	35.3	19.2	46.4	34.4
1999	13.7	45.2	41.2	20.8	44.4	34.9	23.5	39.7	36.8	17.0	47.7	35.4
2000	12.9	45.4	41.8	19.8	44.0	36.2	21.9	40.5	37.6	14.6	50.5	34.9
2001	12.4	45.0	42.7	18.9	44.5	36.6	20.5	40.2	39.3	14.2	49.3	36.5
2002	11.8	45.2	43.1	18.0	45.5	36.5	19.5	40.6	39.9	14.1	49.0	36.9
2003	11.0	47.3	41.8	16.4	46.9	36.7	18.6	42.7	38.7	13.6	50.3	36.1
2004	10.8	48.9	40.4	17.3	48.1	34.7	18.4	44.5	37.1	13.8	51.3	35.0

续表 6.19

年度	东部三大产业比重			中部三大产业比重			西部三大产业比重			东北三大产业比重		
	第一产业	第二产业	第三产业	第一产业	第二产业	第三产业	第一产业	第二产业	第三产业	第一产业	第二产业	第三产业
2005	9.8	47.7	42.5	16.1	46.7	37.3	16.8	42.2	41.0	13.6	49.0	37.5
2006	9.2	48.2	42.6	14.7	48.4	36.9	15.3	44.7	40.0	12.7	50.1	37.2
2007	6.9	51.5	41.6	14.6	49.5	35.9	16.0	46.3	37.7	12.1	51.4	36.4
2008	6.8	51.7	41.5	14.6	50.9	34.5	15.6	48.1	36.3	11.7	53.0	35.3
2009	6.5	49.3	44.1	13.6	50.4	36.0	13.7	47.5	38.8	11.4	49.9	38.7
2010	6.3	49.4	44.3	13.0	52.4	34.6	13.1	50.0	36.9	10.6	52.5	36.9
2011	6.2	48.9	44.9	12.3	53.5	34.1	12.7	50.9	36.3	10.8	53.1	36.1
平均	10.9	47.7	41.4	18.2	47.3	34.6	19.6	43.2	37.1	14.6	49.9	35.6

资料来源:北京华通人商用信息有限公司

第一产业在中部地区经济发展中曾起到重要的作用,随着工业经济的快速发展,第一产业的比重日趋下降。中部地区第一产业的增加值总体上呈上升趋势,2011 年达到 12 897.4 亿元,较改革开放初期已有大幅度提高,这说明中部地区农业的劳动生产率得到提高。但中部地区农业内部结构并不合理,主要是种植业比重太大,林、牧、渔业比重太小。这种严重依靠种植业的生产方式,割裂了第一产业各部门之间的相互依赖关系,并且生产的产品同质化现象严重,特色产品较少,单调的品种结构难以满足市场需求而形成农产品结构性过剩,直接影响中部地区农民的收入。因此,中部地区必须调整农业生产结构,发展农业产业化经营,进而增加农民收入。

第二产业主要是指工业,工业虽然是中部地区的主导产业,但是工业化水平较低,而且主要集中在以原料工业和燃料动力为核心的重工业领域,轻工业发展相对落后。尽管中部地区是我国传统的工业生产基地,但没有一个省是工业强省。河南和湖北是中部地工业发展较好的两省,但东部地区特别是广东、山东、江苏、浙江等省份相比,还存在相当大的差距。中部地区工业以资源开发型产业为主,煤炭、冶金、电力等能源、原材料基础产业和以农产品为原料的初级加工业的比重过大。据工业普查资料分析,中部六省纺织、化纤、建材等一般水平的加工工业产品重复严重,在经营性国有资产中,1/3 左右分布在一般加工工业[134]。这种产业状况,一方面导致中部地区产业结构趋同,重复建设严重;另一方面长期以产业链的上游产业为主导地位,初级产品、粗加工生产比重居高不下,形成单一资源型产业[135],缺乏后续产业和替代产业,导致中部地区产业结构升级困难重重,资源优势难以转化为产品优势和经济优势。同时,中部地区工业结构重型化的趋势,致使轻重工业比例失调,中部地区除了山西之外都是农业大省,占据轻工业比重较大的农产品加工业在中部地区发展滞后,导致工业经济效益低下。

第三产业即服务业。中部地区第三产业在改革开放后取得长足发展,既满足中部人们生活的需要,又提供大量的就业机会,但第三产业仍以传统服务产业为主。中部地区第三产业的发展远远落后于东部省份甚至是全国平均水平,不适应第一、第二产业市场化、国际化发展的要求。中部地区第三产业主要集中在传统产业如批发、零售、餐饮、交通运输、仓储、邮电等,比重约占 50%,金融、保险、物流、旅游等新兴服务业发展相对滞后。值得注意的是现代物流业,近年来,东部沿海地区已经崛起和成熟了一大批现代物流企业,为跨国公司提供配套服务,大大降低了产品的流通成本。而中部地区现代物流业刚刚起步,现代化、国际化程度很低,影响了外资的进入速度。这主要是中部地区在一些服务业如教育、医疗卫生、物流、金融保险、咨询等行政管制严重,竞争不充分,外资资本难以进入,这严重制约了中部地区第三产业的快速健康发展。

(二)城市化进程缓慢

城市化是指社会生产力发展和变革所引起的人类生产和生活由乡村向城市转移的趋势和过程,具体表现为城市数量的增加和规模扩大,非农产业和非农业人口持续在特定空间上集聚,并在国民经济和总人口中的份额和比重不断增大,城市功能和城市环境不断改善与提高。城市化进程可以极大地改善了区域的面貌,成为发展的主要推动力量[136]。城市经济在区域发展中居于主体地位,中心城市是区域内政治、经济、交通、信息、科技、教育、文化聚集交流辐射的中心,它通过人才流动、资金流动、信息流动、商品流动形成各结点城镇,从而带动和促进区域经济发展。中心城市不仅是经济发展的重要载体,也是区域经济的重要增长极,更是中部崛起的重要抓手。从某种意义讲,中部崛起实际上就是城市经济尤其是中心城市的发展跨越,中部各省间的竞争在很大程度上也表现为中心城市间的竞争。由于大部分外商投资选择在经济发展水平较高的城市,因此,城市化水平的发展将极大地影响着一个地区承接产业转移程度。见表6.20。

表6.20 城市化可能性指标

时期	人均GDP(美元)	城市化水平(%)	城市化可能性指标(人)
前工业化	300以下	9~12	10以下
工业化初期	300~800	12~28	18~25
工业化初中期	800~3 000	28~50	25~40
工业化中后期	3 000~6 000	50~70	40~60
工业化成熟期	6 000以上	70以上	60以上

资料来源:贝洛克《城市与经济发展》等文献

中部地区城市水平较低,2008年城市化水平仅为42%,远低于东部地区和东北地区,和西部地区相似。从城市数来看,在全国660个城市中,东部地区总人口4.8亿,有各类城市232个,占全国城市总数的35.2%;中部地区总人口3.5亿,但城市仅有168个,城市数所占比例小于人口所占比例。从城市综合竞争力来看,按照中国城市竞争力报告公布的中国城市综合竞争力排名榜,前30强中内地有23个城市入围,东部地区有20个,中部仅有2个,长沙、武汉分别为第24位、第26位[137]。

城市化水平的测量指标涉及很多方面,下面使用城市人口密度、城镇人口比重、副省级城市数及辖区人口400万以上特大城市数来分析中部地区城市化水平。如表6.21所示,2008年,尽管中部地区城市人口密度3 469人/平方公里,居四大区域之首,主要是因为中部地区城市人口众多,中部地区的城镇人口占总人口的比重为42.2%,要远远低于东部地区的55.9%,也低于东北地区的55.4%,但高于西部地区的39.6%。中部地区的城市规模相对也较小。2008年中部地区的副省级以上城市在4大地区中是最少的,只有1个,而东部地区有8个,东北地区有4个,西部地区有2个。2008年,中部地区拥有400万以上辖区人口的城市也只有1个,而东部地区有7个,西部地区有3个,东北地区有2个。从以上数据可以看出,中部地区有影响力的大城市数量较少,这导致中部地区各级、各类城市不配套,城市关联性较差,城市集聚功能和辐射功能较弱,没有很好地发挥载体作用。加上地理因素、交通条件、经济联系等多方面的制约,中部地区城市难以发挥辐射作用,不能很好地带动周边卫星城镇的发展。

表6.21 中部地区2008年城市化水平及比较

地区	城市人口密度人/平方公里	城镇人口比重%	副省级城市个	400万人以上个
东部地区	2 162	55.9	8	7
中部地区	3 469	42.2	1	1
西部地区	2 641	39.6	2	3
东北地区	2 590	55.4	4	2
全国	2 080	45.7	15	13

资料来源:北京华通人商用信息有限公司

就中部地区各省城市化发展的主要指标来说,各省城市化水平差距比较大。从城市化率来看,只有湖北城市化率超过全国平均水平,达到43.7%,其余5省城市化均低于全国平均水平,最低为河南,相差11.3个百分点;从建成区面积来看,最大为河南省,最小为江西省,相差2.2倍。其他一些指标如城镇居民人均可支配收入、城市人均住宅面积、城市用水普及率、城市人均拥有道路面积等各省差距均比较大。

中部地区城市化进程缓慢的因素是多方面的。就外生因素来说,国家宏观政策是很强的制约因素。作为区域发展的中心,城市的发展在很大程度上收到国家宏观政策的影响。改革开放后，为了吸引外资，国家给予东部很多优惠政策，在加快经济建设步伐的同时，加快了农村人口向城市转移的步伐，提高了城市化水平，客观上造成东部与中部城市差距拉大；中部大量的资源和劳动人口向东部沿海转移，动摇了中部地区本身城市化的动力基础；中部地区在全国处于农产品、能源、重工业基地的战略地位，在一定程度上消耗了自身发展的能力，减缓了城市化进程。就内生因素来说，城市体系单一，结构不合理，重点不突出。在行政中心，都积极发展自己的工业体系，尽可能完善生产功能和设施，形成一批全功能性城镇，没有特色和优势，这在一定程度上抑制了对农村的辐射力和拉动力的大城市的发展，影响了城市化的进程。

由以上分析可知，中部地区城市化处在初级阶段，城市化率低，规模普遍较小，经济辐射能力有限，对中部经济的影响和带动作用不大。

（三）交通基础设施发展落后

交通基础设施是区域经济发展的基本条件。虽然中部地区地理位置优越，但是中部地区除国家铁路干线和公路干线以外的交通基础设施建设是相对滞后的，特别是在山区和农村地区。中部地区不通公路的建制村近 1.3 万个，国道和省道公路中二级以下公路近 30%；农村公路中等外公路占 50%，沙石路面里程超过 70%，没有通沥青路的建制村近 60%[138]。中部地区的山区，交通闭塞，通常中部地区中城镇化水平极低的地区。因此在一定程度上，中部地区的交通基础设施的建设滞后影响了中部地区城镇化进程，制约了中部地区的经济发展。

国内有学者以全国各省、市、自治区的基础设施水平指标和人均国民收入为样本，分别统计出交通运输、邮电通讯等七类基础设施与人均国民收入增长之间的相互关系。结果表明，邮电通讯的相关系数最高，其次是交通运输，上述两类的相关系数都在 0.9 以上，表明了邮电通讯和交通运输在区域经济发展中所起的重大作用[139]。虽然基础设施建设并不必然导致区域经济的增长，但基础设施建设方面的不足则一定会限制区域经济的增长和居民生活水平的提高[140]。

基础设施水平与经济增长之间存在着正相关关系，只有现代化的交通运输和通讯设施，才能使各种资源在区域间自由地、便捷地流动，在全社会范围内实现资源的优化配置。中部地区如果没有完善的基础设施，就不可能拥有良好的投资环境，更不会促进中部地区经济的快速增长。基础设施一般分为经济基础设施与社会基础设施两大类型。经济基础设施一般包括公用事业（电力、管道煤气、电信、供水、卫生设施和排污，固体废弃物的收集和处理系统），公共工程（大坝和灌渠）以及其他交通部门（铁路、城市交通、海港、水运和机场）等方面的设施；社会基础设施通常包括文教、医疗保健等方面的设施。而经济性基础设施又可分为生产性基础设施和生活性基础设施，生产性经济基础设施主要包括交通运输、邮电通讯等；而生活性经济基础设施主要包括住宅及公用设施、生活服务、公用事业等。对承接直接投资来说影响较大的主要是生产性经济基础设施。

如表6.22所示，中部地区邮电业有着较快的发展。从2005年至2010年，中部地区的邮电业务量由2 098.9亿元增至5 885.9亿元，占全国的比重由17.5%增加到18.4%，但是与东部地区和西部地区相比，还存在较大的差距。在此期间，全国邮电业务从12 028.5亿元增加到31 978.5亿元，年平均业务量为21 663.5亿元。

表6.22　中部地区邮电业务发展水平及比较

年份	全国	东部地区		中部地区		西部地区		东北地区	
	亿元	总金额 亿元	比重 %	总金额 亿元	比重 %	总金额 亿元	比重 %	总金额 亿元	比重 %
2005	12 028.5	6 503.2	54.2	2 098.9	17.5	2 351.4	19.6	1 041.9	8.7
2006	15 325.9	8 307.9	54.4	2 669.5	17.5	3 000.4	19.6	1 303.3	8.5
2007	19 805.1	10 701.9	54.2	3 442.8	17.4	3 977.4	20.1	1 629.7	8.3
2008	23 649.5	12 620.9	53.4	4 227.2	17.9	4 897.3	20.7	1 893.0	8.0
2009	27 193.5	14 161.6	52.1	4 951.9	18.2	5 891.8	21.7	2 188.2	8.0
2010	31 978.5	16 671.2	52.1	5 885.9	18.4	6 890.9	21.5	2 530.4	7.9
平均	21 663.5	11 494.5	53.4	3 879.4	17.8	4 501.5	20.5	1 764.4	8.2

资料来源：2006～2009年中国统计年鉴

（四）市场发育程度低

市场发育程度是对某一时期资源配置状态的一个客观描述量，即在某一时期内，资本、劳动力、技术等要素的完善与发展中，市场机制发挥资源配置的基础性作用的程度。市场发育水平越高，意味着政府干预就越少，企业有更大的自由空间，这有利于节约交易费用，提高制度运行的效率，将促进地区开放型经济的发展。我国在经济体制改革中，采取了渐进式的区域发展模式，即先在东部沿海地区进行试点取得经验，然后向内陆地区推进。这种模式使东部地区市场发育程度较好，经济发展速度较快。东部发达地区率先进行经济体制改革，为经济发展营造了一个宽松的环境，使得地方政府和企业在国内资源利用和市场占有方面具有更大的主动权和灵活性，资源配置效率较高，在逐利动机的驱使下，市场发育程度较低的中部地区的人才、资金等要素也流向东部地区，从而进一步拉大中部地区与东部地区发展的差距[141]。由于传统计划经济体制的惯性作用，市场分割、行业垄断、地区封锁和各种形式的行政壁垒等妨碍了公平竞争的现象，在中部地区仍不同程度存在，甚至在某些方面有加剧的趋势。在中部不少地方，把市场竞争机制引入政府行为，攀比之风盛行，造成低水平重复建设、服务体系相互分割、排斥外地产品和服务，社会交易成本居高不下。这种状况对发展中部大区域市场和促进区域经济协调发展极为不利，根本原因就是地方利益[142]。就当地政府来说，当地政府采取区域合作或搞市场分割，往往取决于哪个收益比较大，因为这种收益会影响当地财政收入、就业以及社会福利等。只有合作双方或多方收益共同提高的前提下，地方政府才会采取积极合作的态度。

市场发育程度的提高涉及很多方面，如政府与市场的关系、非国有经济的发展、商品要素市场发育、产品市场的发育、市场中介组织和法律制度环境等。但经济体制改革显著的特点之一，就是通过非国有经济的发展来获得增量资源，从而对传统的重工业优先发展战略形成触动，通过增量改革促使存量改革。作为资源重新配置的结果，非公有制经济的发展就是一个通过市场机制发挥作用，经济资源得以优化配置的过程。因此,可以采用非公有制经济的发展水平来反映市场发育水平。下面将使用非国有全社会固定资产投资比重和非国有城镇就业人员比重来分析我国中部地区市场发育程度。

中部地区的市场发育程度相对较低,经济发展的竞争力不强。如表 6.23 所示,2008 年中部地区非国有固定资产投资占全社会固定资产投资的比重为 72.4%,非国有城镇就业人口占全部城镇就业人口的比重为 39.4%。在全国 4 大区域中,中部地区的市场发育水平也处在落后地位,只略好于西部地区。中部地区的非国有固定资产投资占全社会固定资产投资的比重既低于东部地区的 78.4%,也低于东北地区的 73.2%,但高于西部地区的 62.5%;中部地区的非国有城镇就业人口占全部城镇就业人口的比重远低于东部地区的 59.1%,两者差距 19.7%。从以上分析可以看出,中部地区市场发育水平不但从自身来看发展较慢,而且横向比较也有差距,是承接产业转移的一个不利因素。

表 6.23　中部地区 2008 年市场发育程度

地区	全社会固定资产投资			就业量		
	总额亿元	非国有亿元	比重%	总量万人	非国有万人	比重%
东部地区	77 735.5	60 952	78.4	5 195.9	3 068.5	59.1
中部地区	36 695.2	26 549.2	72.4	2 519.6	992.6	39.4
西部地区	35 948.8	22 453.8	62.5	2 634.9	897.5	34.1
东北地区	18 713.9	13 688.4	73.2	1 164.9	430.6	36.9

资料来源:北京华通人商用信息有限公司

(五)对外开放程度较低

人们通常使用对外开放度来衡量一个国家或地区在一定时期内的总体对外开放程度及其对国际经济的参与程度和依赖程度。为了准确测量出中部地区总体对外开放水平,需要构建指标体系。在以前的研究中,很多学者采用外贸依存度(即一个国家或地区的进出口总额占该国或地区的 GDP 的百分比)来作为对外开放度衡量指标。尽管外贸依存度在很大程度上反映了该国或地区的对外开放水平,但随着经济全球化的不断加深，各国、地区对外经济联系不仅局限于商品和服务的贸易，国际投资、国际金融活动等日益重要，仅使用外贸依存度会忽视国际经济活动的其他方面，从而在一定程度上扭曲了对外开放度，如发达国家的金融开放度高于发展中国家，如果仅使用这个指标就难以准确显示出各国的开放程度[143]。对外开放涉及多个方面，必须构建一个涉及商品贸易、服务贸易、资本流动等方面的综合性指标。

结合前人研究成果，选取以下10个指标进入对外开放度的指标体系：外贸依存度、出口依存度、进口依存度、海外直接投资额、三资企业工业产值、外商投资企业数、人均对外承包工程经营额、人均对外劳务经营额、人均对外设计咨询营业额、国际旅游外汇收入比重。

先对以上10个指标做标准化处理，然后使用SPSS软件进行因子分析，得出公因子载荷矩阵。从表6.24中可以看出，前3个公因子的累积贡献率已经超过90%，达到92.394%。因此，可以用这3个公因子的变化代替整个样本相关变量的变化。

表6.24　公因子载荷矩阵

公因子	特征值	方差贡献率%	累积贡献率%	公因子	特征值	方差贡献率%	累积贡献率%
1	7.581	75.809	75.809	6	0.086	0.855	99.354
2	1.084	10.842	86.652	7	0.030	0.301	99.655
3	0.574	5.742	92.394	8	0.028	0.277	99.932
4	0.411	4.110	96.503	9	0.007	0.068	100.000
5	0.200	1.996	98.499	10	6.66E－018	6.66E－017	100.000

采用四次方最大法进行旋转可得到因子载荷矩阵表6.25。从该表可以看出，外贸依存度、进口依存度、出口依存度、人均对外劳务经营额和国际旅游外汇收入比重这5个指标在公因子1中的载荷都较高，这5个指标以经常项目流动为主，可解释为国际经常项目流动因子；海外直接投资额、外商投资企业数、人均对外承包工程经营额、三

资企业工业产值这4个指标在公因子2中的载荷都较高,可解释为国际资本项目流动因子;人均对外设计咨询营业额在公因子3中的载荷较高,可解释为对外设计咨询因子。

表6.25 旋转后的因子载荷矩阵表

指标	公因子1	公因子2	公因子3
进口依存度	1.075	-0.111	0.007
外贸依存度	0.977	0.022	-0.011
出口依存度	0.855	0.147	-0.027
国际旅游外汇收入比重	0.544	0.400	-0.101
人均对外劳务经营额	0.479	0.407	0.202
人均对外承包工程经营额	-0.136	1.075	-0.050
海外直接投资额	0.016	0.954	0.077
三资企业工业产值	0.274	0.747	-0.038
外商投资企业数	0.335	0.695	-0.039
人均对外设计咨询营业额	-0.011	0.002	0.987

根据因子值和公因子权重可以计算出全国各地的对外开放度的评价值。

从表6.26可以看出,我国各地区的队对外开放水平存在明显的地域化特征。东部沿海和部分沿边地区的对外开放水平要高于其他地区,其中东部地区占据了前10位的8位,只有河北排在第15位。中部六省排名比较靠后,即使是居中部第一位的安徽在全国只排在第13位,低于西部地区的新疆以及东北地区的辽宁和黑龙江;江西、湖北、山西三省从排名上看在全国位居中游,高于西部大部分地区;湖南和河南分别排在全国第26位、29位,开放度居中下游水平,甚至低于甘肃、宁夏等西部经济较为落后的省份。尽管中部地区在进入21世纪之后对外开放水平有了明显的提高,但与全国特别是东部地区相比,还存在着较大的差异,情况不容乐观。对于中部地区对外开放水平落后于东部地区的现象,有学者认为滞后的原因在于远离港、澳台和海洋通道的劣势区位、区域有别和进程不一的开放政策、较低的市场化程度、落后的基础能力[144]。也有学者认为历史积淀、政策因素、区位条件以及主要由上述因素引起的资金和人才匮乏、技术落后、思想观念落后等因素导致中部的对外开放水平落后于东部地区[145]。

表 6.26　2010 年全国各地的对外开放度

东部地区	开放度	排名	中部地区	开放度	排名	西部地区	开放度	排名	东北地区	开放度	排名
北京	2.616	1	安徽	-0.408	13	新疆	-0.361	11	辽宁	0.226	9
上海	2.539	2	江西	-0.422	14	重庆	-0.509	19	黑龙江	-0.368	12
广东	1.491	3	湖北	-0.492	17	四川	-0.524	20	吉林	-0.465	16
天津	1.243	4	山西	-0.501	18	广西	-0.539	21			
江苏	0.764	5	湖南	-0.582	26	西藏	-0.551	22			
浙江	0.639	6	河南	-0.623	29	云南	-0.549	23			
福建	0.611	7				甘肃	-0.558	24			
海南	0.408	8				宁夏	-0.565	25			
山东	-0.214	10				内蒙	-0.608	27			
河北	-0.438	15				陕西	-0.617	28			
						贵州	-0.623	30			
						青海	-0.648	31			

(六)创新能力较弱

中部地区的发展离不开区域竞争力的支撑,而创新是区域竞争力的源泉,又是区域竞争力的主要推动因素。近年来中部区域竞争力不断跃升,但是其创新能力依然处于较低的发展阶段,居于全国中下等水平,成为制约中部经济发展的瓶颈。区域创新能力是指一个地区将新知识转化为新产品、新工艺、新服务的能力,核心是促进创新机构间的互动和联系,推动区域内新技术的产生、流动、更新和转变。

区域创新能力主要用区域创新能力综合指标来衡量,可分解为以下几个要素:知识创造能力,即不断创造出新知识的能力,又取决于研究开发的投入水平、科技产出水平和过程管理的水平;知识获取能力,即不断利用全球一切可用知识的能力,知识在各创新单位之间流动的能力,反映了一个地区、企业对知识需求的程度、对创新的冲动水平和知识流动基础设施的水平,可细分为科技合作、技术转移和外国直接投资三项子指标;企业的技术创新能力,即企业应用新知识推出新产品、新工艺的能力,从技术创新的投入、过程和产出的框架出发来评价企业的基础创新能力;创新的环境,即知识的产生、流动和应用所提供的环境,从创新基础设施的发达程度、市场需求水平、劳动者素质、金融环境和创业水平四项指标;创新的经济绩效,即创新对经济增长的推动能力,从宏观经济、产业结构、产品国际竞争力、居民收入以及就业这五个子指标来衡量。见表6.27。

从总体上看,我国区域创新能力从东部地区向西部内陆地区从高到低呈梯形分布。东部地区区域创新能力综合指标平均值达到38.47;中部六省区域创新能力综合指标平均值为23.10,其中湖北位居中部首位;西部地区区域创新能力综合指标平均值为20.00,可以看出中部地区区域创新能力比东部地区低15.37,比东北地区低4.90,只比西部地区高3.10。中部地区创新能力明显弱于东部地区,与西部地区相比优势却不明显,而且西部有很多省份的创新综合指标超过了中部六省的平均值。东部地区创新综合指标高于中部地区,主要是因为东部地区企业的创新机制更加灵活,市场经济的作用较强,企业已基本成为技术创新的主体。而我国中部地区观念落后,机制比较僵化,政府对企业干预过多,导致经济效率太低。

表6.27 四大区域创新能力分布

四大区域	综合指标	二级指标				
		知识创新能力	知识获取能力	企业技术创新能力	创新的环境	创新的经济绩效
东部地区	38.47	31.35	35.73	44.15	35.5	42.46
中部地区	23.10	18.70	18.59	30.22	23.36	20.57
山西	22.92	16.89	14.95	27.86	21.09	29.56
安徽	21.70	15.56	17.05	33.06	21.49	15.83

续表 6.27

四大区域	综合指标	二级指标				
		知识创新能力	知识获取能力	企业技术创新能力	创新的环境	创新的经济绩效
江西	20.72	17.92	16.03	24.72	23.66	17.69
河南	21.60	14.18	12.00	29.98	23.74	21.22
湖北	27.06	25.37	24.27	36.20	26.26	19.99
湖南	24.59	22.25	27.21	29.51	23.90	19.11
西部地区	20.00	16.20	14.29	23.89	19.64	22.99
东北地区	28.00	22.34	23.45	33.14	26.8	30.72

资料来源:中国科技发展战略研究小组

从区域知识创新能力子指标来看,中部六省中有三个省份居全国后十位,只有湖北较强,居全国排名第六位。湖北之所以知识创造能力居全国前列,主要是因为湖北有良好的科技教育资源,高等院校和科研机构林立,培养的人才和创新成果较多。中部六省知识创新能力平均分值为 18.7,比东部地区低 12.65,比东北地区低 3.64,比西部地区仅高出 2.50.在这一指标上更体现出中部地区远弱于东部地区,而与西部地区能力相差不大的总体规律。

从区域知识获取子指标来看,中部地区平均分值为 18.59,比东部地区低 17.14,比东北地区低 4.86,而比西部地区高 4.3,体现出区域创新能力的总体规律。湖南该指标居中部地区首位,河南该指标太低,主要是由于企业、高校与科研机构合作较少,创新体系不健全,知识流动较差,研究成果转换能力弱,对外开放程度低,引资力度不够。

从区域企业技术创新子指标来看,中部地区总体在全国处于中游,平均为 30.22,分别比东部地区和东北地区低 13.93 和 2.92,高西部地区 6.33。自主创新意识薄弱是中部各省的根本弱点,湖北企业的技术创新能力居中部地区首位,江西相对较弱。这主要由于江西企业自身设计、研发能力弱,专利授权量相对较少。

从区域创新环境子指标来看,中部地区平均为 23.26,分别比东部地区和东北地区低 12.14 和 3.44,而比西部地区高 3.72。湖南、河南和江西三省实力相当，处全国平均水平，安徽和山西两省较弱。在该子指标中，中部各省普遍存在金融环境较差，表现在资本市场总量规模小，发育程度较低；资本市场直接融资与银行间接融资结构不合理；资本市场流动性不强，金融工具不足；创业园、孵化器的功能不强，风险投资体制不健全。

从区域创新的经济绩效子指标来看，中部地区最低，分别比东部地区和东北地区低21.89和10.15，甚至比西部地区还低2.42。经济绩效是中部各省最突出的问题，该指标直接影响到中部地区经济发展的潜力，是中部跨越发展的障碍。

三、中部地区面临的机遇

在中部地区承接国际产业转移过程中，除了面临自身的发展条件，也将面临外部的各种机遇。

（一）国家"中部崛起战略"的实施给中部地区带来历史机遇

中国的区域发展战略，最初是在小平"两个大局"指导思想下，效率优先，东部沿海率先崛起；1999年后，中国区域发展指导思想开始向区域均衡演进，先是推出西部大开发战略，继而是振兴东北老工业基地。截至2003年，东部地区、西部地区和东北地区先后获得了国家从政策到资金上的大力支持，从而使沿海发达地区成为中国经济的火车头和发动机，相对落后的西部地区与东北地区，也逐渐走出了困境，面貌有了巨大的变化。而中部地区成为国家政策的边缘地带，极大地制约了中部地区经济的发展。

2003以来，中部地区发展滞后的问题日益受到党和国家领导人的高度关注，多次在谈话中提到中部地区的经济发展问题。尤其是近几年，中部地区发展战略已经成为国家重要会议和重要文件中经常出现的重要议题，发展为国家区域发展战略的一个重要组成部分。2005年10月中国共产党第十六届中央委员会第五次全体会议明确把"促进中部地区崛起"写入了《国民经济和社会发展第十一个五年规划》。2006年3月27日，中共中央政治局召开会议，强调促进中部地区崛起，是中共中央、国务院作出的又一重大决策，是落实促进区域协调发展总体战略的重大任务，要充分发挥中部地区的区位、资源、产业、人才综合优势，进一步形成东中西互动、优势互补、共同发展的新格局。2007 年 10 月 15 日，《中国共产党第十七次全国代表大会上的报告》中再一次指出，要大力促进中部地区崛起，重大项目布局要充分考虑支持中西部发展，鼓励东部地区带动和帮助中西部地区发展。

中部地区强化崛起平台建设，中部各省以转型跨越发展为目标，推进各类载体建设。例如，山西立足国家资源型经济转型综合配套改革试验区，以煤为基多元发展，开辟发展新途径；河南大力实施中原经济区战略，打造全国重要的经济增长板块；湖北全面实施“两圈一带”战略，加快推进新型工业化、新型城镇化和农业现代化；安徽围绕皖江示范区、皖北振兴、合芜蚌自主创新综合试验区和国家技术创新工程试点建设，加快转型发展；江西以鄱阳湖生态经济区建设为龙头，加速“三化”进程；湖南以长株潭试验区为载体，大力推进“四化两型”建设。

中部地区的发展受到中央的高度重视，中部崛起战略已经上升到国家战略，再加上崛起平台的建设，这将给中部地区承接国际产业转移带来前所未有的历史机遇。

（二）产业资本继续加速向中部地区转移

中国经济发展突飞猛进，投资环境不断改善，综合国力逐步增强，对国外投资有着巨大吸引力，逐渐成为国际产业转移的主要承接地。目前，中国吸引外商投资额，高居发展中国家和地区实际使用外资金额首位，占发展中国家吸收外资总额的 1/4。美国有近 90% 的企业有在中国扩大投资的愿望，三成左右的跨国公司锁定中国，将中国定为下一个投资目标。中国已成为国际产业转移的重点承接国。

从国际来看，国际产业加速向中国转移这一趋势短期内不会发生变化，并且产业的结构层次将明显提高，今后将主要集中在加工业、新兴工业、高附加值工业和服务业。同时，产业链整体转移正逐渐成为国际产业转移的新趋势。从国内看，随着东部沿海生产要素成本和综合商务成本的逐渐走高，国内东部沿海地区向中西部地区的产业转移进程明显加快。当前转移产业主要集中在劳动密集型等传统产业，今后转移产业的层次将进一步提高，汽车及零部件、家电、高新技术、现代服务业等产业将逐步成为转移的重点。中部地区凭借要素供给充裕、综合成本相对较低、产业配套能力强、区位条件优越等诸多有利条件，将继续成为发达地区产业和资本转移的首选地区和重要基地。而且，在外资外贸政策方面，国家将逐步引导和促进加工贸易向中部地区转移，引导国际资本流向中部地区和重点产业，着力提高中部地区开放程度，增强经济发展活力。

四、中部地区面临的挑战

中部地区承接国际产业转移也将面临许多严峻的挑战。

（一）受金融危机影响国际产业转移规模大幅度缩减

从金融危机爆发以来，全球海外直接投资大规模下降。根据联合国贸发组织的数据资料，2008年，全球FDI流入量为1.697万亿美元，比上年下降了14%。2009年，全球FDI总额为1.04万亿美元，同比下降38.7%，这是全球FDI连续第二年下降。其中，发达国家吸引FDI下降41.2%，发展中国家下降34.7%。美国是吸引FDI最多的国家，中国居世界第二。根据OECD的统计，2009年全球企业跨国并购总额仅为6 000亿美元，比2008年下降56%，为1995年以来最大的降幅。根据联合国贸发会议数据统计，2011年全球外国直接投资（直接外资）流量超过了危机前的均值，达到了1.5万亿美元，但仍然比2007年的峰值低约23%。

中国作为吸引FDI最多的发展中国家，也出现了FDI增量下降和存量减少的情况，但是受影响程度明显低于全球FDI。在增量方面，从2008年10月开始，我国FDI出现连续10个月的同比负增长。2009年，全国新批设立外商投资企业同比下降14.8%；实际使用外资金额900.3亿美元，同比下降2.6%。在存量方面，受金融危机影响,外商撤资现象在东部沿海省份比较严重,甚至出现了大量的“非正常撤资”。

(二)承接国际产业转移面临着激烈的国内外竞争

由于 FDI 对促进东道国经济增长、增加就业及提高国际竞争力等方面有着重要的作用,因此随着全球经济的复苏,各国纷纷出台各种招商引资的优惠政策,引资力度明显加大,竞争空前激烈。根据联合国贸发会议统计的数据,2004 年大约有 20 个经济体降低了企业所得税,有 102 个经济体总共采取了 271 项鼓励外商投资的新措施,甚至许多发达国家也纷纷采取措施,鼓励企业在本国投资并吸引海外企业的投资利润回流。另外,我国周边国家也在积极调整引资政策,改善投资环境,有些国家的优惠政策力度远远高于我国。这给我国吸收外资带来了巨大的竞争压力。

在国内,各地区之间招商引资的竞争也异常激烈,各地政府对利用海外直接投资都相当重视,纷纷采取各种措施,加大招商引资的力度。我国东部沿海地区凭借其强大的产业配套能力、较高的市场化程度、较低的交易成本以及较高的回报,成为海外直接投资流入的主要地区;西部地区在大开发战略实施后,其资源优势和政策优势吸引了大量的海外直接投资,甚至使一些投资越过中部直接进入西部地区;东北老工业基地利用其地缘、科技人才、国家政策等优势,也实现了利用外资的大幅增长。在有限的要素资源和市场空间条件下,各区域围绕资源、技术、市场、人才的竞争将更加激烈。

(三)资源环境压力大

改革开放后,我国东部地区为了促进经济增长,对环境和资源的重视不足,造成了资源的巨大浪费和对环境的极度破坏,不得不走上了先污染后治理的老路。我国中部地区的经济文化发展相对滞后,环境保护意识不高,对于一些化工项目可能带来的污染问题也不了解。有些地方还出现了比拼优惠政策、盲目争抢产业转移项目的现象,甚至把降低环保门槛当做优惠条件之一,为生态恶化、环境破坏埋下隐患。

我国中部地区要处理好环境保护、资源合理利用和经济增长相协调的问题，承接产业转移也绝不能以牺牲环境、浪费资源为代价。中部地区在承接产业转移过程中如果对自身环境容量认识不清，对污染后果认识不足，产业转移可能变成污染转移。因此，中部地区承接产业转移过程中，不能仅仅是简单的产业搬迁和复制，必须充分借鉴先行者的经验，注重承接适应科技进步、市场需求的现代产业体系，树立可持续发展的理念，更加注重资源节约，注重保护环境，避免走先发展、后治理的老路，实现经济与社会协调发展。

第七章　国际产业转移对中部地区经济的影响

第一节　国际产业转移对中部地区资本形成的影响

一、资本形成在经济发展中的作用

资本形成是指一个地区将储蓄转化为投资并形成一定的生产能力的过程，是推动经济增长和经济发展的最基本的内在动力。

古典经济学家非常重视资本形成在经济增长中的作用。他们认为国民财富的增长取决于两个基本条件：人口和资本的增加引起从事生产劳动的人数增加；专业分工促进劳动生产率提高。劳动力数量的增加和劳动生产力的提高，都依赖于资本存量的积累。一方面，增加劳动力必须首先增加流动资本，为新增劳动力准备劳动资金；另一方面，要提高劳动生产率，必须促进社会分工，依靠技术进步，而资本形成是社会分工的必要先决条件，生产技术进步也必须有充足的资本形成。

现代经济增长理论中，资本形成的作用被提高到十分突出的地位，几乎成为增长模型中最重要的决定因素。哈罗德－多马增长模型认为工业化和经济增长的唯一决定因素就是储蓄率，即资本积累率，进而得出资本是经济增长的唯一源泉。罗斯托在经济增长阶段理论中把资本积累视为一国经济实现起飞的基本先决条件，经济的起飞阶段必须使积累率达到10%以上。刘易斯也指出，经济发展的中心问题就是资本积累率的迅速提高。纳克斯认为发展中国家资本稀缺,容易形成低收入－低储蓄能力－资本形成不足－低劳动生产率－低收入的恶性循环,要打破这一恶性循环、摆脱贫困就必须增加资本积累[146]。

随着经济增长理论的不断演进,经济学家在重视资本形成的同时,更强调技术进步在经济发展中的作用。但对于发展中国家来说,技术进步并不能取代资本积累的基础作用。希克斯指出技术创新本身不足以刺激经济增长,新技术的应用还需要资本市场,技术进步通常需要使用各种新的资本设备才能进入生产领域,增加投资不仅带来较高的资本密集度,而且会促使新技术较快向实际生产的转移。

随着新制度经济学的发展,经济学家开始重视对政治、法律、文化等非经济因素在内的制度背景的分析,认为制度影响经济效率,制度变迁能够促进经济发展。但是,像技术进步一样,制度虽然重要,却不能代替资本积累在经济发展中的独特作用。资本形成不仅仅局限于实物资本存量的增加及其对产出水平的直接影响上,更重要的是能够促进社会分工、提高管理水平、引导技术和组织制度创新途径等间接推动经济发展及社会政治、经济文化的进步。

发达国家在经济发展的起飞阶段都经历了加速资本形成的过程,在这一时期国内储蓄占国民收入比重通常出现较大提高。二战后,以亚洲"四小龙"为代表的新兴工业国家和地区依靠加快资本形成实现了经济高速增长。对于发展中国家来说,加速资本形成是摆脱贫困恶性循环的重要环节。麦迪逊通过考察22个发展中国家的经济增长情况,把影响经济增长的因素分为人力资源、资本和资源配置效率三大类,并分析各类的增长率及其对经济增长的贡献[147]。1950～1965年间,这些发展中国家的经济增长率平均为5.65%,其中,人力资源平均增长率为1.94%,对经济增长的贡献为35%;资本平均增长率为3.06%,对经济增长的贡献是55%;资源配置效率的平均增长率为0.55%,对经济增长的贡献为10%。从这些数据中可以看出,对发展中国家来说,经济增长的主要源泉仍是增加资本投入。

二、FDI 对资本形成的影响

在全球化的背景下，资本形成的来源由国内储蓄和国外储蓄这两部分构成。发展中国家在发展的过程中，更多的是受到国内资金不足的制约，因此，可以利用外国投资来促进本国资本形成。

外国投资在促进许多国家的资本形成中都起过重要的作用，促进了东道国经济的发展。例如，加拿大在 1870～1914 年间，总资本形成中流入的外国资本约占 40%；澳大利亚在 1861～1900 年间，总资本形成中流入的外国资本约占 37%；挪威在 1920～1929 年间，总资本形成中流入的外国资本约占 29%[148]。即便是美国、日本这样的发达国家，虽然在经济发展初期这一比例较低，但外资仍起着重要作用。

纳克斯是最早研究 FDI 资本形成效应的学者。他从国际资本流入有助于发展中国家的资本形成角度进行分析，认为发展中国家的一个共同特征是贫困落后，资本形成问题是这些国家发展的核心，贫困的恶性循环是阻碍资本积累，应该借助 FDI 的流入来加速发展这些国家的资本形成[149]。美国经济学家钱纳里和斯特劳特创立了“两缺口理论”，该理论认为 FDI 能够弥补东道国经济起飞所需要的资本缺口和外汇缺口，提高国内投资水平，从而加速东道国经济的增长[150]。FDI 对国内资本形成具有促进效应，如新设立的企业扩大了国内投资规模，并购方式能够盘活东道国的资本存量等。

但是，一些经济学家提出相反的意见。格里芬认为外资流入也可能降低国内储蓄，减少国内投资。这可能是外资流入放宽对进口的限制，增加了消费支出，另外外资对国内投资有替代或排斥作用[151]。美国经济学家利浦西认为，很少有证据证明流入的 FDI 是影响资本形成的重要因素，即对资本形成进行融资并不是 FDI 的主要目的；一国过去的固定资本形成率可能会阻碍 FDI 的流入，而过去的 FDI 占 GDP 的比重极有可能有助于现在的比例[152]。

由于经济学界对 FDI 资本形成的观点不同，为了得到有说服力的结论许多学者开始从实证方面进行分析。伯恩斯坦等人使用

1970～1989 年间发达国家向 69 个发展中国家的 FDI 的数据进行分析发现，FDI 显著地刺激了发展中国家国内资本形成，1 美元 FDI 形式的国际资本形成造成承接地超过 1 美元的总资本形成，后者的增长大约是前者的 1.5～2.3 倍左右[153]。瑞森通过对东亚和拉美国家吸引 FDI 的研究，得出外商在东亚地区的直接投资主要采用绿地投资的方式，直接建立企业，扩大了的投资规模，增加了东亚地区的总产量；在拉美，外商主要采用并购等方式进行投资，对拉美这些国家来说虽然盘活了资本存量，但是并未形成新的生产能力[154]。法国学者路易斯对 1970～1990 年间 32 个 OECD 国家和非 OECD 国家的 FDI 流入与国内资本形成以及经济增长的关系进行了考察，发现 FDI 对国内资本形成和经济增长的影响更多地依赖于国内投资和 FDI 的替代程度和互补程度，并且投资国与东道国经济水平的差距也起到重要作用[155]。安格森和梅尔运用面板数据考察了非洲、亚洲和拉美 1978～1996 年 FDI 对国内投资的影响，并把 19 年的时间划分为 1976～1985 和 1986～1996 这两个阶段进行比较研究。研究发现：亚洲和非洲国家的 FDI 对国内投资有很强的挤入效应，但在拉美则对国内投资有很强的挤出效应。这说明 FDI 对国内投资的影响并不总是有利的，对 FDI 采用简单的经济政策可能达不到最优的效果[156]。

由于 FDI 对资本形成受各种因素的影响，FDI 对不同国家国内资本形成的影响也存在较大的差异。从 FDI 对中部地区资本形成的作用机制来看，其影响可以概括为以下两个方面。

（1）FDI 对中部地区资本形成的直接作用。FDI 采用绿地投资，增加了中部地区的储蓄，又增加中部地区的投资规模；通过并购中部地区的企业，盘活了资本存量；投资的进入通常会引致追加或辅助投资。但是 FDI 对中部地区投资可能产生挤出作用。

（2）FDI 对中部地区资本形成的间接作用。通过前向和后向关联的乘数效应，使中部地区的投资进一步扩大；刺激中部地区资本市场发育，提高资本形成效率。但是这些投资挤占了国内企业的市场份额，造成国内企业减产，投资锐减。

三、FDI对中部地区资本形成的实证分析

(一)模型的设定

为了进一步检验FDI与中部地区资本形成之间的关系,这里借鉴Agosin和Mayer构建的国内投资方程构建一个计量模型。

中部地区总投资等于来自国内投资和来自国外的投资之和,即

$$I_t = I_{h,t} + I_{f,t} \tag{1}$$

国外投资可以作为FDI的一个线性函数,通常FDI的流入到形成实际投资有一个时滞,中部地区吸收的FDI并不会在当期全部转化为I_f。因此,I_f既受当期的FDI的影响,又受FDI前期(t-1,t-2年)的影响。

$$I_{f,t} = \lambda_0 F_t + \lambda_1 F_{t-1} + \lambda_2 F_{t-2} \tag{2}$$

对于中部地区来说,FDI主要取决了世界经济的发展状况以及跨国公司的经营战略,因此可以将它看作为一个外生变量。国内投资受多种因素的影响,假定中部地区国内投资的数量$I_{h,t}$主要取决于最优资本存量$K^e_{h,t}$与实际的资本存量$K_{h,t}$之间的差距,即

$$I_{d,t} = \mu(K^e_{h,t} - K_{h,t})(\lambda < 1) \tag{3}$$

假定最优的资本存量$K^e_{h,t}$正相关于预期的经济增长率g^e_t、实际产出与潜在产出差y_t,则有下式成立

$$K^e_{d,t} = \varepsilon_0 + \varepsilon_1 g^e_t + \varepsilon_2 y_t(\varepsilon_1、\varepsilon_2 > 0) \tag{4}$$

$K_{h,t}$与$I_{h,t}$满足以下动态关系:

$K_{h,t} = (1-\delta)K_{h,t-1} + I_{h,t}$其中$\delta$为折旧率。　(5)

由(1)-(5)可得

$$I_t = \varepsilon'_0 + \varepsilon'_1 g^e_t + \varepsilon'_2 y_t + \lambda_0 F_t + \lambda_1 F_{t-1} + \lambda_2 F_{t-2} + \mu I_{t-1} + \mu I_{t-2} \tag{6}$$

其中$\varepsilon'_1 = \varepsilon_1 - \mu$、$\varepsilon'_2 = \varepsilon_2 - \mu_2(1-\delta)$

假定$g^e_t = g_t = \varphi_1 g_{t-1} + \varphi_2 g_{t-2}$并代入到(6)中整理可得

$$I_t = \beta_0 + \beta_1 F_t + \beta_2 F_{t-1} + \beta_3 F_{t-2} + \beta_4 K_{t-1} + \beta_5 K_{t-2} + \beta_6 g_{t-1} + \beta_7 g_{t-2} + \upsilon \tag{7}$$

公式中,I为投资率即总投资占GDP的比率;F为FDI流入量占

GDP 的比率;g 为 GDP 的增长率;υ 为随机误差项。在 $\beta_j(j=1,2,3,4,5)$ 显著的情况下,我们可以使用以下系数来测定在长期内 FDI 对国内投资的影响,即

$$\beta = \frac{\sum_{j=1}^{3}\beta_j}{(1 - \sum_{j=4}^{5}\beta_j)} \tag{8}$$

(1)如果 $\beta>1$,$\frac{FDI}{GDP}$每提高一个百分点,就会引起$\frac{I}{GDP}$上升大于一个百分点,说明 FDI 对国内投资产生挤入效应。

(2)如果 $\beta=1$,$\frac{FDI}{GDP}$每提高一个百分点,就会引起$\frac{I}{GDP}$上升一个百分点,说明 FDI 对国内投资的影响是平行的,既没有挤出效应,又没有挤入效应。

(3)如果 $\beta<1$,$\frac{FDI}{GDP}$每提高一个百分点,就会引起$\frac{I}{GDP}$上升小于一个百分点,说明 FDI 对国内投资产生挤出效应。

(二)结果与分析

本书数据为中部地区 1990 ~ 2010 年的,均来源于中国统计年鉴以及中部六省统计年鉴,应用 Eviews 计量经济学软件,得出的结果分为两种情况。见表 7.1。

表 7.1 模型统计结果

	F_t	F_{t-1}	F_{t-2}	I_{t-1}	I_{t-2}	g_{t-1}	g_{t-2}	R^2
结果一	3.241 (2.17)	5.384 (3.87)	−1.596 (−0.34)	0.307 (0.280)	0.263 (0.21)	−0.216 (−0.23)	−0.734 (−0.29)	0.92
结果二	7.759 (1.35)	−2.936 (−1.210)		0.757 (0.12)		−0.624 (−0.13)		0.91

注:表格内括号中的数字是 T 检验值

结果一中的七个变量全部采用,模型的拟合优度比较高,各变量的系数都符合理论预期,但有部分系数不显著。此时,$\beta=16.35>1$。

结果二是去掉三个系数不显著的变量后，重新进行回归，结果比较理想。此时，$\beta=4.83>1$。回归模型中 β 均大于1，由此说明长期内，FDI 在中部地区呈现出挤入效应，推动了国内投资。挤入效应可以从以下两个方面进行解释。

一方面，FDI 进入中部地区主要采取绿地投资的形式，并购投资所占比重还不到5%。除了自身带入的资本以外，FDI 在中部投资办厂对原材料、中间产品的需求间接促进了国内投资。同时，FDI 的进入为中部地区企业提供了模仿学习的机会，竞争的压力促进企业更新设备，增加投资，加强与上下游企业的联系以避免在竞争中被淘汰。另一方面，FDI 充当引入外部有效金融体系的作用。中部地区国内的储蓄高于国内投资，而且这个差距还有进一步扩大的趋势，表明中部地区出现了过剩的资本，不需要吸引外资来弥补资本。事实上，这种现象说明中部地区金融体系缺乏效率，不能有效地将储蓄转化为投资。中部地区企业要想通过银行贷款获得融资就必须拥有实物资产，引进外资后，企业就有足够多的实物资产进行抵押贷款，更容易获得金融资源。中部地区通过吸引 FDI 提高了储蓄向投资转化的效率，从而促进了中部地区投资的增加。

第二节 FDI 对中部地区技术溢出分析

先进技术传播的重要途径往往不是传统的技术转让协议，而是 FDI 的溢出效应，没有技术溢出的产业转移会制约中部地区自身的技术创新和开发。在国际产业转移的过程中，转移企业有意识或无意识地转让或传播先进的生产技术，能够促进中部地区相关企业技术进步，从而能从整体上带动中部地区的技术水平。而中部地区技术水平的提升又可以反向刺激转移企业改进生产工艺，加强 R&D，提高劳动生产率。

一、技术溢出的内在机制

根据 Mac Dougall 的定义，技术溢出效应是指技术拥有方非自愿地提供技术给受让方,而技术拥有方不享有任何回报的现象。Kokko 根据技术溢出效应的效果,将其定义为由于对外投资和转移生产而引起的投资目的地技术或生产力的进步,但投资企业无法获得全部收益的情况。Pinglan 根据技术溢出效应的过程,将其定义为投资企业所拥有的知识伴随原材料的交换或被投资地人才的流动流出而扩散出去的状态。国内学者吴林海认为,技术溢出效应是指对外投资中所包含的知识、技术和管理经验等在非自愿的情况下,通过各种非市场渠道扩散到投资地,促进当地技术进步和生产力的增长,但投资主体无法获取全部收益的无意识的技术扩散效应[157]。严兵认为,技术溢出效应是由于对外投资所包含的人力资本、研发投入等因素通过各种渠道导致技术的非自愿扩散,以及由于投资的进入加剧了与当地企业的竞争,由此促进了当地企业生产率的提高,使当地产生长期经济增长的效应[158]。通过以上的界定可以看出技术溢出效应包含着三个层面的含义:技术溢出的发生是投资企业非自愿的一种行为;技术溢出可以通过各种渠道促进投资地的技术进步和劳动生产率的提高;在技术溢出过程中,投资主体无法获取投资活动所产生的全部收益。

要想对 FDI 技术溢出进行深入细致的研究,就必须对产生技术溢出的内在机制有一个全面的认识。外资企业通过该机制促进中部地区技术的进步和劳动生产率的提高。

(一)示范与竞争效应

中部地区企业可以通过对外资企业生产和管理技术的模仿、吸收和创新,使示范效应成为可能。外资企业由于拥有较高的技术水平和管理经验,往往投资于具有较高收益的技术含量较高的产业。据一项调查显示,绝大多数外资企业使用的是先进和比较先进的技术。相对于国内的技术水平来说,65% 的外资企业使用的技术填补了国内空白,35% 的企业使用的技术在国内属于领先水平,没有一家使用国内一般技术[159]。通过外资企业的示范作用,可以推动中部地区高技术行业的发展。这种技术示范可以促使中部地区的企业利用各种方法,如对产品进行“逆向工程”的研究,或雇佣前跨国公司员工,间接获取生产该产品的技术,并通过边干边学积累经验,增强本地企业吸收技术转移和技术溢出的能力。此外,外商先进的管理和营销技巧也会产生良好的示范效应,使得中部地区的企业获取后发优势,刺激当地企业改变经营现状,提高竞争优势。

外资进入中部地区某些垄断性行业有利于提高效率,优化资源配置。由于这些行业进入壁垒较高,外资的进入可以迫使现有企业提高生产经营效率,形成更加活跃的竞争格局。在新的市场格局下,中部的本土企业或加大研发投入,或采用更高效的技术,或进行制度创新,以降低生产成本增强竞争力。同时,外资企业为了保持其竞争优势,也会提高企业的技术含量。此外,外国投资者之间的竞争也会促进技术溢出。刚开始投资时,外资企业可能使用比较落后的技术,但是随着新投资者的进入,原有的投资者开始使用比较先进的技术,以保持在市场上的竞争优势。

(二)产业关联效应

技术溢出效应可以通过外资企业与当地供应商和客户之间的前后向关联关系表现出来。后向联系是指东道国供应企业向外资企业提供生产所需的原材料、零部件或半成品、零部件和原材料的再加工以及市场营销等服务。前向关联与后向关联类似,外资企业通过出售产品给国内企业的渠道产生与下游企业的联系,这种联系可以创造对当地企业的需求[160]。

有学者认为,通过后向关联可以形成与溢出效应有关的互补性活动。在下述情况下,外资企业本地化采购将有助于提高本土企业的生产效率:外资企业帮助当地较大的供应商建立生产设施;为提高产品质量或推动产品创新向本土供应商提供技术支持;对本土供应商在原材料和中间产品采购方面提供技术和管理方面的帮助;为当地供应商提供培训,并协助管理;为本土供应商寻求新的客户。就前向关联来看,虽然众多产业中技术复杂程度的加深,使得外资企业不断加强与其本土客户的联系,从而导致技术溢出,作用机制与后向关联大致相同。

就我国目前的轿车行业来说，欧、美、日汽车巨头纷纷与我国汽车企业建立合资企业，中部地区湖北东风汽车与国外汽车合资生产轿车，如日产、标志、本田等。由于外商对汽车零配件的品质、规格以及物流要求较高，迫使上游的原材料企业和零配件生产企业改进技术，提高劳动生产率，客观上促进了当地供应商的技术改进，这是后向关联。再看前向关联，外资的大量进入导致国内轿车行业的产能大为提高，为下游的产品销售与服务环节提供了更多更新更高品质的产品，从而刺激和带动了下游的汽车销售与服务以及公路建设等基础设施的发展，创造出新的市场需求。

（三）人力资源流动

在知识经济时代，人力资源是企业最宝贵的资源，外资企业一般采取人力资源的本地化策略。许多外企在我国建立培训基地，对雇员进行多层次有针对性的培训，此类培训可以分为对各级管理人员的培训，对各类专业人员如财务、营销、人事等人员的专业培训，也包括对普通员工的培训等多个层面，针对性很强。培训的形式灵活多样，包括现场传授、举办讲座、外派强化培训，甚至到投资国接受系统教育等。尽管企业高层职务一般由外国人担任，但本地人员的比例会不断提高。当地雇员在外资企业工作期间积累的各种技能，随着他们跳槽或创办公司而产生技术溢出。实践证明，外企对雇员提供培训的形式和数量远远超过本地私营企业，受过培训的雇员的流动是技术扩散的重要途径。

外企所进行的大量研发活动也在某种程度上增强了技术扩散。20世纪90年代以前，跨国企业的研发活动大多在国内进行，90年代之后，为了更好地服务于当地市场，提高企业的竞争力，越来越多的研发活动转移到东道国来进行。外资企业拥有技术、人才和管理优势，研发的效率远高于本土企业。这种研发活动越多，就越容易产生技术溢出。中部地区拥有大量的科研人员和较发达的研发设施，完全有能力吸引更多外企研发中心的进入。

二、技术溢出的约束条件

技术溢出能否最终产生以及溢出的效果如何,要受到诸多条件的限制。

(一)外资企业本身的防范策略

外资企业为了保持技术垄断地位,获取超额利润,会限制技术溢出。外资企业对于不得不转让的技术,通常按照技术层次的高低设置多重防线,首先是专有性不强的成熟技术,然后是较先进的技术,最后才是专有核心技术。在外资参与度较高的计算机行业,虽然国产化的程度较高,但其核心技术 CPU 的制造,至今也没有溢出到国内企业或合资企业手中。外资企业有很多方式控制核心技术溢出,其中最常用的是将核心部件的生产放在母国,不让我国员工接触。即使有些核心部件在我国生产,也一定是由母国派出人员掌控。随着技术的发展,可以把关键技术和核心部件集成在一个模块中,由总部单独提供,在东道国只进行组装。还有员工控制策略,关键岗位的人员由公司总部直接派遣。如在我国汽车合资企业中,虽然双方共同控股,但关键环节如技术、财务、销售等都牢牢地掌握在外商手中。

(二)国内竞争环境

市场竞争的存在与激烈程度是影响跨国公司转移先进技术的主动力,竞争越激烈,技术转移速度就越快,技术溢出的速度就越快。如果国内市场竞争不足,外资企业只需使用较先进的技术就可获得较大的市场份额,没有动力使用最新技术。如果国内企业对外资企业构成较大竞争危险,外资企业就会选择先进的技术来争夺市场。在 20 世纪 80 年代初期,我国为了促进汽车产业的发展,满足国内市场的需要,开始引进外资,大众公司是最早的进入者,由于它在国内市场上没有面临其他企业的竞争,在十几年的时间里只生产桑塔纳一种车型。只是到了 90 年代后半期,随着美国通用与上汽集团成立第一家中外合资汽车研发中心组建合资企业,以及其他跨国汽车公司相继进入中国市场,德国大众才相继引入奥迪、帕萨特、高尔夫、宝来等车型。目前,全球主要的汽车企业都进入中国,我国已经成为世界上第一大汽车市场,同时国内也出现了一批具有自主品牌的汽车企业。Sjoholm在对印尼的研究中发现,越是竞争激烈的行业,跨国公司对当地企业的技术溢出效应越明显[161]。

(三)国内产业政策

国内企业有时也缺乏促进技术溢出的利益推动,造成自身利益与国家利益不一致,这时就需要发挥产业政策的导向作用。一般情况下,跨国公司不会主动把技术转让给国内合资方,而国内合资方作为企业是追求利润最大化的,如果技术溢出和利润没有直接的相关性,则国内合资方就不会有促成技术溢出和吸收技术的内在动力[162]。以我国汽车业为例,国内汽车业巨头如上汽、一汽、东风、北汽等都是走合资路线,以全散件方式或半散件方式在国内组装外国品牌汽车。合资企业的外方通过高价零配件和总利润分成获利丰厚,中方也同样获得高额利润。对于这些合资企业来说,自主创新是有巨大风险的,即使开发成功,利润空间远小于全散件方式或半散件方式,因此它们往往放弃了自主产品开发平台。此时,只有政府的产业政策才能促进跨国公司技术溢出和本土企业自主创新。

日本汽车产业政策为我们提供了一个成功的案例。20世纪50年代初,日本的汽车工业与欧美相比落后几十年,为了促进国产汽车的发展,通产省负责制定出汽车产业政策,共提出三种方案。一是组织国内的技术力量自主开发,但需要相当长的时间,成功的可能性不是很大;二是从欧美聘请技术人员来日本指导开发;三是从国外直接引进轿车生产线和进口零部件,在国内组装生产的过程中学习国外的技术,逐步实现零部件的国产化,直至完全国产化。当时丰田公司选择了自力更生的第一种方案,日产公司选择了引进技术的第三种方案。日本政府通过颁布有关政策、法律等措施,规定各政府机关用车和出租汽车公司必须使用国产车,成功地保护了国内汽车业,丰田公司迅速发展成为日本最大的汽车企业,日产也发展成为具有高度自主开发能力的大型汽车企业。

(四)本土企业技术吸纳能力

外资企业的技术能否溢出,这也与本土企业的技术吸纳能力有很大的关系。当本土企业具有较强的技术吸纳能力和创新能力时,两者之间的技术差距越大,技术溢出的空间就越大;当本土企业吸收能力较弱和缺乏创新能力,两者技术差距过大,技术溢出就难以产生。从这里可以看出技术差距对东道国的技术溢出具有双重效应,如果技术差距过大,尽管可供本土企业模仿、学习的空间较大,但内资企业没有能力吸收这些技术,技术溢出反而不明显[163]。从外资企业与东道国企业的产业关联来看,两者之间建立关联关系是需要有一定的承接平台,如果本土企业达不到一定的技术要求,这些外资企业只能选择进口零配件,技术溢出就无从发挥。因此,中部地区吸引外资的技术并不是越先进就越好,有承接能力的技术才是真正有益的、合适的技术。

三、FDI 对中部地区技术溢出的实证分析

这里把中部地区的工业部门分为内资部门和外资部门,与大多数学者采用的方法一样,把 FDI 作为一个独立的生产要素纳入到内资企业的生产函数中,以此来衡量 FDI 对中部地区内资企业的溢出效应。以 Y_k 表示中部地区内资部门的工业产值, L_k 表示中部地区内资企业的从业人员数,K_k 表示中部地区内资企业的资本存量,K_f 表示中部地区外资企业使用的资本,把 K_f 计入内资企业的生产函数,即外资部门的资本积累对内资部门产值的增加产生间接影响。如果最终外资部门的资本积累提高了内资部门总产值,海外直接投资对中部地区内资部门的技术溢出效应就为正;如果外资部门资本积累降低了内资部门总产量,外溢效应就为负。中部地区内资企业的生产函数可以用以下公式表示为

$$Y_h = F(L_h, K_h, K_f) \tag{1}$$

对上式进行微分可得为

$$\Delta Y_h = H_L \times \Delta L_n + H_k \times \Delta K_h + F_K \times \Delta K_f \tag{2}$$

这里用 Δ 表示增量，用 H_l、H_k、F_k 来表示内资企业的劳动与资本的生产率以及外资企业资本对内资企业的边际生产率，方程(2)两边同除以 Y_k。

$$\frac{\Delta Y_h}{Y_h}=\frac{H_L\times L_h}{Y_h}\times\frac{\Delta L_h}{L_h}+\frac{H_K\times K_h}{Y_h}\times\frac{\Delta K_h}{K_h}+\frac{F_K\times K_f}{Y_h}\times\frac{\Delta K_f}{K_f} \tag{3}$$

$$\frac{\Delta Y_h}{Y_h}=\alpha\times\frac{\Delta L_h}{L_h}+\beta\times\frac{\Delta K_h}{K_h}+\gamma\times\frac{\Delta K_f}{K_f} \tag{4}$$

上式中 α 分别表示内资企业劳动的边际产出弹性，β 表示内资企业资本的边际产出弹性，γ 表示外资企业的资本积累对内资企业的边际产出弹性，γ 的大小反映了外资企业溢出的程度。

由此可以得出中部地区外资溢出效应的回归方程为

$$\frac{\Delta Y_h}{Y_h}=\alpha\times\frac{\Delta L_h}{L_h}+\beta\times\frac{\Delta K_h}{K_h}+\gamma\times\frac{\Delta K_f}{K_f}+\varepsilon \tag{5}$$

根据前面的假设，技术溢出效应反映在 γ 上，如果 γ 为正，外资部门的产出就提高了内资部门总产量，产生正的溢出效应；相反，如果这一项为负，产生负的溢出效应。ε 为随机干扰项。

在建立面板数据模型中，首先要检验模型的设定形式，如参数在所有横截面样本点和时间上是否具有相同常数，如果设定不正确，则会出现错误的结论。本节用协方差分析来检验，用无约束模型和有约束模型的回归残差平方和之比来构造 F 统计量，如果通过 F 检验就完成模型的设定。

检验假设 1 的 F 统计量为

$$F_1=\frac{\dfrac{(S_3-S_1)}{[(n-1)(K+1)]}}{\dfrac{S_1}{[nT-n(K+1)]}}\sim F[(n-1)(K+1),n(T-K-1)] \tag{6}$$

检验假设 2 的 F 统计量为

$$F_2=\frac{\dfrac{(S_2-S_1)}{[(n-1)K]}}{\dfrac{S_1}{[nT-n(K+1)]}}\sim F[(n-1)K,n(T-K-1)] \tag{7}$$

在公式(6)、(7)中,S_3、S_2、S_1 分别是采用变系数模型、变截距模型和混合回归模型估计的残差平方和,n 是截面样本点的个数,T 是时序期数,K 是除截距项外的等待估计参数(斜率)个数。

假设1:截距项 λ 和斜率 α、β、γ 在不同的行业样本点和时间上都相同。则

$$\frac{\Delta Y_h}{Y_h} = \lambda + \alpha \times \frac{\Delta L_h}{L_h} + \beta \times \frac{\Delta K_h}{K_h} + \gamma \times \frac{\Delta K_f}{K_f} + \varepsilon_{it} \tag{8}$$

$$(i = 1, 2, \cdots n; t = 1, 2, \cdots T)$$

假设2:截距项 λ 和斜率 α、β、γ 在不同的行业样本点和时间上都相同,但截距项 λ 不相同。则

$$\frac{\Delta Y_h}{Y_h} = \lambda_i + \alpha \times \frac{\Delta L_h}{L_h} + \beta \times \frac{\Delta K_h}{K_h} + \gamma \times \frac{\Delta K_f}{K_f} + \varepsilon_{it} \tag{9}$$

如果检验接受了假设1,则没有必要进一步的检验假设2;如果拒绝了假设1,则应进一步检验假设2,如果两者都被拒绝,那么最终应采用下面的公式进行回归,即

$$\frac{\Delta Y_h}{Y_h} = \lambda_i + \alpha_i \times \frac{\Delta L_h}{L_h} + \beta_i \times \frac{\Delta K_h}{K_h} + \gamma_i \times \frac{\Delta K_f}{K_f} + \varepsilon_{it} \tag{10}$$

$$(i = 1, 2, \cdots n; t = 1, 2, \cdots T)$$

公式(8)在横截面上不存在个体影响和结构变化,普通最小二乘法估计得出 α 与 β 的一致有效估计,这相当于将多个时期的截面数据放在一起作为样本数据。公式(9)是变截距模型,在横截面上个体影响不同,可分为固定影响和随机影响。公式(10)是变系数模型,既存在个体影响,又存在结构变化。

模型所需要的数据均来自中部六省 2003 ~ 2009 各年的统计年鉴和中国统计年鉴。由于各行业吸纳外资存在较大差异,同时部分数据缺失,但这对总体的预测效果影响不大。K_f 选取的是行业内三资企业的总资产,Y_k、K_h、L_h 是通过行业内全部国有及规模以上非国有工业企业的指标减去行业内三资企业相对应的指标得出的。

利用 Eviews6 软件估计出面板变系数模型、变截距模型和混合回归模型的残差平方和,然后得出 F_l、F_2 的统计值。

对前面提到的协方差进行检验,结果为

$$F_1=\frac{\dfrac{(S_3-S_1)}{[(n-1)(K+1)]}}{\dfrac{S_1}{[nT-n(K+1)]}}=0.0498$$

其中 $S_3=122.834$、$S_1=115.436$、$n=28$、$K=3$、$T=7$。

$F_1=0.0498<F_{0.05}(108,84)=1.32$。

因此接受假设1,即中部地区内资工业部门各行业产出的相关影响因素在截面和时间序列上表现出相当的一致性。应该采用公式(8)进行回归,结果为

$$\frac{\Delta Y_h}{Y_h}=0.10528+0.35176\frac{\Delta L_h}{L_h}+0.48753\frac{\Delta K_h}{K_h}+0.012746\frac{\Delta K_f}{K_f} \tag{11}$$

$$t=(0.58634)(7.87563)\quad(15.47631)\quad(0.83524)$$

$R^2=0.91437$,调整后的$\overline{R2}=0.89854$,$F=251.326$,$DW=1.79563$。

回归结果显示模型的拟合效果较好,能够反映外资对中部地区内资各个行业部门的技术溢出。DW的检验值为1.79563,接近于2,模型基本上不存在序列相关性。2002~2008年进入中部地区的外资企业对内资工业各行业产生了正的溢出效应。外资的资本积累每上升1个百分点,可提高中部地区内资工业部门产出0.012746个百分点。FDI不仅增加了中部地区的资本供给,而且还提高了资金的使用效率,成为推动中部地区经济快速发展的重要力量。尽管FDI对中部地区内资企业产生了正的溢出效应,但其作用相对于内资工业部门劳动、资本的产出弹性来说还比较小。劳动力和资本是影响中部地区内资制造业工业企业产出的主要因素,它们的贡献率较大,而且相当显著,投资每增加1个百分点,可带动中部内资工业部门产出增加0.35176和0.48753个百分点,说明中部地区内资的要素利用率较高。

从以上分析可以看出,FDI的技术溢出效果还不是很理想,原因

主要有以下几个方面：

第一，跨国企业的目标和中部地区的地方政府目标不一致性。中部地区引进 FDI 的目的是在弥补建设资金不足的同时，又要引进国外先进技术，加快地区产业升级，而 FDI 的主要目的是利润最大化，以增加销售收入和降低生产经营成本，因此缺乏技术转移的动机。

第二，技术进步存在一定滞后。首先外资企业所带来的先进技术并不能迅速融入中部地区的生产条件、市场环境，这些企业首先需要一定的时间培训员工、改造技术；另外，中部本土企业对外资企业先进技术的吸收、消化也需要一个过程，但中部地区企业的资本实力、技术水平、管理水平与外资企业之间存在较大的差距，不能及时消化这些新技术，这些都影响了外资企业技术的扩散。

第三，从中部地区外资来源角度来看，香港、台湾等东亚地区是主要来源地，投资领域主要集中于纺织、服装、玩具等劳动密集型产业，主要是利用大陆的廉价劳动力，生产的产品以出口为主。因此，这些外资企业使用的技术层次较低，对中部地区企业的示范作用以及技术的扩散作用都较小，所以产生技术溢出的可能性就比较低。

第三节　FDI 对中部地区产业结构影响分析

中部地区与东部地区经济发展中的差距，表面上是两区域增长速度的差距，深层次反映的是两区域在产业结构方面的差距。中部地区要实现跨越式发展，就需要借助 FDI 促进产业结构由低级向高级演进。

一、影响产业结构的因素

影响产业结构升级的因素包括社会需求、科技进步、资源供给、制度安排。社会需求是产业结构升级的市场导向；技术进步是产业结构升级的直接动力；资源供给是产业结构升级的物质基础；制度安排是产业结构升级的体制保障。产业结构的变化不是孤立的，任何影响经济发展的因素都有可能引起产业结构的变动。

(一)供给因素对产业结构变动的影响

供给因素包括自然条件和资源禀赋、劳动力、资金、技术等,这些因素的变动往往会引起产业结构的变动。

自然条件和资源在一定程度上决定区域经济增长和产业结构的变动。自然资源状况和产业结构的形成有着密切联系,自然资源丰富的地区,往往容易形成资源开发型的产业结构。由于自然资源禀赋是经济发展的基础因素,是人力因素难以改变的,因而它对产业结构的形成和升级存在较大的制约作用。但在全球化的背景下,资源短缺的地区可以借助技术和进口来克服资源的不足。

劳动力作为主要的生产要素,它的数量和质量会对产业结构的变动产生重大影响。在我国中部地区,劳动力资源比较丰富,劳动力供大于求,安排剩余劳动力就业已成为政府制定长远规划时的一大压力。在就业的压力下,中部地方政府将会重点发展劳动密集型产业。在我国东部发达地区,劳动力供给数量相对不足,当地政府会限制劳动密集型产业发展,重点发展资金密集型和技术密集型产业。

货币资金既是企业经营的第一推动力和持续推动力,也是产业形成与发展的第一推动力和持续推动力。货币资金供应对产业结构变动的影响,一方面从资金总量的角度分析即资金的充裕程度对产业结构的影响,另一方面从资金投向角度分析即资金对不同产业结构的影响。

技术作为第一生产要素,是产业结构升级的直接动力。技术进步可以改造传统产业,使传统产业生产更加现代化;技术进步可以不断形成新的产业;技术进步的非均衡性使新兴产业取代传统产业,实现产业结构的升级;技术进步可以提高劳动生产率,劳动生产率越高,从事劳动密集型产业的劳动力就越少,转移出来的劳动力会从事第三产业,随之而来的是产业结构的进一步优化[164]。

(二)需求因素对产业结构变动的影响

社会需求的变化影响产业结构的优化和升级,它主要包括消费需求和投资需求。

消费需求变动与人口数量、人均收入水平、经济发展水平、技术水平等因素密切相关,既有总量的增长,又有结构的变化。从总量的角度来看,人口数量的增加和人均收入的提高都会扩大消费需求;从结构的角度来看,消费需求结构会影响生产结构和供给结构,从而引起产业结构的变化。消费需求结构包括个人消费结构、中间需求和最终需求的比例、消费和投资的比例等几个方面,个人消费结构对产业结构影响最大,它既直接影响最终产品的生产规模和生产结构,又间接影响中间产品的需求和结构。投资是企业扩大再生产和产业扩张的一个重要条件。新投资形成的新产业会改变原有的产业结构;部分投资的产业会比未投资的那部分产业以更快的速度发展,从而影响原有产业结构;对全部产业的投资,投资比例不同,会引起各产业发展程度的差异,导致产业结构的相应变化。因此,政府可以采用一定的投资政策,通过调整投资结构达到调整产业结构的目的。

(三)国际贸易因素对产业结构的影响

国际贸易打破了国界,促进了资源、产品、劳务在全球范围内的流通,它主要是通过出口本国产品刺激需求增长和进口外国产品增加供给来影响产业结构的。出口资源、商品和劳务可以推动国内相关产业的发展;进口国内紧缺资源,可以弥补国内生产该类产品的产业不足;进口新产品、新技术有利于培育出新的消费群体,开拓国内的市场。国际贸易是建立在比较优势理论基础之上,一国的资源禀赋、资本、技术状况以及其他生产要素的变动,比较优势也会发生相应变化,进而通过进出口结构的变动来影响国内产业结构[165]。对于发展中国家来说,有些产业在发展初期并没有优势,但这些产业有潜在的要素禀赋,一旦有外部力量的推动如政府的扶持,该产业就会进入快速发展期,拥有比较优势。

二、中部地区 FDI 的产业结构

近年来,FDI 在中部地区发展速度很快,各产业利用 FDI 存在巨大的差异。在表 7.2 中,2010 年中部六省第一产业中利用 FDI 居中部地区前两位的是江西和湖南;第二产业中利用 FDI 居中部地区前两位的是河南和湖南;第三产业中利用 FDI 居中部地区前两位的是湖北和河南。

表 7.2 2010 年中部利用 FDI 按产业类别分类

中部地区	FDI 万美元	第一产业 万美元	比例%	第二产业 万美元	比例%	第三产业 万美元	比例%
湖南	518 441	35 864	6	432 949	84	49 628	10
湖北	405 015	4 544	1	263 574	65	136 897	34
江西	510 084	53 861	11	358 863	70	97 360	19
安徽	501 446	4 035	1	370 462	74	126 949	25
河南	624 670	24 261	4	452 222	75	130 029	21
山西	100 301	1 313	2	63 594	63	35 392	35

注:山西统计年鉴给出的是合同利用海外直接投资额,其他五省均为实际利用海外直接投资额

资料来源:根据中部六省 2011 年统计年鉴计算整理

对于第一产业,中部地区一直把它作为引资的重点领域,但与第二产业和第三产业相比,它利用 FDI 所占比例还较低,存在很大的发展空间。2008 年我国中部地区农业引进 76 家外商投资企业,占全国新设外资企业 16.2%;中部地区农业实际利用 FDI 金额 0.52 亿美元,占全国实际利用 FDI 的 9.5%,其中江西新设外商投资企业 39 家,实际利用 FDI 0.25 亿美元,居中部地区首位。中部地区林业新设外资企业 28 家、实际使用 FDI 金额 0.54 亿美元,分别占全国新设外商投资企业和实际利用 FDI 金额的 31.1% 和 31.2%,其中湖南新设外商投资企业为 10 家,实际利用 FDI 金额 0.29 亿美元,居中部地区首位。中部地区牧业新设外商投资企业 33 家、实际利用 FDI 金额 0.12 万美元,分别占全国实际利用 FDI 金额的 24.44% 和 11.08%,其中湖南居中部地区首位。中部地区渔业新设外商投资企业 12 家、实际利用 FDI 金额 350 万美元,分别占全国新设外商投资企业和实际利用 FDI 金额的 13.19% 和 3.06%,其中湖南实际利用 FDI 金额

169 万美元，居中部地区首位[①]。尽管中部地区第一产业利用海外直接投资比重和相对规模都比较小，但是随着众多有实力的外资公司进入中部地区，为中部地区第一产业特别是农业带来了先进的生产技术和优良品种，通过示范和溢出效应，推动了中部地区农业全面的技术进步和产业升级。同时，这些企业积极开拓国际市场，为蔬菜、水果等农产品进入国际市场创造了有利的条件，并成为中部地区农业出口创汇的主体。

中部地区 FDI 的产业主要集中在第二产业，特别是制造业、房地产业、电力、燃气及水的生产和供应业。从 1997～2008 年间，中部地区这三个行业实际吸收 FDI 金额占中部地区实际使用 FDI 金额的比重分别为 55.5%、14.7% 和 8.4%，其比重和达到 78.7%。中部地区的居民服务和其他服务业也吸收了较多的外资，实际利用 FDI 金额占中部地区实际使用 FDI 的比重为 5.23%。以上四个行业领域实际吸收 FDI 额占中部地区实际利用 FDI 额的比重高达 83.9%。以湖南省为例，2000 年以来，外商投资领域不断扩大，但仍以制造业、房地产业为主，部分 FDI 投向了基础设施、批发零售住宿餐饮业、农林牧渔业、居民服务和其他服务业、租赁和商务服务业等行业。湖南在 2001～2007 年间，制造业和房地产业的 FDI 有 86.9 亿美元，占 68.5%；电力、燃气及水的生产和供应业的 FDI 有 8.3 亿美元，占 6.6%；居民服务和其他服务业的 FDI 有 5.7 亿美元，占 4.5%；批发零售住宿餐饮业的 FDI 有 5.5 亿美元，占 4.3%；农林牧渔业的 FDI 有 5.0 亿美元，占 4.0%；建筑业的 FDI 有 4.6 亿美元，占 3.6%；租赁和商务服务业的 FDI 有 2.8 亿美元，占 2.2%；采掘业的 FDI 有 2.5 亿美元，占 2.0%[②]。

从国际范围来看，服务业投资已经成为国际直接投资的主流，并以金融保险、信息、咨询等新兴行业为主。目前，我国中部地区仍以

---

① 以上数据见商务部网站中的中国投资指南

② 湖南统计局网站. 外商投资在湖南经济增长中的作用日趋明显，2008－06－10

传统的房地产、商务服务业为主，通信、邮电等基础性产业和金融保险、广告咨询、信息、科技等新兴产业发育不足，所占比例较低，加快发展中部地区新兴服务业，将会改善中部地区的市场和投资环境，有利于提升区域经济实力，符合中部地区产业结构调整的基本目标。

三、FDI 对产业结构的影响的实证分析

产业结构的变化可用许多指标来衡量，本节用三大产业结构比例来衡量中部地区的产业结构变化。用 $PGDP(i)$ 来表示中部各省的三大产业的产值在 GDP 中所占的百分比来衡量产业结构变化，由于第一产业利用 FDI 较少，本文主要考虑第二产业和第三产业利用 FDI。

资本供给影响产业结构，可以采用中部六省 FDI 在六省 GDP 中所占百分比来衡量外资引进的规模，用 PK_F 表示。人力资本也影响产业结构，中部地区人力资本存量 H 越高，技术吸收能力就越强，对产业结构影响就越大，可用六省大中专院校的每万人在校学生数来代替人力资本存量。对于中部地区来说，不同类型的外资企业对产业结构产生不同的影响，可以用 PJV、PCE 和 PFE 来分别表示合资企业占 FDI 的百分比、合作企业占 FDI 的百分比和外商独资企业占 FDI 的百分比。随着中部地区的进一步开放，贸易额快速上升，出口开始影响中部地区产业结构，可以采用 PEX 表示中部六省的出口额占 GDP 的百分比（数据来自 1996－2010 中部六省统计年鉴和中国统计年鉴）。

由以上分析可知，可以采用 PJV（PCE、PFE）、PK_F、H、PEX 为解释变量，用 PGDP(i) 为被解释变量来分析产业结构的变动为

$$PGDP(i) = c_0 + c_1 PJV + c_2 PK_F + c_3 H + c_4 PEX + u \quad (1)$$

$$PGDP(i) = c_0 + c_1 PCE + c_2 PK_F + c_3 H + c_4 PEX + u \quad (2)$$

$$PGDP(i) = c_0 + c_1 PFE + c_2 PK_F + c_3 H + c_4 PEX + u \quad (3)$$

以 PJV、PK_F、H、PEX 为解释变量，以 PGDP(2) 为被解释变量，应用 EVIEWS 软件的随机效应模型进行回归，得到以下结果，即

$$PY(2)=0.4308-0.0005PJV+0.0367PK_F-0.0007H+0.0108PEX \quad (4)$$

（18.7214）　（−1.8970）　（2.1859）　（−0.0850）　（2.1026）

$R^2=0.7859$、$\overline{R2}=0.7534$、$F=12.3168$。

对于合资企业来说，从回归结果方程(4)可以看出，由于 PK_F 的系数为 0.0367 通过了显著检验，表明 PK_f 每上升一个百分点就可以提高 PGDP(2)0.0367 个百分点；人力资本存量 H 和 PJV 的系数极小，且极不显著，说明合资企业比例的变化对产业结构影响很小；出口对第二产业有明显的正向作用。

以 PCE、PK_F、H、PEX 为解释变量，以 $PGDP(2)$ 为被解释变量，应用 EVIEWS 软件的随机效应模型进行回归，得到以下结果，即

$$PY(2)=0.4800-0.00006PCE+0.0156PK_F-0.0012H+0.0048PEX \quad (5)$$

（8.4826）　（−1.2450）　（2.2419）　（−2.3150）　（0.5728）

$R^2=0.7758$、$\overline{R2}=00.7363$、$F=11.5978$。

对于合作企业来说，从回归结果方程(5)可以看出，PK_f 的系数为 0.0156 通过了显著检验，表明 PK_F 每上升一个百分点就可以提高 PGDP(2)0.0156 个百分点；人力资本存量 H 和 PCE 的系数极小，且极不显著，说明合作企业比例的变化对产业结构影响很小；出口对第二产业有明显的正向作用。

以 PFE、PK_F、H、PEX 为解释变量，以 $PGDP(2)$ 为被解释变量，应用 EVIEWS 软件的随机效应模型进行回归，得到以下结果，即

$$PY(2)=0.3945+0.0007PFE+0.0121PK_F—0.0003H+0.0130PEX \quad (6)$$

（18.9304）　（1.8457）　（2.1739）　（−1.1856）　（2.2143）

$R^2=0.8723$、$\overline{R2}=0.8378$、$F=25.2778$。

对于独资企业来说，在方程(6)中，PK_F 对第二产业有明显的正向作用；人力资本存量 H 的系数为负，中部地区人力资本存量对产业

结构的影响为负，这可能是中部六省的大中院校毕业生不在本地区就业，流向了东部沿海城市，这并不能真正反映中部地区的人力资本状况；与方程(4)及方程(5)相比，方程(6)中 *PFE* 的系数为正，尽管较小，但统计上显著，这表明中部地区采取独资方式对产业结构有明显的正向作用，比合资和合作两种方式更能促进中部地区第二产业的发展。

以 PJV、PK_F、H、PEX 为解释变量，以 $PGDP(3)$ 为被解释变量，应用 EVIEWS 软件的随机效应模型进行回归，得到以下结果：

$$PGDP(3) = 0.4308 - 0.0006PJV - 0.0236PK_F + 0.0007H - 0.0108PEX \quad (7)$$

(18.7214)　(−1.8950)　(−4.0739)　(3.6950)　(−2.1026)

$R^2 = 0.7859$、$\overline{R2} = 0.7534$、$F = 12.3168$。

对于合资企业来说，在方程(7)中，PK_F 的系数为负，表明 PK_F 每提高一个百分点就能使 $PY(3)$ 下降 0.0236 个百分点，这可能是由于挤出效应引起的，而挤出效应主要发生在中部地区第三产业；人力资本存量 H 系数为正，表明中部地区教育的发展促进了第三产业的发展；PJV 的系数为负，表明采用合资的方式并不有利于中部地区第三产业的发展；PEX 的系数为负，这可能是因为中部地区的资源为了促进第一产业和第二产业的出口而从第三产业撤出，影响了第三产业的出口。

以 PCE、PK_F、H、PEX 为解释变量，以 $PGDP(3)$ 为被解释变量，应用 EVIEWS 软件的随机效应模型进行回归，得到以下结果，即

$$PGDP(3) = 0.4100 + 0.00002PCE - 0.0244PK_F + 0.0009H - 0.0144PEX \quad (8)$$

(12.0837)　(0.2946)　(−3.2139)　(4.2550)　(−3.5126)

$R^2 = 0.7758$、$\overline{R2} = 0.7363$、$F = 11.5978$。

对于合作企业，在方程(8)中，PK_F 的系数为负，PK_F 每提高一个百分点就能使 $PY(3)$ 下降 0.0244 个百分点，这可能是由于外资的流

入造成的中部地区第三产业挤出效应的；人力资本存量 H 与第三产业的产出呈显著正相关，表示中部地区的教育促进了第三产业的发展；PJV 的系数为负，显示合资企业的方式并不有利于中部地区第三产业的发展；PEX 的系数为负，这可能是因为中部地区出口主要是在第一产业和第二产业，排斥了第三产业的出口。

以 PFE、PK_F、H、PEX 为解释变量，以 $PGDP(3)$ 为被解释变量，应用 EVIEWS 软件的随机效应模型进行回归，得到以下结果：

$$PGDP(3) = 0.4140 + 0.0007PFE - 0.0127PK_F + 0.0006H - 0.0168PEX \tag{9}$$

(18.8264)　(2.1253)　(−4.8736)　(2.1864)　(−3.4135)

$R^2 = 0.7923$、$\overline{R2} = 0.7679$、$F = 16.2178$。

对于外商独资企业，在方程(9)中，PK_F 的系数小于零，表明 PK_F 与 $PGDP(3)$ 负相关，PK_F 每上升一个百分点就引起 PY(3) 下降 0.0127 个点，这可能是外资对中部地区第三产业产生了挤出效应；人力资本存量 H 的系数大于零，表明中部地区教育的发展促进第三产业的发展；PFE 的系数为正，表明独资企业的投资方式对中部地区第三产业的发展有明显的促进作用。

从以上分析可知，外资对中部地区第二产业存在正向作用，对中部地区第三产业存在负向作用，中部地区在以后的产业承接中，要加大对第三产业的承接力度，从而加快产业结构的升级。人力资本存量对中部地区产业升级没有明显的促进作用，这可能是中部地区人力资源流出引起的，因此中部地区促进产业承接时，必须有足够的人力资本，这样才能加快产业结构的调整。在海外直接投资的三种方式中，只有独资企业对中部地区产业结构有明显的促进作用，而合作企业和合资企业对调整中部地区产业结构没有明显的促进作用。这或许是中部地区投资环境改善，投资者为了保持市场上的竞争力，更愿意把先进的技术和设备投入到独资企业中，由于人力资源流动极强，独资企业比合资和合资企业更容易产生技术溢出，更能促进中部地区产业结构的升级。

第四节 FDI 对中部地区二元经济的分析

一、中部地区二元经济现状

刘易斯认为,发展中国家在经济发展过程中,必然会存在二元经济结构,即传统农业部门和现代化的城市工业部门,传统农业部门落后,但在经济中所占比重很大,现代化部门先进,但在经济中所占比重较小。目前,中部地区存在众多的但较为落后的传统农业部门,农业生产方式较为落后,集约经营和规模经营尚未得到长足的发展,农业以粮食生产为主,畜牧业发展滞后,农产品加工链条短、附加值低,农业产业化发展滞后;城市工业部门的现代化整体水平较弱[166]。因此,转换二元经济结构对于促进中部地区经济发展具有迫切性和重要性。

由于二元经济结构表现为劳动力和产值在传统农业部门和现代工业部门之间的配置,因此可以用两部门的劳动力相对比重和产值比重来衡量,二元经济结构的减小意味着第一产业部门产值比重和就业比重的逐渐降低,而非第一产业部门的产值比重和就业比重逐渐提高。从这种理解出发,可以用比较劳动生产率、二元对比系数、二元反差指数这三个指标来分析中部地区的二元经济结构。

(1)比较劳动生产率,即某个部门产值比重同劳动力比重之间的比率[167]。从国际上来看,第一产业比较劳动生产率小于1,非第一产业比较劳动生产率大于1。两者的变化趋势是,在二元结构消减阶段,第一产业比较劳动生产率递增而非第一产业比较劳动生产率减小,两个部门的比较劳动生产率差距呈缩小化趋势;在二元结构加剧阶段,第一产业比较劳动生产率降低而非第一产业比较劳动生产率提高,两个部门的比较劳动生产率差距拉大。

(2)二元对比系数,又称二元生产率对比系数即第一产业比较劳动生产率与非第一产业比较劳动生产率的比率。二元对比系数越小,就表明两个部门的结构差别越大,二元经济结构就越显著。二元对比系数理论上处于0～1之间，当为0时，表明第一产业比较劳动生产率为0，经济二元性最显著；而为1时，二元经济完全转变成一元经济，经济的二元性消失。发展中国家的二元对比系数通常为0.31～0.45，发达国家一般为0.52～0.86①。

(3)二元反差指数，即第一产业和非第一产业的产值比重与劳动力比重之差的绝对数的平均值。如果反差指数越小，则反差程度越小，二元经济结构就越不明显，从理论上说反差指数的最小值是0，此时意味着二元经济转化为一元经济[168]。

从表7.3可以看出，中部地区的大多数省份2008年第一产业的产值比重最高的是江西，远高于全国平均水平11.3%，只有山西4.4%远低于全国平均水平。中部地区第一产业劳动力比重最高的湖南省，达到49.6%，接近于50%，只有湖北省的第一产业劳动力比重小于平均水平。中部地区的第一产业比较劳动生产率都低于1，并且不超过0.5，非第一产业劳动生产率都大于1，中部地区的大部分省份的二元对比系数较小，远低于发展中国家31～45的平均水平，只有湖南达到这个水平。

表7.3　中部地区2008年二元经济结构的转换程度

项目		全国	河南	湖南	湖北	江西	安徽	山西
产值比重%	第一产业	11.3	14.4	18	15.7	16.4	16	4.4
	非第一产业	88.7	85.6	82	84.3	83.6	84	95.6
劳动力比重%	第一产业	39.6	48.8	49.6	35.4	40.7	44.7	40.6
	非第一产业	60.4	51.2	50.4	64.6	59.3	55.3	59.4
比较劳动生产率	第一产业	0.285	0.295	0.363	0.444	0.403	0.358	0.108
	非第一产业	1.469	1.672	1.627	1.305	1.410	1.519	1.609
二元对比系数	%	19.4	17.6	22.3	34.0	28.6	23.6	6.7
二元反差指数	%	49.1	36.8	32.4	48.9	42.9	39.3	55

资料来源：根据中国统计年鉴2009计算整理而得

① 参见维基百科对二元生产率对比系数的解释

二、FDI 对二元经济转型的影响

FDI 给中部地区提供了就业机会,促进了中部地区农村剩余劳动力的转移,促进了中部地区二元经济结构的转型。

(一) FDI 对剩余劳动力的转移起了促进作用

在中部地区,资本缺乏而劳动力非常丰富,外资企业对中部地区最大的贡献就是可以创造新的就业机会。尽管 FDI 的引入会对中部地区的原有产业造成一定的冲击,流失一部分工作岗位,但从中部地区的实际情况来看,外资企业的就业创造效应远远大于其就业冲击效应。外资创造的就业数量除了本企业雇佣的全部劳动力外,还包括通过产业集聚效应衍生出来的上下游企业的劳动力需求。

(二) FDI 拉大了中部地区城市工业部门与农业部门的工资水平

当城市和农村收入水平的差距扩大到一定程度时,就会刺激农村剩余劳动力流入城市部门。虽然 FDI 的投资分布具有明显的不平衡性,表面上看是加大了城乡的不平衡。如果我们能转变思路,利用 FDI 大力吸收中部地区农村剩余劳动力,农业实行规模化生产,就提高农业生产率,这样就弱化中部地区的二元经济结构。农村剩余劳动力移入城市满足了劳动密集型外资企业对劳动力的需求,不仅可以推动中部地区的经济发展,而且促进二元经济结构转换[169]。

(三) FDI 通过提高相关部门的产值来影响中部地区二元经济的转型

外资带来的先进技术,通过溢出效应可以提高中部地区相关产业的技术水平和劳动生产率,从而提高该部门的产出水平。外资在提高第一产业产值的同时也会通过关联作用提高非第一产业的产值。因此,外资对二元对比系数的影响还取决于流入第一产业和非第一产业外资量的对比。

从上面分析可知,外资进入第一产业可以提高第一产业比较劳动生产率,可以促进中部地区二元经济的转型。这是因为,外资流入第一产业可以吸纳第一产业剩余劳动力,降低第一产业的劳动力比重，同时，还可以增加第一产业的产值，提高第一产业产值的比重。外资进入非第一产业特别是劳动密集型制造业和劳动密集型服务业也可以吸纳更多的农村剩余劳动力，降低第一产业的劳动力比重。非第一产业产值的增加，提高了非第一产业的产值比重，这也降低了第一产业的产值比重。因此，外资进入非第一产业对第一产业比较劳动生产率的影响很难判断，这取决于非第一产业吸纳剩余劳动力所产生的效应与对第一产业产值比重所产生的效应的大小，如果前者大于后者，则对中部地区二元经济的转型有促进作用。

三、FDI对中部二元经济的实证分析

针对FDI对二元经济结构的实证分析，有学者认为，FDI的大量流入提供了就业机会，从而促进了农村剩余劳动力的专业，对二元经济结构的作用起到了正面的作用；也有学者（沈坤荣、耿强、魏后凯等）认为FDI区域性特征是地区收入差异的主要因素，FDI流入的同时，我国城乡收入差距有进一步扩大的趋势，二元经济问题也越来越严重。为了验证FDI对中部二元经济的影响，这里借鉴李林的模型[170]。为了消除异方差，方程使用采用对数形式，即

$$\ln DCC = \alpha_0 + \alpha_1 \ln Y_1 + \alpha_2 \ln Y_1' + \alpha_3 \ln K + \alpha_4 \ln F_1 + \alpha_5 \ln F_1' + u \quad (1)$$

在(1)式中，DCC为中部地区二元对比系数；Y_1为中部地区各省第一产业的产值，单位为亿元人民币；Y_1'为中部地区各省非第一产业的产值；K为中部地区各省的全社会固定资产投资；F_1为中部地区各省第一产业吸纳的海外直接投资；F_1'为中部地区各省非第一产业吸纳的海外直接投资；α_4、α_5分别为第一产业和非第一产业的*FDI*对二元对比系数的弹性。F_1、F_1'单位为万美元，可以按照汇率换算成亿元人民币。

利用EVIEWS软件对中部地区六省2002～2008年的面板数据进行回归，采用随机效应模型进行估计，结果为

$$\ln DCC = 5.621 + 0.0542\ln Y_1 - 1.261\ln Y_1' + 0.365\ln K - 0.0006\ln F_1 + 0.162\ln F_1' \quad (2)$$

(17.435)　(11.365)　(−1.261)　(0.089)　(−0.083)　(6.832)

$R^2 = 0.7513$、$\overline{R2} = 0.6928$、$F = 14.6148$

从结果可以看出，中部地区第一产业的产出 Y_1 对二元对比系数的影响呈正向变动关系，它每增加 1 个百分点就能提高二元对比系数 *DCC* 约 0.542 百分点，这与实际相符，中部地区非第一产业的产出 Y_1' 对二元对比系数的影响呈负向变动关系，它每增加 1 个百分点就能使二元对比系数 *DCC* 下降 1.261 个百分点，在其他条件不变的情况下，随着中部地区非第一产业的产出增加，非第一产业的比较劳动生产率提高，二元对比系数自然就会降低。中部地区全社会固定资产投资 *K* 对二元系数的总的影响为正，*K* 每增加百分点就使二元对比系数增加 0.365 百分点。第一产业的海外直接投资 F_1 对二元对比系数的影响比较小，F_1 每变化 1 百分点才引起 DCC 变化 0.0006 百分点，变化较小可以忽略不计，同时统计不显著，这主要是中部地区第一产业吸纳的 FDI 较少。中部地区非第一产业的海外直接投资 F_1' 对二元对比系数的作用比较明显，F_1' 每增加 1 个百分点就使二元对比系数提高 0.162 个百分点，这主要是由于 FDI 进入中部地区的非第一产业降低了第一产业的劳动力比重对二元对比系数的正面作用，要大于其因提高非第一产业的产值比重对二元对比系数产生的副作用，因此，对中部地区二元经济转型有促进作用。

第八章　中部地区加快承接国际产业转移的政策选择

随着投资环境的改善，中部地区承接国际产业转移有不断加快的趋势，但其承接产业转移的数量和质量还不太理想。根据国际产业转移规律，产业转移既有市场“看不见的手”在背后起推力作用，也有政府通过“看得见的手”构建产业发展高点、引导产业转移的拉力作用。因此，中部地区应采取相应的策略，以提升承接国际产业转移的能力。中部地区承接国际产业转移的总体思路应该是：着力发挥中部地区的比较优势，实施有选择的提升式承接新战略。按照科学发展观和主体功能区规划要求，充分发挥中部地区的区位居中、交通便捷、人力充足、能源丰富、市场广阔等优势，以体制机制创新和科技创新为动力，以加强基础设施建设和投资软环境建设为根本，以工业园区建设为重点，通过有选择的招商引资，带动中部优势产业发展和产业结构优化，促进资源可持续利用和生态环境改善，增加社会就业，提高人民生活水平，实现中部地区经济社会又好又快地崛起。

第一节　承接国际产业转移的指导思想和原则

一、中部地区承接国际产业转移的指导思想

深入贯彻落实科学发展观，以促进经济和社会发展为中心，进一步解放思想、与时俱进，进一步深化改革、扩大对外开放，牢牢把握国

际产业转移和促进中部崛起的战略机遇,先行先试,以市场为导向,以自愿合作为前提,着力创新体制机制,着力转变经济发展方式,以工业园区为载体,以培育新兴产业为目标,以优势产业为突破口,提高承载能力,科学承接转移,通过主动承接产业转移,促进主导产业结构升级,努力提高自主创新能力,增强产业竞争力,走出一条高水平的新型工业化道路。

二、中部地区承接国际产业转移的原则

中部地区在承接国际产业转移的过程中,要立足于现实,明确遵循的原则,克服盲目性,把实现科学发展作为出发点。中部地区承接国际产业转移应遵循以下原则。

(一)坚持合作共赢的原则

中部地区政府内部存在着矛盾,这种矛盾是直接竞争的关系。对于产业转移承接地而言,产业转移所能获得的利益是共同的。因此,谁最先获得产业转移,谁就在激烈的竞争中获得优势地位。我们可以利用博弈论来分析两个产业转移承接地政府的竞争情况,多个产业转移承接地政府的竞争情况也适用。假定:

(1)参与博弈的双方是承接地A政府与承接地B政府,两地政府主要目的是承接产业转移转出地的产业,转移的产业是有限的,不能完全满足两地政府的需求。

(2)A政府和B政府是理性的,对产业转移带来的利益是认可的,希望能够通过各种方法来获得产业转移,以获取相应的经济利益、社会效益和晋升资本。

(3)A政府 和B政府的信息是透明的,双方在竞争中所实行的政策是可以相互借鉴。

(4)A政府和B政府在竞争20单位的产业转移效用,且产业的偏好是相同的。

在产业转移初期,A政府和B政府都付出代价2单位的投入,包括基础设施的投资、政策的优惠等,如果A政府为了获取更多的产业

转移,加大政策优惠,这时 A 政府要多付出 4 单位的投入,如果 B 政府要摆脱这种局面,也要付出相同的投入才能重新使产业转移的偏好相同。

如表 8.1 所示,如果 A 政府和 B 政府不采取过度的竞争策略,在产业转移中,由于偏好相同,两地都得到 10 单位的产业转移利益,除去开始付出的 2 单位的成本,两个地方政府都获得了 8 单位的收益。现在假设 A 政府不满足与仅获得这么低的产业转移收益,主动采取了竞争策略,从而获得了足够的竞争力,产业转移效益转移到了 A 政府,从而获得了全部的 20 单位收益,除去付出的 6 单位的成本,最终获得 14 单位的转移收益,而 B 政府没有获得任何产业转移的收益,同时还付出了 2 单位的成本,最终 A 政府和 B 政府的收益矩阵就变成了(14, -2),A 政府获得产业转移的收益远大于初始的 8 单位收益,因此,A 政府倾向于采取竞争策。同理,如果 A 政府不采取竞争措施,B 政府采取了竞争策略,会得到另一个矩阵(-2,14),B 政府最终获得 14 单位的产业转移收益,因此,B 政府倾向于采取竞争策。如果 A 政府和 B 政府都同时采取竞争策略,最终结果又各获得 10 单位的利益,除去用来吸引产业转移的付出的 6 单位的成本,最终的收益矩阵为(4,4)。虽然收益矩阵为 4 明显小于初始的 8 单位的收益,但是相较于不采取竞争策略的 -2 单位的收益来讲,竞争策略是更好的选择,在博弈论上讲,就形成了一种纳什均衡, A 政府和 B 政府最终都采取了竞争策略,收益为(4,4)。这种情况就形成了著名的“囚徒困境”。如果两地持续博弈下去,在招商引资中采取各种优惠政策,就会使招商引资门槛进一步下降,产业转移最终演变成“让利竞赛”的恶性竞争。在这种恶性竞争中,地方政府的收益可能为负,但对于地方政府领导来说,招商引资成功给他们会带来足够的政治资本和晋升条件。

从以上分析看出产业转移承接地直接存在着或多或少的竞争矛盾,如何调和这种矛盾获得双赢是中部地区要注意的问题。

表 8.1　A 政府与 B 政府在承接产业转移的博弈矩阵

A 政府 \ B 政府	不变	竞争
不变	(8,8)	(-2,14)
竞争	(14, -2)	(4,4)

(二)坚持环境良性循环的可持续发展原则

经济发展是以环境的良性循环为前提和保证的。没有环境支持和保证的经济发展是不可能持久的。跨国公司将产业转移到中部,不排除有一部分因当地资源约束和环境约束而内迁,这些产业虽然可以带动中部地区经济的发展,但也会因为转移落后产业、落后生产力而造成中部地区的资源浪费和环境污染。中部地区要按照新型工业化的要求,充分考虑资源和环境的承载能力,制定承接产业转移的门槛,提出承接产业的资源能耗、技术含量以及生态环境标准。《国务院关于中西部地区承接产业转移的指导意见》指出:“产业承接必须符合区域生态功能定位,严禁国家明令淘汰的落后生产能力和高耗能、高排放等不符合国家产业政策的项目转入,避免低水平简单复制。全面落实环境影响评价制度,对承接项目的备案或核准严格执行有关能耗、物耗、水耗、环保、土地等标准,做好水资源论证、节能评估审查、职业病危害评价等工作”[①]。因此,承接产业转移首先必须关注转移产业的环保性问题。对于那些本身就是污染性的产业或没有配套环保治理保障体系的产业,即便是能够带来巨大经济利益的产业也不能承接和引进。

(三)坚持前瞻性原则

中部地区在承接产业转移中,决不能“来者不拒”,或只引进发达地区“外溢”技术。要着眼于长远,根据自身资源、技术特点,直接引进采用最新技术,引进技术含量高、发展前景广的新兴产业,以期实

① 国务院办公厅. 国务院关于中西部地区承接产业转移的指导意见,国发〔2010〕28 号.

现跨越式发展。在此同时，还应考虑技术的适用性问题。因为产业的引入和技术的发展与应用都是有条件的，先进与否是相对而言的，最先进的未必是最适用的，关键要看各地的吸收、消化和创新能力。

（四）坚持经济增长极原则

中部地区在承接国际产业转移时不能采取平均主义和全民招商的办法，要集中力量，选择一定的重点区域和重点产业给予倾斜政策，培养经济发展和招商引资的增长极，使其成为承接产业转移的龙头，对外开放的窗口，从而产生集聚效应，形成自我累积循环机制和自生能力，并对其他产业产生关联带动作用。

（五）坚持产业优化升级的原则

中部地区在承接产业转移的过程中，对产业和技术在考虑适应性的基础上，应坚持产业承接与产业结构和区域布局优化相结合，利用“后发优势”，着眼于产业发展的新趋势，或在引进的企业中使用新技术、新工艺、新设备，或对本地现有产业进行改造、配套和完善，通过在承接过程中创新，加快中部地区产业结构升级步伐。中部地区承接产业转移，要与现有的产业基础和资源优势结合起来，鼓励各地因地制宜，合理确定承接产业转移的目标、措施，引进真正适合发展的项目和产业，防止重复建设和盲目竞争，实现产业的合理布局。

（六）坚持大力提升和发展民营企业的原则

紧密结合中部各省民营企业发展基础，积极承接国际产业转移，促进民营经济跃上新台阶。应以民营企业为着力点，利用其在发展经济合作方面所具有的体制上的灵活性和运作上的高效性，大力承接产业转移中的资金、技术、品牌、管理、营销等生产要素，与民资民力交融汇成强劲的经济发展驱动力，推动中部地区民营经济实现跨越发展。

第二节　中部地区承接的产业选择策略

中部地区承接产业转移机不可失，在承接的过程中，要根据区域内产业的运行规律和产业的发展规律来选择，必须是主动的承接，而不是被动的承接;必须是科学的承接,而不是盲目的承接。必须把承接产业转移与自身产业结构调整、产业升级、推进新型工业化等紧密地结合在一起,通过吸纳发达国家的资金、先进设备、管理方法、经营理念、高新技术和先进适用技术,有利于促进中部地区产业结构的升级。

一、以壮大主导产业为目标的产业承接策略

主导产业是指现代经济增长过程中那些本身有较高的经济增长率而且能带动其他部门增长的产业[171]。主导产业可以通过前后向关联对经济增长发挥主导作用,即能够确实地将其活跃的增长势头、优势的技术创新、卓有成效的制度创新广泛而深刻地扩展到整个经济体系中。主导产业是区域产业系统中的经济主体和骨骼,能否正确选择和培育主导产业是实现区域产业结构合理化的前提和关键,关系到区域经济的整体发展方向和发展速度[172]。对于欠发达的中部地区来说,主导产业的选择更是决定了中部地区在今后发展过程中的命运。中部地区应根据比较优势原则和产业的增长潜力、市场需求、收入弹性等来确定主导产业,发展现代产业体系,提高产业核心竞争力,加快形成具有中部特色的优势产业群。

从表8.2中可以看出,区域主导产业发展存在五个历史阶段,根据中部地区产业发展状况,中部地区主导产业还处在前三个阶段。中部地区的主导产业虽然已经进入第三阶段,但是代表未来发展方向的信息产业在中部地区还没有发展起来,对中部地区经济的推动作用不大。当前,中部地区主导产业主要是有色金属冶炼及压延加工业、交通运输设备制造业、能源业、农产品加工业等。

我国对中部地区经济发展的战略定位是六大基地,即全国商品粮和优势农副产品生产加工基地、能源生产基地、重要原材料生产基地、有竞争力的制造业和高新技术产业基地、劳动力资源开发和输出基地、重要的文化和旅游基地。当前,中部地区在有色金属冶炼及压延加工、交通运输设备制造、能源、农产品加工等领域形成了自身的主导产业群,成为支撑中部地区经济持续发展的重要支柱。同时,这些产业也是中部地区承接国际产业转移的对象,移入的产业必须紧

表 8.2 区域主导产业发展的五个历史阶段

阶段	主导产业部分	主导产业群或综合体
第一阶段	棉纺工业	纺织、冶炼、采矿、交通运输
第二阶段	钢铁工业、铁路工业	钢铁、造船、机械制造、铁路运输、轮船运输及其他相关工业
第三阶段	电力、汽车、化工和钢铁工业	电力、电器工业、机械制造业、化学工业、汽车以及第二阶段产业群各产业
第四阶段	汽车、石油、钢铁和耐用消费品工业	耐用消费品工业、航天、计算机、原子能、合成材料以及第三阶段产业群各工业
第五阶段	信息产业	新材料、新能源、生物工程以及第四个阶段产业群各产业

资料来源:科技部政策法规与体制改革司:《全国区域创新体系建设研究报告汇编》,2005 年

紧围绕壮大这些主导产业,并积极实行差别化的承接政策。这些政策在制定的过程中可以设置差别化的市场准入标准,给予特别的土地、信贷和税收优惠等,鼓励主导产业项目及其相关项目的进入,限制高能耗、高污染、低效益的一般性产业的进入。

对于有色金属冶炼及压延加工业,中部地区依托丰富的有色金属矿产资源,按照有偿使用、市场运作的原则,开放了金属矿产开采权。鄂钢、安钢、株洲冶炼厂、长城铝业、金龙钢业、芜湖钢铁厂等有色金属冶炼企业,通过积极引进在有色金属深加工行业中具有国际先进水平的大型企业,提升了中部地区冶金、机械和有色金属加工业的国际竞争能力和盈利水平,使中部地区成为全球有色冶金和机械工业产品的重要供应基地。

对于交通运输设备制造业,扩大与日本丰田、美国福特等跨国汽车巨头的合作领域和范围,加快发展汽车工业,扩大整车生产规模,形成具有国际竞争力的汽车生产基地,积极参与国际竞争与国际分工。依托东风集团、神龙汽车、长丰集团、郑州宇通、郑州日产、江淮汽车、奇瑞汽车、江铃汽车、昌河汽车等加快对外合资合作和技术改

造，引进国外零部件企业和技术，整合现有零部件企业资源，大力发展汽车零部件产业，提高关键零部件整体竞争能力。对低油耗、低排放的汽车项目的转移和建设，在融资和建设用地等方面可以予以照顾，大力开发节能、环保和新能源汽车，从而形成具有自主知识产权的核心技术和民族品牌的汽车企业。汽车产业是中部地区的支柱产业，各省的发展相互割裂，在战略布局上各自圈地，在品牌发展上各打旗号，在技术研发上各自为战，在经营拓展上缺乏联盟。可考虑建立统一的零部件基地，合理分工，贡献技术和市场，实现中部地区汽车产业的协调发展。

对于能源业，积极引进国际先进技术和有实力的跨国企业，对煤炭行业的重点矿井进行改造，提高安全生产管理及管理水平，提高资源综合开放利用水平，变资源优势为产业优势，促进该行业的可持续发展。建立节能奖励机制和落后产能退出机制，企业单位能耗达到国际先进标准的，给予奖励，严格控制一般性高耗能企业的进入，对火电、钢铁、水泥、焦炭、造纸等行业的落后产能坚决予以淘汰。发展新能源已经成为转变发展方式、调整能源结构的重要选择。

对于农产品加工业，积极争取国家农业扶持项目和农业综合开发资金，吸引外资进入农业产业化的建设，提高农业生产效率，形成一批符合产业布局、有一定规模和市场竞争力的龙头企业群。近年来，中部地区农业产业化有了一定的发展，但农业发展总体上还处在起步阶段，企业效益不高、规模小、资本积累慢、扩大再生产能力不足等问题严重影响着农业产业化的发展。中部地区农业企业可以利用优势资产、优势产品、优秀品牌等对外招商，实现强强联合。例如，以银欣集团、天荣集团、旺旺食品、莲花集团、双汇集团、郑荣集团、丰原集团等为载体，吸纳发达国家的农业集团公司，构建科研、生产、营销体系和经济利益体，对农产品进行深加工，提高农产品的国内外市场竞争力。

中部地区承接国际产业转移必须围绕这些主导产业来进行，打造优势产业集群。按照“主导产业—产业链—产业集聚”的发展思路，充分利用现有产业优势，推动产业链招商，重点引进、培育和壮大与之关联配套的产业项目,吸引更多的资金和人才加入到主导产业集群中来,拉长产业链条,提升产品附加值,促进产业集聚发展,把资源优势、产业优势进一步转化为经济优势,不断提升中部地区综合经济实力。

二、以培育新兴产业为目标的产业承接策略

从中部地区产业发展的现状来看,光电子信息产业、医药生物产业、新能源汽车产业科技含量高,具有一定的比较优势;金融保险业、现代物流业、信息服务业、旅游业等现代服务业的产业成长性良好。中部地区应对这些产业加大政策扶持力度,鼓励跨国公司对这些产业进行直接投资,从而做大做强。

在光电子信息产业,充分发挥中部地区武汉、合肥、长沙、郑州、太原、南昌等大城市科研实力雄厚的优势,发展光电子信息、光机电一体化、新材料等具有比较优势产业,积极招揽跨国公司和国际专业研究机构入驻中部地区,加快武汉东湖高新区及南昌高新开发区、太原高新开发区、长沙高新开发区等国家级高新技术开发区建设,大力发展集成电路、软件和新型元器件等核心产业,重点培育光电通信、无线通信、云计算及网络设备等信息产业群,建设软件、微电子、光电子等产业基地,推动形成光电子产业链。加强高新技术与传统工业的整合,提高传统产业的质量、节能降耗水平和生产效率,提高产业和企业的核心技术水平与竞争力。

在医药和生物产业,中部地区具有丰富的医药资源和生物技术优势,必须加快对医药生产企业的重组联合,积极采用高新技术、先进适用技术,加快对传统医药产业的改造;大力发展现代中药和生物医药产业,着力提高自主研发能力,全面完成企业 GMP、GSP[①] 的改造。重点以中药现代化和生物技术为切入点,采用生物技术、化合物提取和筛选技术、标准化检测技术,促进医药工业的高新技术化,开发有知识产权,能进入国际市场的单一成分、单味或复合药物中成

① GMP 指药品生产质量管理规范; GSP 指药品经营质量管理规范

药。加快中药产业化，构建现代中药工程技术平台，加快与国际接轨，提高中药的国际竞争力和出口创汇能力。

在新能源汽车产业，中部地区具有有较好的发展基础。尽快开展纯电动汽车产业技术创新综合试点，建设纯电动汽车省级重点企业研究院，实施青年科学家培养计划；加大纯电动汽车公共服务领域推广应用力度，鼓励商业租赁模式，积极推动纯电动汽车在景区示范运营；加快充电设施等服务网络建设，加快建设纯电动汽车安全服务体系。

在服务业，中部地区要坚持市场化、产业化、国际化的方向，以新兴服务业为先导、现代服务业为核心、传统服务业为基础，积极拓展生产型服务业，丰富消费型服务业，不断提高服务业在中部地区经济中的比重。放宽外资的准入领域，建立公开、平等、规范的行业准入制度，提高第三产业非公有经济比重，支持服务业的发展。围绕武汉、郑州、合肥、南昌、长沙、太原等中心，完善服务功能，提高服务水平，扩大就业容量，辐射带动中部地区服务业快速发展。强化交通运输、商贸流通、餐饮、公用事业、农业服务等传统服务业的改造提升，提高服务质量和经营效益，大力发展信息、金融、保险以及会计、审计、咨询、法律服务、科技服务等中介服务业，充分发挥服务业对生产的支持作用，促进现代制造业与服务业有机结合[173]。鼓励物流领域的多元化投资，推动铁路、港口、航空与大型物流企业的战略合作，合理配置运输资源，促进多式联运的发展。加快建设公共信息平台和物流法规政策平台，积极推进工商企业的规模化、连锁化经营，分离企业物流职能，逐步形成服务全国的现代物流中心区。

三、以推进城市群发展为目标的产业承接策略

城市是重要的要素集聚区和经济辐射源泉，城市群是促进城市合理分工和拓展功能的有效形式，在促进区域经济增长和推动城镇化进程中发挥着不可或缺的重要作用。由于城市群打破了行政分割，可以建立一个不被行政规则和垄断力量所扭曲的共同市场，能保

证区域内部实现劳动力市场、生产要素市场、资本要素市场和商品要素市场的有效整合，达到区域资源的最优配置。随着城市群规模扩大、产业升级、效益提高、技术进步加快、创新能力增强，它必然对周边地区产生强大的辐射和带动作用，从而成为带动区域经济腾飞的重要增长极。改革开放以来，我国已初步形成了"长三角""珠三角""环渤海"等三大城市群，这些城市群成为经济增长的重要引擎。香港、广州、深圳，上海、北京、天津成了各区域城市群的"领头羊"，而对于中部地区来说则缺乏这样的"领头羊"，无法起到带动和引领中部区域经济发展的作用。

目前，我国面临多个区域发展重点，东部地区要实现新的跨越，西部地区要开发，东北老工业基地要振兴。在中央财力有限的情况下，国家不可能对整个中部地区实行"普惠制"，而应根据具体情况，重点建设若干区域，促进各种要素向这些地区集聚[①]。而构建中部城市群正好可以提升中部地区承接产业转移的能力，使其成为经济发达地区产业转移的区域热土。中部城市群的发展对吸引进世界500强企业和全球行业龙头企业设立地区总部、研发机构、采购中心和产业基地有重要的推动作用。中部地区的发展需要一个世界级的大城市群作为增长极。在没有公认的区域中心的基础上，中部地区应以区域内各中心城市共同市场利益为纽带，建立自由贸易区似的大市场，形成区域协调发展机制，实现中部经济一体化。相对于东部地区，中部地区缺少特大城市的拉动，中部与东部的差距从某种意义上说就是城市群的差距，促进中部城市群又好又快地发展，对加快实现中部地区崛起具有十分重要的意义。目前，中部地区也已经形成了以下六个城市群：武汉城市圈、长株潭城市群、中原城市群、皖江城市带、环鄱阳湖城市群、太原都市圈，其中武汉城市圈和长株潭城市群是全国资源节约型和环境友好型社会建设综合配套改革实验区，山

---

① 江西省社科院课题组：中部地区城市群发展战略构想，中国网，2009－09－16.

西是全国第一个全省域、全方位、系统性进行资源型经济转型综合配套改革的试验区域。目前这些城市群已具有较为明显的资源和产业优势,其隆起带动效应正在凸显,已成为当地经济发展水平最高、投资效益最好的地区。2011年,中部六大城市群生产总值超过5.8万亿元,占中部地区的55%以上。其中,中原城市群、武汉城市圈、皖江城市带均过万亿元,长株潭也在8 500亿元以上。

(1)强化城市群内部产业分工协作,注重产业配套与产业链延伸,促进产业互补发展和错位发展,实现合作共赢。区域中心城市要依托区位、人才、资源等优势和现实基础,在高技术产业、现代服务业等高端产业发展方面率先突破,壮大支柱产业,提升服务业发展水平,促进传统产业向周边城市和小城镇转移和集聚,在周边城市和小城镇推动形成与区域中心城市主导产业配套的加工、生产和制造基地。中部地区各城市应结合已有的产业基础和自身特点,根据比较优势和竞争优势原理,合理确定自己的主导产业,相互错位发展。例如,在武汉城市圈内,构建以武汉为中心,周边城市优势互补、资源共享、市场共通、利益共存的城市圈经济一体化格局。支持武汉增强自主创新能力,重点发展高技术、深加工、高附加值的先进制造业和现代服务业,积极推动轻纺、食品、建材、化工等传统产业向周边城市转移或延伸,把武汉建成为先进制造业基地、发达的交通枢纽和现代服务业中心;咸宁市定位为城市圈的能源基地;黄冈市定位为城市圈内以农副产品加工为主的轻型工业城市和职业教育中心;黄石市是开放的口岸中心城市;鄂州市做中国的药谷;潜江市重点发展盐化工制造业;天门市着力打造全国最大的纺织机械基地、外用药基地和湖北省最大的汽车零部件生产基地;孝感市重点打造成为农副产品加工基地、农贸物流集散基地、旅游休闲度假基地。2009年皖江城市开始以新的眼光审视产业转移。芜湖瞄准自主创新,在奇瑞、海螺等优势企业和产业全面升级、增强“凝聚力”的同时,新兴铸管、三安光电等一大批外来企业提升、集聚;马鞍山围绕“做强钢文章,做小钢比例”,打造新材料、新能源、电子信息、节能环保等新兴产业;合肥、池州、宣城等地把承接产业转移与自主创新、资源优化等结合起来，创新招商引资思路、模式和机制；铜陵围绕打造世界级铜产业中心和发展循环经济，提升产业发展水平，培育接续产业，推进资源型城市转型。

（2）促进中部城市群之间的协调发展。在当前国内经济区域一体化进程中，中部地区的经济联系比较松散，不仅没有出现经济整合的迹象，甚至还出现了背离的趋势。在这种情况下，中部城市群必须加强引导，避免各自为政的局面。首先是促进生产要素在中部地区自由流动，撤销不利于资源、要素自由流动，妨碍企业跨区域投资、商品和服务跨区域供给的地方政策，降低企业的外部成本，提高要素配置的效率。其次是中部各省建立协商对话机制，对区域经济一体化发展策略、跨省重大建设项目规划布局等进行沟通，避免重复建设和同质化竞争，在保证整体利益的基础上化解矛盾[174]。东北包括内蒙古在内的振兴模式是中部地区最好的借鉴样本，四省区就有一个行政首长联席会议，每年四省区的行政首脑都要开一次会议，重要的规划都是由四个省区一起来做，有重要的合作项目也是同时找上级主管部门报批，相互合作共同发展。最后是构建资源共享机制，中部各省要加强统一协调，改进交通运输结构，共建交通设施，共享交通资源，以形成真正的综合交通运输枢纽。中部地区还可以依托信息网络，共享区域内的政务信息、产品供求信息、招商引资信息等，实现信息资源共享。

（3）强化对中部地区中心城市的辐射带动作用，构建大中小城市和小城镇协同发展的现代城镇体系。各城市群需要一个首位度较高的城市中心，这样才有凝聚力和集聚功能，对周边城市经济社会发展的引导带动作用才会不断增强。特大城市和有条件的大城市要进一步增强高端要素集聚、科技创新、文化引领和综合服务功能，充分发挥规模效应和示范带动作用。其他大中城市要立足于既有条件，完善城市功能，增强经济实力，加强协作对接，实现联动发展、互补发展、特色发展和集约发展。同时，要加大对小城市、县城和重点小城镇的支持力度，制定和实施县城规划，优化乡镇布局，提高县域发展水平。因此,中部地区的城市化战略应以大城市为中心,强化武汉、郑州、长沙、太原、合肥、南昌等省会城市的辐射力,把区域内各个地区紧密地联系在一起,构成合理的产业发展链,技术扩散链、市场分工链,促进区域内经济结构的不断调整和升级,培育具有强大竞争力的城市群,使城市的规模效益、聚集效应、辐射效应达到最大化[175],从而推动中部地区经济快速全面发展。

四、以促进自主创新为目标的产业承接策略

历史证明,发展高新技术产业有两条途径可以实现,一条途径是从技术发展到项目,再从项目发展到产品、企业,再发展成产业;另一条是通过大规模的招商引资,承接国际高新技术产业的转移。第一种途径注重"积累",缺点是发展速度较为缓慢;第二条途径注重"引进",缺点是高新技术产业转移是以自身利益为出发点,旨在利用当地的优势资源,一般不转移具有持久竞争力的核心技术。地方政府必在承接国际产业转移的同时,还要鼓励当地企业自主技术研发,在某些关键技术环节上选择"技术跨越",跳过技术的某些中间环节,直接发展一部分具有自身知识产权的高精尖技术,尤其是要采用信息技术来实现要素禀赋结构"跨越式"的提升,从而在国际分工体系中占据有利的地位。

国际产业转移为中部地区改善产业结构和提升产业技术水平提供了难得的机遇,但在承接国际产业转移的过程中,地方政府和企业过分注重引进外资的规模,忽视了技术的学习和创新能力的培养,导致企业创新能力严重不足。中部地区在引进技术的同时,必须鼓励企业自主创新。

中部地区承接国际产业转移,不能简单地把产业和项目搬迁、复制过来,而是要在承接转移的过程中实现产业升级,这就要把承接产业转移和加快自主创新结合起来,在承接中创新,在创新中发展。中部地区在承接过程中创新,坚持承接产业转移与自主创新相结合,才

能在推进产业升级上主动作为，使承接产业转移的过程成为产业结构优化升级、创新能力增强和区域创新优势提升的过程，逐步实现"以市场换技术"向"以竞争求技术" 的转变。

中部地区创新意识比较薄弱，有学者根据新增长模型对中部六省改革开放以来各生产要素对经济增长的贡献进行测算，结论显示中部六省经济增长主要还是依赖生产要素投入和劳动力比较优势的基础上。全社会生产过程中的能源、原材料消耗太高，产品的技术含量和附加值过低，技术对经济增长的贡献不突出。

从表 8.3 可以看出，中部地区全要素生产率的贡献率明显低于全国平均水平。我国经济增长率之所以比改革开放前高，一个重要原因就是全要素生产率大幅提高，因此中部地区要发展，必须转变经济增长方式，使自然资源、物质资本和人力资本均衡发展，从依赖生产要素投入向全要素生产率转变，可以说中部地区经济增长方式的转变最根本的动力就是技术创新。

表 8.3 中部六省全要素生产率对经济增长的贡献 单位：%

指标	全国平均	中部平均	山西	安徽	江西	河南	湖北	湖南
TFP	42.7～45.7	26.4	30.8	28	25.2	19.8	27.4	27.2

注：全要素生产率（TFP）反映物质资本、劳动力、人力资源等要素的使用效率，主要由技术进步因素体现

承接产业转移与自主创新相结合，要围绕产业承接发展重点，通过加快技术创新升级，强化技术创新要素支撑，培育发展创新型企业，积极构建创新服务平台，促进创新要素对接，着力完善自主创新体制机制，优化创新环境，构建开放型区域创新体系，以促进产业结构优化升级。

承接产业转移与自主创新相结合，要促进产业技术创新。应强化示范区产业创新能力，在汽车、机械设备、冶金、化工、家电等优势产业和电子信息、生物、公共安全等高技术产业领域，吸纳一批高端

人才，引进一批先进技术，实施一批重大专项，提升产业关键共性技术水平，在一些重点领域核心技术方面集中力量攻关，形成自主创新技术溢出效应，引领产业集群式承接。

承接产业转移与自主创新相结合，要建设创新服务体系。应努力构建创新服务平台，积极发挥技术创新平台对产业转移的吸纳集聚作用，增强服务功能。支持设立一批国家高（新）技术产业基地。强化创业服务中心、软件产业园、大学科技园等孵化器功能，改善技术研发和产业化条件，面向产业园区，建设完善共性技术研发平台、中试基地、测试中心等公共技术服务平台。应努力促进创新要素对接，加强与长三角等沿海地区的人才、技术、设备等创新要素对接，建立科技资质互认制度，实现创新平台共享。

承接产业转移与自主创新相结合，要完善自主创新体制机制。应致力于优化创新环境，完善企业自主创新激励机制，采取股权激励、期权分配、技术入股等方式，建立鼓励创新的分配制度，落实自主创新优惠政策，加大创新产品政府采购力度。要支持合芜蚌自主创新综合试验区建设。充分发挥科技人才和创新型企业集聚的优势，推动体制机制创新，集聚创新人才，提高创新能力，培育创新型产业。

从韩国承接国际产业转移的经验来看，韩国走过了一条从技术引进、模仿到独自研发、创新的道路，为技术起点低的国家和地区提供了技术升级的模式。中部地区应通过制定科技政策明确技术引进的相关规定。对产业转移中涉及的低档次技术，应以企业自主研发或改良、提升为主；对产业转移中涉及的高层次技术，要鼓励企业尽快吸收、消化，进而实现独自研发和创新。为此，一方面，政府要加大对企业研发的支持力度，鼓励企业组建技术研发中心，促使企业逐步成为技术研发的主体；另一方面，对国内科研院所进行扶持，并与企业一起开展“产学研”一体化建设，实现优势互补，通过本土科学、技术、生产的互动，强化本土研发和创新能力。

第三节　中部地区投资环境建设策略

随着国内外发展背景的变化，特别是西部大开发和振兴东北老工业基地战略的实施，中部地区在产业承接中与它们面临着激烈的竞争，传统优势也越来越缺乏吸引力。为此，中部地区必须进一步改善和提升经济综合发展环境，构建新的服务和支持体系，创造承接国际产业转移的环境优势。投资环境的建设和改善是一项长期性、系统性的工作，中部地区要改善现有的投资环境，继续把改善投资环境作为“生命线”来抓，努力使其由承接基地变为承接热地，从而实现更高层次的承接。

一、加快基础设施建设

比较完善的基础设施建设是产业转移的最重要的保障之一。基础设施建设需要大量的资金，基础设施建设初期投入大，回收期长，当前中部地区基础设施建设的资金渠道比较单一，主要是依靠地方政府投资和银行借贷，中部地区属于欠发达地区，资金缺乏，难以大规模地进行投资，因而基础设施在短期内有较大提高的关键是解决融资问题。为此，要多种方式筹集和落实国内外配套资金，坚持国家、集体、个人、外商一起上的原则，除积极争取中央财政建设资金、国债资金、国际金融组织贷款、国内银行贷款外，还应以转让、出让经营权和产权为突破口，积极吸引海外资金参与基础设施建设，通过 BOT 和 PPP① 的方式吸引外国直接投资参与中部地区的基础设施建设与运营。对电力、交通、城市供水、城市污水和垃圾处理等经营性的基础设施项目，在理顺价格体制、建立灵活的基础设施补偿收费机制的基础上，可按照“谁投资、谁受益”的原则，鼓励境内外资质高、实

① BOT 是 Build-Operate-Transfer 缩写，即建造 - 经营 - 移交；PPP 是 Public - Private - Partnership 的缩写，即公私合伙关系

力强的投资者投资建设新的项目或者购买已建成项目的经营权，推进投资主体和经营主体多元化。

在基础设施建设中，必须做好统筹规划，处理好基础设施内部结构问题，如高速铁路、高速公路以及航空业三方面的关系。避免重复建设，造成恶性竞争，浪费有限的经济资源。建设现代化的综合运输体系，全面提高交通、能源、水利和通讯信息水平。在交通方面，充分发挥中部地区的区位优势，在中央支持下加强铁路主枢纽、公路主骨架、水运主通道建设，着力建设中部地区与其他三大经济区域之间、中部六省之间的综合交通运输大通道，增强中部地区经济的辐射能力，发挥沟通东、中、西，承接南、中、北的桥梁通道作用，服务全国交流。在能源方面，进一步加强中部地区能源建设，改善能源结构，配合国家建设西气东输和南水北调中线工程，加快中部地区用水工程和用气工程，同时积极发展太阳能、核能等新能源。在水利方面，坚持水利与经济社会发展水平相适应的原则，统筹兼顾各行业对水利的需要，科学制定并实施中部地区水利建设总体规划和各大江河流域规划。在通讯信息方面，加快建设中部地区信息基础设施，大力推进信息技术在各行业的应用，用信息技术改造和提升传统产业，普及电子商务，加快电子政务，促进中部地区经济和社会服务信息化。

二、加强工业园区建设

工业园区是承接国际产业转移、加速产业集聚、培育产业集群的主要载体。工业园区是指企业相对聚集，具有比较完善的基础设施和配套服务体系的工业制造生产区域。一个有特色、功能全、环境好的工业园区，不仅是一个地方承接产业转移的重要载体，更是展示一个地方优惠政策、优质服务、优越条件的平台和对外交往的“名片”。改革开放以来，特别是近几年来，工业园区在中部地区得到了迅猛发展，加快了中部地区工业化、城市化的进程，对促进中部地区经济发展和社会进步发挥了重要作用。但也有一些地方缺乏经验，存在认识上的偏差，政策得不到有效执行，在工业园区的建设中出现了一些比较突出的问题。例如，各园区项目之间在原材料、产品的协作关联度不高；土地利用率和集约化程度不高，多征少用、征而不用；工业园区之间存在无序竞争；园区的基础设施投入不足，污水处理、集中供电、供水、供气和信息中心等配套设施明显滞后，管理和服务不到位；人才匮乏，等等。

以上的问题只是表面现象，更深层次的问题是以下几个方面：工业园区功能定位不明，布局不合理，整体规划缺乏；工业园区建设与地方经济总体发展规划分离，园区规划与建设实践分离，缺乏产业政策的有效调控；对进入工业园区的项目结构、规模和技术缺乏有效控制，项目关联度小，产业聚集效应不强，资源贡献度不高；工业园区产业技术层次较低，高新技术项目不多和园区管理体制行政色彩过浓。这些问题严重削弱了工业园区对产业层次提升的带动力和辐射力。因此，中部地区在利用工业园区承接国内外产业的过程中，要科学规划、相互协调和配合，加快形成产业配套体系，加强规范有序的管理，以提高中部地区工业园区的集约化经营水平和产业层次，充分发挥工业园区的辐射和集聚能力。

首先，园区开发建设与中部地区发展规划相一致。一定要把加快工业园区开发建设规划工作作为优化中部地区生产力布局，提高中部地区竞争力的突破口来抓。注重把中部地区经济发展的长期、中期和短期规划相结合，把工业化、城市化、产业化建设发展规划相结合，把环境保护和生态建设规划相结合，明确工业园区产业的功能结构、主导产业和产业发展布局，并且严格实施。工业园区布局同时要体现层次性，以国家级产业基地为龙头，省级开发区为龙身，乡镇工业园区为龙尾的梯度格局。切实增强中部地区各大工业园区自我发展的动力，鼓励园区承接带动力强的大型龙头企业、以大项目、大企业带动产业链的转移，引进配套的中小企业，形成一批主导产业集中、集聚效应明显、竞争势头强，且分工合作、布局合理的工业园区。

其次，园区开发建设与中部地区产业结构优化方向相一致。以优势资源和产业为基础，促进工业园区产业结构的优化和升级，从而提升中部地区的经济实力。注重提升工业园区项目的技术层次，限制高污染企业的进入，控制低技术的劳动密集型企业的引进，建立促进企业技术进步的产业政策;注重改善工业园区项目的主体结构,有条件地鼓励大型企业和跨国公司经营和并购;注重调整目前工业园区产业的组织结构,把发展大公司、大企业、大集团作为当前产业结构重组的主要内容,使园区企业在经营规模、管理水平和技术水平上具备参与国际竞争的实力。

再次,园区开发建设与中部地区园区专业功能定位相一致。专业功能就是工业园区的个性、品牌和发展竞争力,中部地区园区的建设应紧紧围绕特色型、效应型、生态型和创新型。根据中部地区发展规划和区位优势、产业优势、资源优势,科学界定好园区的专业功能定位、产业布局和主导产业、主导产品;根据主导产业和主导产业的前向、后向、旁侧的产业关联性,围绕主导产业和产品的成长、发展和服务,明确工业园区产业吸纳和发展的门类、结构、规模和方向;根据园区规划和相关支持保障措施,调控园区项目的移入和产业延伸,落实环保和生态措施,完善配套服务和基础设施建设;根据产业集聚的发展规律和实际情况,加强中部地区同类产业和优势资源的整合,培植、发展规模优势。通过提升工业园区集约化水平,构架一个主题突出、布局合理、竞争势头强劲、具有较强集聚和辐射效应的工业园区格局。

最后,园区开发建设与中部地区市场化管理模式方向相一致。改革工业园区现有的政府主导模式,引进企业为主体的园区开发管理理念,将工业园区的建设从政府行为转变为市场行为。在园区建设中,坚持谁投资、谁受益的原则,拓宽融资渠道,积极引导开发企业以土地生产力、设施利用率以及地产租赁和销售为业务,以投资土地开发、设施建设、产品和服务的销售为收入,降低政府投资风险,转移投资成本,提高园区运行效率和效益。要充分发挥中介组织在园区公共管理和公益事业中的重要作用,大力推进工业园区的信息化建设步伐,逐渐形成政府调控、市场运作、多元投入、上下联动的开发建设和管理机制,促进产业集聚型园区向产业服务型园区转变,从而形成完备的产业发展综合服务体系。

三、优化产业承接模式和主体培育

企业作为产业转移主体，既代表已有产业的技术水平、经营和管理水平，又将影响承接区域的产业的成长和发展。中部地区作为一个发展中的地区，要发挥好自身的后发优势，实现产业结构的顺利演化和提高，在主体的吸纳、承接和培育上进行适度的调控和干预是必要的。

（一）优化产业承接模式

中部各省近年来承接了大量的劳动密集型产业，加剧了各省产业结构的同构化，导致过度竞争，影响了转移企业的经济效益和整个中部地区经济的持续发展。随着世界科技进步飞速发展，发达国家加速进行产业结构重组、产业升级，中部地区如果不迅速实现产业转移吸纳模式的转换，不扩大对资本和技术密集型产业的引进和吸纳，将难以实现产业结构的转型和升级，难以加速产业结构的高度化和合理化，难以提升区域产业的市场竞争力。

首先要提高转移项目的技术水平。中部各省要适度控制低技术的劳动密集型项目的引进，制定鼓励企业技术进步的政策，对高新技术产业进行扶持。其次，改善转移项目的主体结构。有条件放宽大型企业和跨国公司进入的领域，对跨国公司的兼并活动，只要不涉及关键产业和行业，不危及国家的经济安全，不构成对市场的控制和垄断，在市场进入和控股比例上，都应适当放松。然后，调整现有产业的组织结构，把发展大型企业集团作为当前产业结构重组的重要内容，使之在技术水平、经营规模和管理水平上具有参与国际竞争的实力，以利于吸引跨国公司和国内大型企业的投资和产业转移。最后，实施项目技术的本土化策略。从发展中的经验教训来看，转移企业往往控制着研发、品牌和关键零部件生产技术等核心内容，使当地企业处于分工的底层，类似现象在中部地区和全国各地产业转移过程中极为普遍，对合作企业乃至中部地区整个经济的长远发展都构成了极为不利的影响。

因此，中部地区在国际产业转移承接的过程中，必须走引进→消化→吸收→提高的路子，尽快实现引进企业生产核心技术、零部件配套，以及人才、管理等各方面的本土化，确保产业健康发展和国家的经济安全。

中部地区应多设立承接国内外产业转移示范区。中部地区内部并不是都具备承接产业转移的条件，特别是那些主体功能定位为生态涵养和自然文化遗产保护区域，不适宜大规模推进工业和城市化建设。因此，通过承接产业转移示范区的产业集中布局和高起点、高标准建设，引导和促进沿海转移产业和外商投资向这些地区集中，有利于推动中部地区传统发展方式的转变。除了国家批准设立的皖江城市带承接产业转移示范区外，建议选择中原城市群、武汉城市圈、长株潭城市群等重点发展区域也作为示范区，并抓紧研究制定示范区建设规划。

(二)发展大型企业集团

在全球化背景下，中部地区企业由于规模过小，实力过弱，无力参与国际竞争。在中部地区产业发展过程中，目前的主要问题不是垄断过度问题，而是企业集中化程度过低，规模过小，实力太弱，缺乏竞争力。因此，中部地区应该鼓励和支持企业的竞争、兼并、重组活动，实施大公司、大集团战略，培育和提高企业参与全球竞争能力，积极鼓励和支持企业在更高层次、更大规模参与全球范围内国际竞争活动。具体而言，要以优势产品为龙头，以骨干企业为依托，按照市场机制运作，通过优化资产存量，实施强强联合，组建和壮大一批优势企业集团，进行专业化、规模化生产、经营和销售，提高生产和经营集中度，形成优势企业集群；要选择一批产品有特色、工艺技术较先进的中小企业加以扶持，通过引资、改造和结构重组，整合生产、经营和市场优势，培育一批"小型巨人"；要以技术为纽带，采取资源融合、利益结合、技术整合的方式，对一些专业技术性强的整机和重要零部件企业，融入企业集团化战略中；要加大研发投入，重视科技人才培养，积极促进企业和高校、科研机构及跨国公司的合作研究开发，推进科技与经济建设的融合，大力促进以企业为主体的科技创新，提高企业的核心竞争力。

（三）发展壮大中小民营企业

民营经济显示出旺盛的生命力、很强的竞争力，是推动社会主义市场经济发展的重要力量，是先进生产力的重要承载者，是创造就业机会，提高人民群众收入水平，实现共同富裕的重要手段。承接国际产业转移要充分发挥中部地区民营企业现有的基础与潜力，以民营企业为着力点，利用其体制上的灵活性和运作上的高效性，大力承接国际产业转移的资金、技术、管理、营销、品牌等生产要素的注入，与民资民力融合会成强劲的中部经济发展驱动力，推动经济实现跨越式发展。中部地区要抓住机遇，采取积极的措施，解决民营经济发展中的问题，推动民营经济向规模化、国际化发展。

（1）经营思路归核化。我国许多民营企业在主业的核心竞争力尚未形成的情况下，盲目多元化，尤其是非相关产业的多元化，导致发展精力分散，遭到挫败。中部地区民营企业要吸取教训，在自身发展过程中，走出“战线”过长和盲目多元化的误区，转向经营的归核化。归核化是通过降低企业多元化程度，将企业经营战略的重点放到主营业务上。当前，中部民营企业在发展思路方面必须进一步突出核心业务，实现企业的归核化经营，尤其是对于许多已经盲目多元化的民营企业要大力整合价值链，收缩过长的产业战线，进行“主业回归”和“主业重构”，从而保持自身的核心竞争力。

（2）管理模式现代化。目前，中部地区民营企业绝大多数是家族制企业，尽管家族管理模式具有许多优势，但家族企业具有自身不可避免的缺陷。如家长式决策模式使权力的集中、决策的专断，企业内部管理缺乏制度化、规范化和程序化等。中部地区民营企业要消除家族管理的弊端，必须从外部引入发展所需要的战略性资源，深化公司治理，引入现代治理机制，建立现代企业制度，实现企业内部资源同外部社会资源有效的结合，由“家长式管理”向“现代团队管理”转变。实现这一转变，民营企业必须一要牢固树立“人才兴业”的理念，把人力资源开发放到突出位置，理顺用人机制，加快改革分配制度，采取适应市场经济规律要求的用人之道。既要加强对现有人才的培养开发，使其在实践中增长才干，更好地为企业服务，又要采取优惠政策吸引国内外人才为企业工作。

(3)增长方式集约化。由于资源丰富，中部地区民营企业的经济增长具有高能耗、低技术含量、低经济效益的粗放型增长特点，对资源的粗放利用，使民营企业物质消耗高，结果造成了生态污染和能源短缺。同时，民营企业核心竞争力不强，缺乏核心技术和自有品牌，大多处在全球产业价值链中附加价值比较低的制造环节，产品与服务过于同质化，形成恶性竞争格局。当前，中部地区企业要直面我国民营经济粗放发展面临的诸多问题，更加重视企业发展过程中的资源消耗与环境污染问题，积极转变增长方式，提高民营经济技术含量，提升民营企业的技术创新能力和核心竞争力，快速实现从粗放型增长方式向集约化增长方式的转变。

(4)融资渠道多元化。民营企业融资难问题在中部地区普遍存在，因此要加大对民营经济的信贷资金支持。一是要发展多层次的金融体系和信贷担保体系，为民营企业提供便捷的金融服务，鼓励有实力的民营资本通过收购农信社等方式组建一批民营中小型金融结构，构建大中小银行互为补充的多层次金融体系。此外应设立国有和民营合作的担保体系，以解决民营企业特别是中小型企业贷款担保难的问题。二是建立多元化的资本市场融资机制，为民营企业的金融需求提供机制保障。三是建立适应民营企业特点的信用评级体系，为民营企业的金融需求提供信用依托。各银行和金融机构应扩大对那些业务多、资信好的民营企业贷款额度。

(5)发展战略规模化。目前，我国的中部民营企业集聚侧重于各自为战，孤立经营，企业之间产业关联度不高，企业规模不大，呈现一种分工协作较弱的“企业集聚”。扩张现有企业的规模，加强企业之间的关联，是迅速提高中部地区民营经济竞争力的有效途径。为此，中部地区在坚持“大中小”企业并举的前提下，要积极鼓励拥有特色产品、品牌产品的民营企业要扩大规模，提高档次，尽快做大做强，形成一批综合实力强、具有竞争力的民营企业集团。

（四）培养民营企业家队伍

企业家是企业发展的主要贡献者，是公司制度创新的推动者，同时还是企业文化的倡导者，是企业风险的主要承担者。对于非公有制经济发展来说，企业家形成的制度环境对企业生存与发展起到决定性的作用。与其他地区一样，中部地区民营经济同样面临着管理者素质不高，生产经营层次低、创新能力弱、技术水平低等多种问题。而且与东部发达地区相比，部分问题表现尤为明显，优秀民营企业家严重缺乏。因此，加强对民营企业家的培养可以促进中部地区经济的发展。

首先，要完善民营企业家的选拔机制。一方面要健全民营企业家的评价制度，可根据民营企业的发展状况以及对当地经济的贡献，综合考虑决定企业家自身素质的诸多因素，对企业家作出科学和合理的评价，为民营企业家的选拔提供依据。另一方面要消除家族企业用人的弊端，随着企业规模的扩大，家族式管理弊端不断出现，这严重制约了企业的进一步发展。

其次，要完善民营企业家的培养机制。企业管理者的成长是影响企业发展的主要因素，是否拥有一批市场意识强、经营能力好、能够在市场竞争中立足的经营者，是衡量民营企业是否有发展潜力的重要标准。中部地区民营企业家队伍十分弱小且不成熟。因此，在中部发展中要重点营造企业经营者和企业家成长的良好环境，充分尊重他们的创造性劳动和社会价值，运用市场化的手段，吸引高素质人才充实到这一队伍中，同时为他们提供各种提高能力和水平的机会，从而增强民营企业的竞争力。

最后，要完善民营企业的激励机制。作为中部地区稀缺资源，民营企业家是财富的创造者，是特殊的社会群体。因此，需要完善民营企业家的激励机制，重视民营企业家，提高他们的地位，减少向东部地区流失的现象；通过效益工资、年薪制等措施提高民营企业家的待遇，使民营企业家充分发挥自身潜力，提高企业效益的同时，也使自身经济效益得到保障。

（五）增强企业的创新能力

增强技术创新意识，建立技术创新机制。充分认识在日趋激烈的市场竞争中技术创新能力对企业参与市场竞争具有的强大支撑作用，必须树立以市场需求为导向、以经济效益为中心、以技术进步为手段的企业技术创新理念；建立有利于技术创新的环境和激励机制，实施技术创新成功的激励措施，调动技术人员的积极性和创造性；通过建立技术创新的内在机制，使企业产生通过技术创新来获取利润增长的强烈愿望，自觉地进行技术创新活动。

加大技术创新资金投入，建立多元化的技术创新投入体制。加强企业的自有投入，提高企业科技投入指标，形成以企业科技发展基金、企业专项科技费用等为主要内容的科技投入体系，加大技术创新的投入。建立以政府投入为主，广泛吸收社会资金参股的风险投资公司，支持企业技术创新。

加强“产、学、研”协调发展。加强研发和科技攻关，增强自主知识产权的研发，使企业成为技术创新的主力军。一方面，在企业研究中心的基础上，通过集聚科研人才，建立企业内部技术研发平台，围绕企业主业进行前瞻性的技术研究和项目自主开发。另一方面，与国内外相关高校、科研单位进行合作，寻求领先技术的支撑，通过共同研发、代培人才、有偿使用或转让先进技术等多种形式，提升企业整体技术层次，提高企业竞争优势。

四、改善投资软环境

硬环境的建设如果有足够的资金支持，可以得到很快的完善，但软环境的建设就不是一蹴而就能完成的，它涉及市场制度、政府职能及法律法规的完善等多个方面，而这些方面的改革是循序渐进的。因此，提高中部地区的投资软环境水平是一个较为漫长的过程，中部地区应该长期不懈地进行投资软环境建设。

（一）转变中部地区政府职能，提高服务效率

（1）深化行政管理体制改革，规范政府行为，强化政府经济调节、市场监管、社会管理和公共服务职能，实现政府工作重心由管理向服务转变，由微观控制向宏观协调转变，逐步建立行为规范、运转协调、公正透明、廉洁高效的行政管理体制。将政府行为纳入规范化、制度化、法制化的轨道，为企业的成长发展提供全方位、多层次的服务。集中整顿和规范市场经济秩序，从根本上切实改善产业发展的体制环境、政策环境、法制环境、知识产权保护环境和公共服务环境，为产业转移创造一个公平、高效、透明的发展空间，建立有效竞争的市场秩序，营造良好的投资、创业和发展环境。理顺政府和中介组织的关系，加快社会中介组织的制度创新，扩大社会自我管理的范围，并逐步将一些行政管理职能委托和依托中介组织、民营企业来经营和承担。

（2）提高行政效率，降低行政成本，增强社会服务功能。对外来投资审批和管理的全过程服务，推行“一站式”审批和“一个窗口”服务，切实加强对行政事业性收费和经营服务性收费的管理，彻底清除产业转移过程中出现的乱收费、乱摊派现象，减轻外来投资企业负担，降低企业经营隐形成本。完善对水、电、燃料等公用事业价格和土地有偿使用的管理，降低产业转移的成本风险。加大力量创办和扶持一批中介服务机构，全面提升中部地区法律、会计、审计、资产评估、咨询、金融、保险等机构的服务质量和水平，为产业转移提供规范和全方位的专业化中介服务，促进招商引资向规范化、效益型转变。同时，要强化外商投诉纠纷处理责任制，依法保护外商合法权益，积极了解外资企业生产经营过程中遇到的各种问题并及时解决。

（二）完善现代市场经济制度，扩大市场开放

中部地区现代市场体系建设的基本途径是，以有利于区域经济协调发展为目标，促进生产力发展和人民生活水平的提高；以区域资源共享、合作共赢的理念为指导，促进优势互补；以市场机制为指导，促进区内资源和生产要素的合理配置；以打破区域内部市场封锁和

障碍为手段,促进各种产权流转顺畅和各种商品的自由流动。为此,中部地区现代市场体系应通过制定相应的具体措施来实现。

(1)中部地区要健全要素市场,促进要素在区域内合理流动。促进劳动力要素的合理流动。制度是促进经济要素流动最为重要的变量,政府应通过制定相应的政策、法规规范经济活动行为,保证自由竞争环境的形成。作为最活跃、最积极的生产要素,劳动力自由流动才能发挥我国经济发展的最大优势即人力资本优势。但各地还存在很多制度性障碍,“城乡户口制”等政策规定妨碍了劳动者在各区域和部门之间的自由流动,制约了中部经济的发展。可采用居住地标准来确定居民的户口类型,剥离与户口相配套的社会福利,实现区域内劳动力要素的合理流动,调动劳动者的积极性,促进劳动力要素的合理配置。同时要建立完善的社会保障体系,为劳动力流动免除后顾之忧,进一步促进劳动要素在区域内的最优配置。要促进资本要素的合理流动,大力发展中部资本市场。资本市场可以为中部地区经济发展发挥巨大的融资功能,提高中部地区资本形成能力,减轻财政负担和银行间接融资的压力和风险。同时,资本的流动性能促进商品、劳务和生产资料市场的建立以及价格的形式,进一步加快中部地区市场化的进程。建立高效健全的金融体系,是中部地区资本市场发展的基础,中部地区应努力构建一个包括证券、银行、保险和各类金融机构在内的现代金融体系,以保证为中部资本市场的发展提供多方式的服务。在目前的形势下,应适当降低中部地区在设立商业银行、非银行金融机构等方面对资本金、营运规模等方面的限制,促进中部地区各类金融机构的快速发展。

(2)中部地区要加快建设现代物流网络体系。现代物流网络建设主要包括三个方面:物流基础设施网络、物流运营网络、物流信息网络。应充分发挥中部地区区位优势和日益完善的主体交通网络的作用,争取把中部地区建设成全国重要的商品集散地和商品交易中心。通过资产重组、兼并联合等利益协调方式,加快物流基础设施建设,形成以武汉和郑州为中心,以长沙、合肥、南昌、太原为支撑的中部物流网络体系,整合中部地区物流资源,降低产品的运营和发展成本，提高物流整体运行能力。以一些重要的农业生产基地为支持，建立大型农产品中心批发市场；以一些重要的工业中心城市为依托，巩固和发展一批全国性区域性的大型工业品批发市场；以一些重要的旅游城市为纽带，构建交易额大、现代化管理程度高的消费品市场。通过引进境外知名的物流业巨头整合现有资源，优化配置，来提升中部地区现代物流业的水平，形成一批有较强竞争力的现代物流企业集团。

(3)中部地区要扩大市场开放程度。中部地区要放宽产业的市场准入，减少投资限制，积极推进具备条件的商业、外贸、民航、电信、旅游、金融、保险等领域的对外开放步伐，积极探索教育、城建、咨询、卫生等领域的对外开放，积极鼓励环保、石油、电力、天然气、城市基础设施等领域的对外开放，高度重视保持政策的持续性。大力支持国内外企业对中部地区国有企业的收购和兼并，加速国有经济的战略性调整。中部地区要进一步打破行业垄断和区域封锁，废除阻碍统一市场形成的各种规定，规范市场秩序，保护公平竞争。

中部地区的现代市场体系建设，应从中部地区实际情况出发，贯彻分步实施、依次推进、逐步到位的原则。分步实施，即从较发达的沿江、沿线的中心城市开始，接着向周边地区辐射，构成区域性现代市场体系，最终融入全国统一的现代市场体系。依次推进，即先从低层次的商品流通开始，然后过渡到较高层次的生产要素市场。逐步到位，即先从提高思想认识、转变传统观念、创造环境开始，然后构建基本框架，最终形成现代市场体系。

(三)健全法律法规体系，保护知识产权

中部地区应继续改革传统计划经济制度遗传下来的体制性缺陷，健全法律法规体系，深化行政审批制度改革，加强市场经济制度、现代企业制度的配套体系建设，为新型工业化道路提供制度支持。世界经合组织曾有一项研究表明，吸引外资的政策可以分为基于激励的政策和基于规则的政策。基于激励的政策有其正面作用，但其反面作用往往会导致如税收流失、扭曲市场价格和资源配置、缺乏透明度、易产生腐败等缺陷。因此,中部地区应更注重基于规则的政策,即一切以法律、法规为依据。为此,中部地区应根据自身发展的实际尽快清理那些过时而不能适应形势发展需要的地方性政策法规,参照国际惯例和国内的法律法规,加快制定相关的地方性政策法规,把外资和外资企业的管理纳入规范化、法制化、国际化的轨道。政府部门在今后的引资过程中应按照国家的法律办事,减少不确定性与人为因素。加强宣传,增加涉外法律、法规的透明度,严格执行涉外经济法规和有关政策,切实保证政策法规的统一性和稳定性,对已经制定公布的涉外经济法规和政策必须严格贯彻执行。

通过法律切实保护知识产权是非常重要的。知识产权保护不力是外商认为中国投资环境中存在的最大问题之一。引进外资的目的之一是引进技术,加强知识产权保护不仅是必须履行的作为WTO成员的义务,也是保护投资者权益,吸引海外直接投资尤其是增强跨国公司投资信心、鼓励外商向中部地区转移技术的重要保证。随着招商引资优惠政策重要性下降,加强对知识产权的保护显得日益重要。要完善知识产权保护体系,加大保护知识产权的执法力度,形成自觉保护知识产权的社会氛围,营造良好引资环境。

(四)加强教育支持,普及技能培训

新结构经济学认为,人力资本是一国资源禀赋的组成部分,是经济资源中的核心资源。经济增长是新知识和人力资本相互配合、相互作用的结果,所有那些取得显著经济增长的国家都同时出现了科技的巨大进步和教育培训的大幅增加。教育、培训、健康、这三者作为最重要的人力资本投资,被认为是经济发展最重要的驱动力。中部崛起靠人才,靠人力资源的开发,靠人才战略的实施。中部地区要承接高新技术产业转移就必须发展教育,培育出大量的优秀人才。中部地区要继续加大教育投入,巩固义务教育成果,加快普及高中教育,全面实施素质教育,注重教育与社会实践结合,培养学生的创新精神和实践能力,培养急需的技能人才和创业人才。加强教育国际合作,鼓励社会力量办学,促进民办学校健康发展,形成公办教育和民办教育共同发展的格局，从而为中部地区产业发展，为中部地区经济的崛起和振兴，储备一支规模庞大、门类齐全、结构合理、素质较高的人才队伍。

(1)大力发展职业教育，创办职业技术学院和中等专业技术学校，重点发展中等职业教育，发展多种形式的职业技能培训。改革职业教育培训模式，更新教学内容，推行工学结合、校企合作的培养模式，建立弹性学习制度，促进职业教育和普通高中教育协调发展，提高办学质量。加大高技能急缺人才的培养力度，发展特殊专业和技能培训，根据中部地区制造业、信息业等主导产业、新兴产业发展的需要，重点开展数控技术应用等职业技能培训，为促进中部地区产业结构调整储备实用技能型人才。

(2)支持农民科技培训工作，要结合农业产业结构调整，发展特色农业的需要，制定实施农村实用型人才培养计划，开展针对性强、通俗易懂的农业科技培训，培养一大批懂经营、善管理，能从事专业化生产和规模化经营的新型农民；实施农村劳动力转移培训工程，增强农村劳动力的就业能力；支持企业、大专院校和中等职业技术学校毕业生创办现代农业企业。通过构建现代终身技能教育培训体系，加速劳动者科学技术水平和文化素质的普及与提高，培养一大批高素质的技工人才，为中部地区经济发展赢得人才优势。

参考文献

[1] 姚慧琴.中国西部经济发展报告(2011)[M]. 北京:社会科学文献出版社,2012:4 -5.

[2] 范恒山.解读促进中部地区崛起规划[N].江西日报,2009 -12 -29(B2).

[3] VERNON R. International investment and international trade in the product cycle[J]. Quarterly Journal of Economics, 1966, 80: 190 -207.

[4] DUNNING J. T. location of economic activity and the multinational enterprise: a search for an eclectic approach[M]. PJ Buckley & P. Ghauri. The internationalization of the firm ,1999:61 -79.

[5][83]小岛清.对外贸易论[M]. 周宝廉,译. 天津:南开大学出版社,1987:51 -62;125.

[6] 关满博.东亚新时代的日本经济——超越"全套型"产业结构[M].陈生保、陈青平,译.天津:上海译文出版社,1997:40 -55.

[7] 大西胜明.日本の产业结构[M].东京:青木书店,1999:20 -32.

[8] 牛丸元.日本企业の国际经营行动[M].东京:同文馆,1999:45 -56.

[9] KRUGMAN P. A model of innovation,technology thansfer and the world distribution of income[J]. Journal of Political Eocnomy, 1979,(87):79.

[10] KRUGMAN P. Increasing returns and economic geography[J]. The Joumal of Political Economy,1991,(99):483 -498.

[11] WALZ U. Transport. cost, intermediate goods, and localized growth. Regional Science and Urban Economic, 1996, (26): 671 -695.

[12] PORTER M. The Competitive Advantage of Nations[M]. New York: The Free Press, 1990.

[13] PENNINGS E, SLEUWAEGEN L. International relocation: Firm and Industry determinants [J]. Economics Letters, 2000, 67 (2):179 -186.

[14] BLOMSTROM M. FDI in the Restructuring of the Japanese Economy[R], NBER Working Paper, 2000 No. 7693.

[15] MARKUSEN J K, MASKUS K. General-Equilibrium Approaches to Multinational Firm: A Review of Theory and Evidence[R], NBER Working Paper, 2001 No. 8334.

[16] HEAD, K., RIES J, SWENSON D. Agglomeration benefits and location choice[J], Journal of International Economics, 1995, 38:223 -248.

[17] SMITH D, FLORIDA R. Agglomeration and industrial location: An Econometric Analysis of Japanese-affiliated manufacturing establishments in Automotive-Related industries[J]. Journal of Urban Economics, 1994, 36:23 -41.

[18] ROBERT C, HANSON G H. Globalization, outsourcing, and wage inequality[R]. NBER Working Papers, 1996 No. 5424.

[19] GROSSMAN, HELPMAN. E. Outsourcing versus FDI in industry equilibrium[R]. NBER Working Paper, 2002 No. 9300.

[20] GILLEY K., RASHEED. A. Making more by doing less: an analysis of outsourcing and its effects on firm performance[J], Journal of Management, 2000, 26(4):763 -790.

[21] GEREFFI. G. Commodity chains and regional divisions of labor in East Asia[J], Journal of Asian Business, 1996, 12(1):75 - 113.

[22] ARNDT S, KIERZKOWSKI H. Fragmentation: New production

patterns in the world economy[M]. Oxford: Oxford University Press, 2001:20-34.

[23] 刘易斯. 国际经济秩序的演变[M]. 乔依德,译. 北京:商务印书馆,1984:86-87.

[24] 普雷维什. 外围资本主义——危机与改造[M]. 苏振兴,译. 北京:商务印书馆,1990:10-12.

[25] 威尔斯. 第三世界跨国企业[M]. 叶刚,杨宇光,译. 上海:上海翻译出版公司,1986:20-31.

[26] LALL S. The New Multinationals: The spread of third world enterprises[M]. John Wiley, 1983:30-45.

[27] CANTWELL J, TOLENTINO P. Technological Accumulation and Third World Multination[M]. University of Reading, Department of Economics,1990:65-80.

[28] LECRAW D. Outward direct investment by Indonesian firms: motivation and effects[J]. Journal of International Business Studies, 1993,24(3): 589-600.

[29][75]卢根鑫. 国际产业转移论[M]. 上海:上海人民出版社,1997:20-28;61-70.

[30] 桁林. FIEs产业转移和结构转换[J]. 浙江社会科学,1998(6):24-28.

[31] 王先庆. 产业扩张[M]. 广州:广东经济出版社,1998:35-40.

[32] 刘辉煌,杨胜刚,张亚斌. 国际产业转移的新趋向与中国产业结构调整[J]. 求索,1999(1):4-9.

[33] 魏后凯. 产业转移的发展趋势及其对竞争力的影响[J]. 福建论坛:经济社会版,2003(4),11-15.

[34] 余慧倩. 论国际产业转移机制[J]. 江汉论坛,2007(10):43-46.

[35] 石奇. 集成经济原理与产业转移[J]. 中国工业经济,2004(10):5-12.

[36] 商务部和社科院联合课题组. 我国外商投资梯度转移问题研究[J]. 中国工业经济,2004(4):5-12.

[37] 全春. 产业转移与中部地区工业结构演化[J]. 求实,2005(4):45-47.
[38] 胡俊文. 国际产业转移的理论依据及变化趋势——对国际产业转移过程中比较优势动态变化规律的探讨[J]. 国际经贸探索,2004(3):15-19.
[39] 邓亦林,钟建华. 产业承接模式及欠发达地区产业承接的对策思考[J]. 商场现代化,2005(11):313-314.
[40] 陆善勇. 基于综合优势原则的我国外经贸发展新战略——超越比较优势论与竞争优势论之争的外贸发展新思维[J]. 国际商务,2007(3):5-9.
[41] 颜颖. 基于综合优势原则的产业转移和承接新战略[J]. 经济与社会发展,2008(9):113-115.
[42] 祖强. 世界产业结构调整和发展中国家主导产业的演替[J]. 湖北行政学院学报,2002(3):35-39.
[43][109]潘悦. 国际产业转移的四次浪潮及其影响[J]. 现代国际关系,2006(4):23-27.
[44] 戴宏伟. 国际产业转移与中国制造业发展[M]. 北京:人民出版社,2006:66-75.
[45] 郭元晞,常晓鸣. 产业转移类型与中西部地区产业承接方式转变[J]. 社会科学研究,2010(7):33-37.
[46] 陶良虎. 国内外产业转移与中部地区产业承接问题研究[J]. 理论月刊,2010(1):5-11.
[47] 江霈,王述英. 外包生产模式及其对市场结构影响的分析[J]. 中国工业经济,2005(6):74-80.
[48] 张明志,郑秀莲. 国际产业转移与海峡西岸经济区产业升级问题研究——基于国际外包的分析视角[J]. 福建论坛:人文社会科学版,2008(2):106-109.
[49] 刘亮亮,王正斌. 代工企业在跨国生产外包中的决策模型及风险因素分析[J]. 西安邮电学院学报,2005(3):122-125.
[50] 李东阳. 国际直接投资与经济发展[M]. 北京:经济科学出版社,2002:1-2.

[51] 小岛清. 对外贸易论[M]. 周宝廉,译. 天津:南开大学出版社,1987:423.
[52] 原正行. 海外直接投资论[M]. 封小云,译. 广州:暨南大学出版社,1995:31-32.
[53] 国际货币基金组织. 国际收支手册[M]. 第5版. 罗平,译. 北京:中国金融出版社,1995.
[54][61]张自如. 国际产业转移与中国对外贸易结构[M]. 北京:中国财政经济出版社,2008:12;50-56.
[55] 李松志,杨杰. 国内产业转移研究综述[J]. 商业研究,2008(2):22.
[56] 孙玉娟,郑祖婷. 中国在国际分工和国际产业转移中的发展战略[J]. 集团经济研究,2005(8): 47.
[57] 陈勇. FDI路径下的国家产业转移与中国的产业承接[M]. 大连:东北财经大学出版社,2007:26.
[58] 杨正位. 国际产业转移与我国的对策[J]. 求是,2005(3):57-59.
[59] 张华雨. 北京对外承包工程业务的发展与思路[J]. 国际经济合作,2005(1):26-29.
[60] 中共中央马克思恩格斯列宁斯大林著作编译局. 马克思恩格斯选集第一卷[M]. 北京:人民出版社,1995:67-68.
[62] 俞进. 融合国际贸易和直接投资理论:以国际分工为基础[J]. 华东师范大学学报:哲学社会科学版,2002(6):107-114.
[63] FROEBEL F, HEINRICHS J, KREY O. The new international division of labor[M]. Cambridge: Cambridge University Press, 1979:126-141.
[64] 张苏. 新国际分工理论述评[J]. 教学与研究,2007(1):51-56.
[65] ARNDT S. KIERZKOWSKI H. Fragmentation: New Production Patterns in the World Economy[M]. Oxford: Oxford University Press, 2001:60-75.
[66] 冼国明. 跨国公司与当代国际分工[M]. 天津:南开大学出版社,1994:35-40.

[67] 孟庆民,李国平,杨开忠. 新国际分工的动态:概念与机制[J]. 中国软科学,2000(9): 112 - 116.

[68] 张二震、安礼伟. 国际分工新特点与我国参与国际分工的新思路[J]. 经济理论与经济管理,2002(12):64 - 67.

[69] 赤松要. 世界经济论[M]. 东京:国元书房,1965:173.

[70][72]胡俊文. 雁行模式理论与日本产业结构优化升级[J]. 亚太经济,2003(4):23;24.

[71] 秦婷婷. 东亚区域产业转移研究[D]. 吉林:吉林大学博士论文,2008.

[73] OZAWA T, CASTELLO S. Toward an international business paradigm of endogenous growth: multinationals and governments as co - endogenisers[J]. International Journal of the Economics of Business, 2001, 8(12): 1211 - 2281.

[74] 李欣广. 国际产业转移与中国工业化新路[M]. 北京:中国时代经济出版社,2007:23.

[76] TAN A. Product cycle theory and telecommunications industry—Foreign direct investment, government policy, and indigenous manufacturing in China[J]. Telecommunications policy, 2002 (26):17 - 30.

[77][84]李东阳. 国际直接投资与经济发展[M]. 北京:经济科学出版社,2002:63 - 64;71.

[78][82]谈文琦,岳文泽. 1978 年以来全国产业的梯度转移研究[J]. 中国东西部合作研究,2004(1):31;33.

[79] 汪斌. 国际产业转移理论述评[J]. 浙江社会科学,2003(6): 45.

[80][91][106]羊绍武. 产业转移战略论[M]. 成都:西南财经大学出版社,2008:34;59;90.

[81] PREBISCH R. Commercial policy in the underdeveloped countries[J]. American Economic Review, 1959, 49(2):251 - 273.

[85] 陈建军. 产业区域转移与东扩西进战略:理论和实在分析[M]. 北京:中华书局,2002:31 - 32.

[86] DUNNING J. International production and the multinational Enterprises[M]. George Allen & Unwin,1981:264 -272.
[87] 卢君生、万良杰. 中国 FDI 的 GDP 效果影响因素实证研究[J]. 当代财经,2007(3):103.
[88] 陈勇. FDI 路径下的国际产业转移与中国的产业承接[D]. 大连:东北财经大学博士学位论文,2007.
[89] 张自如. 国际产业转移与中国对外贸易结构[M]. 北京:中国财政经济出版社。2008:25 -26.
[90] 兰德斯. 国富国穷[M]. 门洪华,译. 北京:新华出版社,2001:415 -416.
[92] 薛孝敬,白雪洁. 当代日本产业结构研究:南开日本研究丛书[M]. 天津:天津人民出版社,2002:30 -41.
[93] 石东平,夏华龙. 国际产业转移与发展中国家产业升级[J]. 亚太经济,1998(10):5.
[94] 李欣. 国际产业转移与中国工业化新路[M]. 北京:中国时代经济出版社,2007:2.
[95] 杜晓君. 制造业的国际转移和趋势[J]. 经济理论与经济管理,2003(6):32.
[96] 王志乐. 2002 -2003 年跨国公司在中国的投资报告[M]. 北京:中国经济出版社,2003:2 -3.
[97] 潘悦. 国际产业转移的新浪潮与东亚发展中国家(地区)面临的挑战[J]. 当代亚太,2006(6):38 -39.
[98] BALASUBRAMANIAN R,PADHI A. The Next Wave in US Offshoring[R], The Mckinsey Quarterly,2005(1):6 -9.
[99] 联合国贸易与发展会议编. 2004 年世界投资报告:转向服务业[M]. 北京:中国财政经济出版社,2006:20 -35.
[100] 李继学. 明年全球直接投资将现复苏势头[N]. 中国财经报,2009 -09 -22.
[101] 联合国贸发会. 2001 年世界投资报告——促进关联[M]. 北京:中国财经出版社,2002:2 -5.
[102] 商务部、国务院发展研究中心联合课题组. 跨国产业转移与

产业结构升级——基于全球产业价值链的分析[M]. 北京：中国商务出版社，2007：88.

[103] 白亮. 我国 FDI 与产业集聚[J]. 山东纺织经济，2003(5)：8－9.

[104] 刘雪燕. 产业转移与就业[M/OL]. http://xcb.cumt.edu.cn/xszc/read－article.aspx? id＝540.

[105] 张为付. 制造业与服务业国际转移特点比较[J]. 管理世界，2006(4)：148－149.

[107] 汪斌. 全球化浪潮中当代产业结构的国际化研究[M]. 北京：中国社会科学出版社，2004：84－85.

[108] 裘元伦. 中心国家关键产业的转移[N]. 学习时报，2004－10－27(A2).

[110] 金泳镐. 论第四代工业化——对格申克龙与希施曼模式的反思[C]//现代化：理论与历史经验的再探讨译文集. 上海：上海译文出版社，1993：297－299.

[111] 卢中原. 世界产业结构调整趋势和启示[N]. 国研网，2007－7－17.

[112] 丁刚. 新形势下中国产业和能源协调发展的战略思考[J]. 中国科技投资，2009(2)：56－57.

[113] 羊绍武. 国际产业转移战略论[M]. 成都：西南财经大学出版社，2008：93.

[114] 谭介辉. 从被动接受到主动获取——论国际产业转移中我国产业发展战略的转变[J]. 世界经济研究，1998(6)：65－67.

[115] 周泽红. 日本应对贸易摩擦的经验及启示—以日美贸易摩擦为例[J]. 现代日本经济，2006(1)：27.

[116] 赵海娟. 阿根廷密集对华反倾销连锁反应不可小视[N]. 中国经济时报，2009－11－26(A01).

[117] 马子红. 中国区际产业转移与地方政府的政策选择[M]. 北京：人民出版社，2009：63.

[118][119] 范恒山. 中部地区承接产业转移有关重大问题研究[M]. 武汉：武汉大学出版社，2011：34；35.

[120][122]张琴,蒋瑛.韩国承接国际产业转移的经验及启示[J].经济纵横,2009(8):105-106;107.
[121] 刘兵权,王耀中.国际产业转移、服务贸易与香港外汇储备[J].经济问题探索,2010(4):92.
[123] 卢根鑫.试论国际产业转移的经济动因及其效应[J].学术季刊,1994(4):33-40.
[124] 俞国琴.中国地区产业转移[M].上海:学林出版社,2006:108-110.
[125] 卢根鑫.国际产业转移论[M].上海:上海人民出版社,1997:127-133.
[126] 陈计旺.区际产业转移与要素流动的比较研究[J].生产力研究,1999(3):64-67.
[127] 张庆亮.中部地区承接产业转移研究[D].北京:中共中央党校博士论文,2012.
[128] 刘辉煌,杨胜刚,张亚斌,等.国际产业转移的新趋势与中国产业结构调整[J].求索,1999(1):4-6.
[129] 邓小平.邓小平文选(第三卷).北京:人民出版社,1993:64;117.
[130] 李练军.中部地区开放型经济发展的实证与对策研究[D].武汉:华中农业大学博士学位论文,2008.
[131] 任晓莉,杜明军.河南经济国际化:成就、比较与推进[J].中州学刊,2008(5):55-58.
[132] 张弢.中部地区实现跨越式发展路径选择[D].合肥:合肥工业大学硕士学位论文,2004.
[133] 南昌大学中国中部经济发展研究中心.中部崛起与人力资源开发[M].北京:北京出版社,2005:22-26.
[134] 张秀生,雷武科.中部产业结构:现状与对策[J].管理世界,2006(6):143.
[135] 张占东.中部六省产业结构调整研究[J].经济经纬,2005(6):110-111.
[136] 张秀生.中部地区经济发展[M].武汉:中国地质大学出版

社,2009:111 - 112.

[137] 倪鹏飞.中国城市竞争力报告 No.6[M].北京:社会科学文献出版社,2008:1 - 10.

[138] 聂华林,马红翰.中国区域经济格局与发展战略[M].北京:中国社会科学出版社,2009:111 - 113.

[139] 李善同,冯杰.我国交通基础设施建设与区域协调发展[J].铁道运输与经济,2002(10):1 - 3.

[140] 董大朋.交通运输对区域经济发展作用与调控[D].长春:东北师范大学博士论文,2010.

[141] 金晔,谷永芬,田红.区域间市场发育程度问题初探[J].哈尔滨商业大学学报:社会科学版,2003(6):110 - 111.

[142] 周绍森,陈栋生.中国区域经济学会文献:中部崛起论[M].北京:经济科学出版社,2006:65 - 70.

[143] 李心丹,路林,傅浩.中国经济的对外开放度研究[J].财贸经济,1999(8):14.

[144] 杨昌荣.中部地方外经贸的发展差距及追赶对策[J].对外经贸实务,2002(12):10.

[145] 尹翔硕.中国外贸结构调整的实证分析[M].太原:山西经济出版社,2003:180 - 190.

[146] 叶初生.国际资本形成与经济发展[M].北京:人民出版社,2004:78 - 79.

[147] MADDISON A. Economic progress and policy in developing countries[M]. London: Allen & Unwin,1970:31 - 42.

[148] 贾塔克.发展经济学[M].卢中原等,译.北京:商务印书馆,1989:235 - 236.

[149] NURKSE R. Problems of capital formation in underdeveloped countries: and patterns of trade and development [M]. Oxford University Press. 1967:106 - 112.

[150] 汪增群,梁怡.我国外国直接投资与国内投资相互关系实证研究[J].北京工商大学学报:社会科学版,2007(4):42.

[151] GRIFFIN K,ENOS J. Foreign capital, domestic savings and e-

conomic development [J]. Oxford Bulletin of Economics and Statistics, 1970,32(2):99 - 112.

[152] LIPSEY R. Home and host country effects of FDI[R]. NBER Working Paper, 2002 No. 9293.

[153] BORENSZTEIN E, GREDORIO D, LEE J. How does FDI affect economic growth? [R]. NBER Working Paper, 1995 NO. 5057.

[154] REISEN H. Domestic causes of currency crises: policy lessons for crisis avoidance [R]. Wiley Online Library :IDS Bulletin, 1999,30(1):120 - 133.

[155] MELLO L. Foreign Direct Investment-led growth: evidence from time series and Panel Data[J]. Oxford Economic Papers, 1999, 51(1):133 - 151.

[156] AGOSIN M,MAYER R, Foreign investment in developing countries, Does it crowd In domestic investment[J]. Oxford Development Studies,2005,33(2):149 - 162.

[157] 吴林海,罗佳,彭宇文. 跨国研发投资的技术溢出效应与提升自主创新能力论[M]. 长沙:中南大学出版社,2006:40 - 46.

[158] 严兵. 外商在华直接投资的溢出效应[M]. 北京:中国商务出版社,2006:60 - 72.

[159] 江小娟,李蕊. 海外直接投资对中国工业增长和技术进步的贡献[J]. 中国工业经济,2002(7):10.

[160] 胡剑波. 跨国公司技术转移的方式、影响因素及对策分析[J]. 国际经济合作,2008(2): 54.

[161] FREDRIK S. Productivity growth in Indonesia: The role of regional characteristics and foreign investment [J]. Economic Development and Cultural Change, 1999,49(3) :559 - 584.

[162] 陈勇,刘军. 外国直接投资技术溢出效应的约束条件及产业政策设计[J]. 大连海事大学学报:社会科学版,2006(12): 46 - 47.

[163] COHEN W, DANIEL A. Levinthal. Absorptive capacity: A

new perspective on learning and innovation[J]. Administrative Science Quarterly,1990,35(1):128 -152.

[164] 王吉霞.产业结构优化升级的影响因素探析[J].商业时代,2009(14):106 -107.

[165] 黄日福.我国中部地区 FDI 与产业结构升级的关系研究[D].长沙:中南大学博士学位论文,2007.

[166] 张秀生.中部地区经济发展[M].武汉:中国地质大学出版社,2009:67 -70.

[167] 杨治.产业经济学导论[M].北京:中国人民大学出版社,1985:120 -132.

[168] 高帆.二元经济结构转换的实证分析与理论透析[J].西安电子科技大学学报:社会科学版,2002(9):39.

[169] 王之娇.全球化与中国经济的二元结构[J].经济研究导刊,2007(8):14.

[170] 李林,曾华珑,黄日福. FDI 与二元经济转型:基于中部地区的理论及实证研究[J].数量经济技术经济研究,2007(6):96 -101.

[171] 罗斯托.经济成长的阶段——非共产党宣言[M].北京:商务印书馆,1962:10 -24.

[172] 贾宝军.边缘区域主导产业的选择与培养研究[D].武汉:武汉理工大学博士学位论文,2007.

[173] 马子红.中国区际产业转移与地方政府的政策选择[M].北京:人民出版社,2008:219.

[174] 冯莉.中部地区城市群建设的思考[N].光明日报,2008 -06 -27(12).

[175] 王全春.产业转移与中部地区产业结构研究[M].北京:人民出版社,2008:240 -251.

后　记

本书是在我的博士论文基础上修改而成的，由山西财经大学青年科研基金项目资助。翻阅曾经渗透着心血的文字，回味着写作的艰辛与愉悦，心中充满感激与欣慰。几载寒窗，前进中的每一步都离不开众多真诚善良睿智之良师益友的鼎力相助。在本书即将付梓之际，感激之情油然而生，肺腑之言内心发出。

本书在写作过程中，参考和借鉴前辈学者和当今学者的众多研究成果，虽然主观上都要用脚注标明，但难免会有疏忽遗漏。在此表示诚挚的谢意。

感谢中国社会科学院财贸所博士生导师冯雷教授。自入学以来，冯老师便对我严格要求，督促我多阅读多积累，及早为论文的写作做准备。在论文的写作中，从题目选定、资料收集、写作修改直至定稿，都得到了冯老师精心的指导，倾注了大量的心血。导师渊博的专业知识，深化的学识底蕴、严谨的治学态度以及真诚的待人处事风格，深深地影响和感染了我，并使我受益终身，永远是我学习的楷模。

感谢学习阶段与我朝夕相处的胡少华、张磊、王雪峰、蔡胜勋、成卓、王旭刚等博士，是他们的友谊和关爱伴我走过了三年的风风雨雨。在论文写作受阻的时候，与他们的讨论使我能够走过难关；在生活中遇到不顺的时候，是他们的关心和鼓励使我重新鼓起勇气。

感谢工作以来山西财经大学国贸学院领导和同事的关心与支持。

我还要感谢家人,我能够走到今天完全离不开他们对我的支持,使我能够安心于学业,父母的恩情我终生难以报答,只愿能够学有所成以不辜负他们的殷切期望。

作者　吴新辉

2014 年 3 月于太原